道徳教育の新しい展開

基礎理論をふまえて豊かな道徳授業の創造へ

林 忠幸＋堺 正之［編著］

東信堂

はじめに

　戦後民主主義教育の原点とも言える「教育基本法」が、平成18年12月に改正された。改正の大きな点は、個人主義の原則は踏襲しながらも、公共性原則への重点の移動ととらえられるかと思う。公共の精神、伝統と文化の尊重、わが国と郷土を愛するとともに他国も尊重する等々の内容が、「教育の目標」として新たに明示された。個性の伸長と公民的資質の形成という、個人と社会、個人と国家をめぐる問題は、道徳教育だけでなく教育そのものの重要な課題であるが、これまで不幸にも二項対立的な形でいずれかに重点をおいた教育政策論議が展開し、また実行に移されてもきた。この問題に関連して、ある新聞は次のように取り上げている。

　道徳の授業で「郷土愛」や「愛国心」をどう教えるか──。新年度からスタートした新学習指導要領の一部実施に伴い、公立の小中学校は新たな課題に取り組みはじめた。平成21年4月19日付けの西日本新聞の日曜版「子供・学校・地域」の「教育」〈郷土愛、愛国心…どう教える〉という論評は、このようにはじめている。さらに、新指導要領は、改正教育基本法に「愛国心」が盛り込まれたことを受けて制定。要領の総則に「伝統と文化を尊重し…わ(我)が国と郷土を愛し」との理念が明記され、各校に「推進教師」がおかれるなど道徳教育が強化される、とこの論評の担当者は述べている。

　『道徳教育の新しい展開』と題する本書は、序章で詳述するように、戦後教育の大きな転換とも言える、平成18年以来の教育改革の動向をみすえな

がら、道徳教育の本来のあり方を追求したいとの願いのもとに取り組んだものである。もともと、2年前に出版しようと企画立案し、かなりの原稿も提出されていたのであるが、編者の堺が小学校学習指導要領解説道徳編作成協力者になったことから、教育改革、学習指導要領改訂等の基本的な方針・内容がほぼ煮詰まった段階で、その趣旨をふまえて取り組んだ方がよいとの結論になり、今日まで延ばしてきたのである。

　ところで、本書の特色は、大きく「基礎理論」（第1章から第4章まで）と「実践理論」（第5章から第11章まで）に分けて論じていることである。この手法は、編者の林が押谷由夫氏とともに編集した『道徳教育の基礎と展開』（コレール社）の方針を踏襲している。第1部の基礎理論では、道徳および道徳教育の基本的な問題を、歴史的、心理学的、社会学的、価値論的な観点から論じている。内容が少し難しいかもしれないが、しかしこのような理論を自家薬籠中のものとし、道徳教育の実践に取り組んでほしいとの切なる願いが込められている。研究発表会や授業研究会に参加して感じることであるが、価値論・内容論の問題から離れて方法・技術レベルの問題に議論が終始し、それ以上の深まりがないからである。第2部の実践理論では、今回は学校における道徳教育に定位した。とりわけ、道徳の時間の指導の問題にかなりのウェイトをおいている。それは、教職を志す多くの学生諸君、また教育の仕事に従事している若い教師の皆さんの最も大きな関心事と受けとめたからである。

　本書は、もともと大学や短期大学で教職を志望している学生の皆さんのためのテキストとして編んだものであるが、それだけでなくさまざまな研修の場（県や市の教育センター、大学での公開講座、夏期講習、免許状更新講習等）で活用され、また道徳教育に関心のある一般の方々にも広く読まれ、わが国の道徳教育の充実と発展にいささかなりとも貢献することができるならば、私たちにとってこの上の喜びはない。大方のきびしいご指導をお願いする次第である。

　本書の刊行を快く引き受けてくださった東信堂社長・下田勝司氏、また細心の注意をはらって原稿を点検し、立派な本にまとめていただいた編集部の松井哲郎さん、さらには、私たちの編集業務に参加し、多くの実務作

業を手伝ってくれた同僚の小林万里子准教授に、ここに記して感謝の意を表したい。

2009年6月

編 者

目　次／道徳教育の新しい展開

はじめに ……………………………………………………………… iii

序　章　道徳教育の動向と課題 …………………………………… 3
1　学校教育改革と道徳教育　3
(1) 学習指導要領における道徳の位置　3
(2) 徳育の教科化論議と中央教育審議会答申　4
(3) 教科化論から実質化論へ　6
2　新学習指導要領総則にみる道徳教育の方向性　8
(1) 道徳教育の一般方針に関する変更　8
(2) 道徳教育の目標に関する変更　9
(3) 道徳教育推進上の配慮事項に関する変更　10
3　これからの道徳教育の課題　12
(1) 教育活動全体を通じて行う道徳教育の実質化を図る　12
(2) 指導計画を充実させる　13
(3) 指導体制を充実させる　14
(4) 学校・家庭・地域で課題を共有する　15
(5) 道徳の時間を多様に展開し、協力して改善に結びつける　16

第1部　道徳教育の基礎理論　19

第1章　戦後の道徳教育の歩み …………………………………… 21
1　戦前の道徳教育と戦後改革の胎動　21
(1) 教育勅語と修身教育　21
(2) 戦後の道徳教育復興への模索　23
2　戦後の道徳教育と全面主義の方針策定　26
(1) 社会科と道徳教育　26
(2) 「道徳教育振興に関する答申」と『手引書要綱』　27
3　全面・特設主義の道徳教育への推移　29
(1) 道徳の時間の特設と1958年改訂『学習指導要領』　29
(2) 学習指導要領の改訂の変遷　32
4　新学習指導要領と目標・内容の改善　33

(1)	今次改訂の経緯と改訂の基本方針	33
(2)	新学習指導要領と改善の基本事項	35

第2章　道徳性の発達理論と道徳教育 ……………………………… 38
1. 道徳性とは何か　38
2. 道徳性の発達理論　40
    - (1) 精神分析理論　40
    - (2) 社会的学習理論　42
    - (3) 認知発達理論　44
3. 児童生徒の道徳性の発達とその教育　50
    - (1) 道徳教育における道徳性発達理論の意義　50
    - (2) 道徳性発達理論が私たちに問いかけるもの　51

第3章　社会化論と道徳教育 …………………………………………… 55
1. 道徳の二面性　55
    - (1) 個人的側面から社会的側面へ　55
    - (2) デュルケムの社会学的方法論　57
2. 社会規範としての法・道徳・慣習　59
    - (1) 社会規範の代表的類型とその機能　59
    - (2) 社会規範の内面化　61
3. 道徳的社会化の意義と問題　63
    - (1) 社会化された個人主義　63
    - (2) 道徳的社会化論の問題点　65
    - (3) 道徳的社会化論の現代的意義　66

第4章　道徳的価値のとらえ方と道徳教育 ……………………………… 70
1. 道徳的価値は普遍的か　70
    - (1) 道徳的価値は普遍的なのか　70
    - (2) 変わる道徳・変わらない道徳　71
    - (3) 道徳的価値に普遍性を求めたい理由　72
2. 道徳的価値の普遍性をめぐる論議　72
    - (1) カントの道徳原理　72
    - (2) マッキンタイアの共同体主義　75
3. 道徳的価値のとらえ方と道徳授業方法論　79
    - (1) インカルケーションと道徳的価値　79

  (2)　価値の明確化と価値相対主義　　　　　　　　81
  (3)　価値論として必要なこと　　　　　　　　　　82

第2部　学校における道徳教育の展開　　　　　　　　87

第5章　道徳教育の全体的構想 ………………………………… 89
 1　学校における道徳教育の仕組み　　　　　　　　89
 2　道徳教育の目標　　　　　　　　　　　　　　　91
  (1)　教育の目的・目標と道徳教育の目標　　　　　91
  (2)　学習指導要領における「道徳性」の考え方　　91
  (3)　道徳の時間の性格と役割　　　　　　　　　　93
 3　道徳教育の内容　　　　　　　　　　　　　　　94
  (1)　四つの視点　　　　　　　　　　　　　　　　94
  (2)　内容項目の系統性・発展性　　　　　　　　　96
  (3)　内容項目の関連性　　　　　　　　　　　　　97
  (4)　指導内容の重点化と統合　　　　　　　　　　98
 4　学校教育全体を通じて行われる道徳教育　　　100
  (1)　各教科等の授業における道徳教育　　　　　100
  (2)　日常生活における道徳教育　　　　　　　　103

第6章　道徳教育の指導計画 ……………………………………105
 1　全体計画　　　　　　　　　　　　　　　　　106
  (1)　全体計画の意義　　　　　　　　　　　　　106
  (2)　全体計画の内容　　　　　　　　　　　　　106
 2　道徳の時間の年間指導計画　　　　　　　　　107
  (1)　指導計画の内容　　　　　　　　　　　　　108
  (2)　指導計画と内容項目　　　　　　　　　　　109
  (3)　指導計画と主題の配列　　　　　　　　　　110
  (4)　指導計画と1時間の指導内容　　　　　　　111
 3　学級における指導計画　　　　　　　　　　　112
  (1)　学年の年間指導計画との整合性　　　　　　113
  (2)　学級における指導計画の内容　　　　　　　113

第7章 道徳教育における教材研究の考え方 …………………………… 118
1 道徳教育における教材の問題　118
　(1) 道徳教育における「教材」とは何か　118
　(2) 読み物資料の整備　120
2 道徳教育における教材研究の手法　121
　(1) 道徳の内容とその系統　121
　(2) 主題の構成と配列　121
　(3) 資料の選択と開発　123
　(4) 資料分析の手順　124
3 道徳資料の解釈・分析および開発のために　125
　(1) 小学校道徳資料「絵はがきと切手」の解釈　126
　(2) 中学校道徳資料「足袋の季節」の分析　128
　(3) 子どもの心に響く地域の人材開発　129

第8章 道徳の授業構成と指導技法 …………………………………… 134
1 道徳授業の構成　134
　(1) 道徳授業のイメージづくり　134
　(2) ねらいの明確化　137
　(3) 指導過程の基本型　137
2 指導過程の構成―導入・展開・終末の工夫　138
　(1) 導入段階　138
　(2) 展開段階　138
　(3) 終末段階　139
3 道徳授業に必要な一般的技法　139
　(1) 音　読　139
　(2) 書く活動　140
4 道徳授業における指導技法　140
　(1) 発問と応答　141
　(2) 状況把握と状況分析　143
　(3) 話し合い活動　144
　(4) 再現的動作化と役割演技　145
　(5) 教師の説話　145
　(6) 体験活動を生かす工夫　146
5 授業構成と指導技法を支えるもの　146
　(1) 時間―活動するゆとり　146

(2)　道具―活動のスキル　　　　　　　　　147
　　(3)　空間―受容的な雰囲気　　　　　　　　147

第9章　道徳学習指導案の作成 …………………………… 149
　1　学習指導案作成の意義と内容　　　　　　　150
　　(1)　指導案作成の意義　　　　　　　　　　150
　　(2)　学習指導案の内容　　　　　　　　　　150
　2　学習指導案作成の手順と方法　　　　　　　151
　　(1)　主題の設定　　　　　　　　　　　　　151
　　(2)　主題設定の理由　　　　　　　　　　　153
　　(3)　指導過程の構想　　　　　　　　　　　156
　　(4)　板書と発問の想定　　　　　　　　　　157
　　(5)　準備するもの　　　　　　　　　　　　158
　3　ワークシートによる学習指導案の作成―学習課題に向けて　158

第10章　道徳授業の具体的展開 …………………………… 168
　1　自分のよさを実感させる小学校低学年の道徳授業　　169
　2　規範意識を高める小学校中学年の道徳授業　　　　　173
　3　判断・根拠のちがいを交流する小学校高学年の道徳授業　177
　4　中学生の発達的特質を考慮した道徳授業　　　　　　181
　5　ジレンマ資料を用いた道徳学習の展開　　　　　　　185
　6　体験活動と関連づけた道徳学習の展開　　　　　　　189
　7　総合単元的な道徳学習の展開　　　　　　　　　　　193

第11章　道徳授業研究の方法 ……………………………… 198
　1　道徳授業観察の視点と方法　　　　　　　　198
　　(1)　学校全体の実情理解に関する観察　　　199
　　(2)　学級の実態把握に関する観察　　　　　199
　　(3)　学習指導に関する観察　　　　　　　　200
　2　道徳授業研究の課題と方法　　　　　　　　204
　　(1)　道徳授業研究の課題　　　　　　　　　204
　　(2)　道徳授業研究の手順　　　　　　　　　206
　3　教員養成段階における道徳授業実践研究の意義　209
　　(1)　「道徳の指導法」に関する科目の開設状況　209
　　(2)　「道徳授業実践研究」の実際　　　　　210

関連資料……………………………………………………………… **212**
 教育基本法　212
 学校教育法（抄）　216
 学校教育法施行規則（抄）　226
 幼稚園教育要領（抄）　229
 小学校学習指導要領（抄）　231
 中学校学習指導要領（抄）　241

編著者／執筆者一覧……………………………………………………… 250

装幀：田宮俊和

道徳教育の新しい展開

――基礎理論をふまえて
　　　豊かな道徳授業の創造へ――

序章　道徳教育の動向と課題

　小・中学校の教育課程に道徳が位置づけられ道徳の時間が実施されるようになってからちょうど50年になる2008(平成20)年3月、小学校学習指導要領と中学校学習指導要領が改訂された。2006(平成18)年12月の教育基本法改正、2007(平成19)年6月の学校教育法改正を受けて行われた今回の学習指導要領改訂では、道徳教育は学校における教育活動の全体を通じて行うという従来の原則をあらためて確認し、その上で、道徳の時間はもとより、各教科、外国語活動(小学校のみ)、総合的な学習の時間および特別活動の特質に応じて、児童生徒の発達段階を考慮して適切な指導を行うこととしている。この間、教育再生会議第二次報告に端を発する徳育教科化をめぐる議論はあったが、結果的にはこれまでの道徳教育の枠組みを基本的に維持しつつ、社会と子どもの変化に対応して指導の効果を高めるためのさまざまな改善を図ることになったものである。

　序章では、今回の学習指導要領改訂の経緯および道徳教育に関する改善の方向性をふまえて、これからの道徳教育の課題を明らかにしてゆく。

1　学校教育改革と道徳教育

(1)　学習指導要領における道徳の位置

　戦後日本の道徳教育は、学校における教育活動の全体を通じて行うという、いわゆる「全面主義」の考え方に基づいて再出発した。その後、道徳教育の徹底を期する論調を背景として、道徳の時間が1958(昭和33)年から実

施されるようになった。しかし、これによっても全面主義が否定されたわけではなく、大切な原則として堅持されてきた。そのため、小学校、中学校、高等学校の学習指導要領(以下「小学校『要領』」などと略記)総則の記述にも表れているように、道徳教育の目標は、学校教育そのものの目標と言ってもよい性格を有しているのである。

今次改訂前の小・中学校『要領』(1998年)も、道徳教育は「道徳の時間をはじめとして各教科、特別活動及び総合的な学習の時間のそれぞれの特質に応じて適切な指導を行」い、児童生徒の「道徳性を養う」ことを目標とするとしていた。そしてその際に「人間尊重の精神を深化させ、生命のかけがえのなさや大切さに気付かせ理解させること、豊かな心をはぐくむこと、個性豊かな文化の創造に努める人間を育成すること、民主的な社会及び国家の発展に努める人間を育成すること、平和的な国際社会の実現に貢献する人間を育成すること、未来を切り拓く主体性のある日本人の育成を図る」(『小学校学習指導要領解説総則編』1998年)ことが重要であるとされていた。これは、道徳教育が一貫して「教育基本法及び学校教育法に定められた教育の根本精神」に根拠をもち、それと軌を一にして行われるものであるという意味に理解されてきたからである。

(2) 徳育の教科化論議と中央教育審議会答申

「21世紀の日本にふさわしい教育体制を構築し、教育の再生を図っていくため、教育の基本にさかのぼった改革を推進する」ことを目的として内閣に設置された教育再生会議(2006年10月～2008年2月)は、第一次報告「社会総がかりで教育再生を～公教育再生への第一歩～」(2007年1月24日)において「すべての子供に規範を教え、社会人としての基本を徹底する」、「社会人として最低限必要な決まりをきちんと教える」ことを提言し、特に学校には「子供たちに、決まりを守ることの意義や大切さ、社会における規範、自由で公正な社会の担い手としての意識、国民の義務や様々な立場に伴う責任を教える」役割があるとし、その上で「家庭、地域など周りの全ての大人が、子供の模範となるよう、決まりを守る」ことの必要性を説いた。ただし、この時点での道徳教育に関するキーワードは「学習指導要領に基づ

く『道徳の時間』の確保と充実」であった。

　ところが、教育再生会議は2007(平成19)年3月末に学校再生分科会(第一分科会)において道徳の時間の「教科化」について提言する方針を決定し、第二次報告(2007年6月1日)では「全ての子供たちに高い規範意識を身につけさせる」ことをめざし、その手段として「徳育を教科化し、現在の『道徳の時間』よりも指導内容、教材を充実させる」、「国は、徳育を従来の教科とは異なる新たな教科として位置づけ、充実させる」ことを提言した。新聞のなかには、これを教科への「格上げ」と表現したものもあったが、このような記事に対しては、現在の道徳教育が道徳の時間をはじめとして学校の教育活動全体を通じて行われていることの意味が理解されておらず、授業のみで道徳教育ができるかのような誤解を与えれば、それは「格下げ」になりかねないと、専門家の間からは、報道側の認識を問う声もあがった。

　他方、第三期中央教育審議会(2005年2月〜2007年1月)を引き継いで国の教育課程の基準全体の見直しについて審議を行ってきた第四期中央教育審議会の答申「幼稚園、小学校、中学校、高等学校及び特別支援学校の学習指導要領等の改善について」(2008年1月17日。以下「答申」と略記)では、①「生きる力」という理念の共有、②基礎的・基本的な知識・技能の習得、③思考力・判断力・表現力等の育成、④確かな学力を確立するために必要な授業時数の確保、⑤学習意欲の向上や学習習慣の確立、⑥豊かな心や健やかな体の育成のための指導の充実、をポイントとして掲げた。とりわけ①の「生きる力」については、改正教育基本法等で示された教育の基本理念と一致するものとしてこれを堅持することを明言し、「確かな学力」「豊かな心」「健やかな体」の調和をこれまで通り重視する姿勢を示すとともに、学力問題への対応として基礎的・基本的な知識・技能の修得、思考力・判断力・表現力等の育成を重視し、これに実効性をもたせるための授業時数の確保、学習意欲や学習習慣の確立を打ち出すことに力を注いだ。結果として、教育再生会議が求めた徳育の教科化には踏み込むことなく、「種々の意見」の一つとして紹介するにとどめている。

　その上で、「道徳の時間の教育課程上の位置づけなどの課題については、様々な意見が見られるところであるが、これらに共通するのは道徳の時間

の授業時数が必ずしも十分に確保されず、指導が不十分といった道徳教育の課題をいかに改善するかという問題意識であり、道徳教育を充実・強化すべきという認識では一致している」という立場をとった。そして道徳教育の充実策としては、「実際の指導に大きな役割を果たす教材の充実が重要である」とし、「これを十分に活用するような支援策を講ずることが考えられる」と述べている。この点については、改正教育基本法の第17条第1項に基づいて定められた教育振興基本計画(2008年7月1日閣議決定)において「特に、教材については、学習指導要領の趣旨を踏まえた適切な教材が教科書に準じたものとして十分に活用されるよう、国庫補助制度等の有効な方策を検討する」という内容が盛り込まれ、これに沿って平成21年度から文部科学省の試行的な事業がはじまっている。

(3) 教科化論から実質化論へ

　教科化に踏み出さなかった中央教育審議会の「答申」は、教育の専門家の間では穏当な内容と受けとめられた。日本の義務教育段階の学校で教科としての地位を得るためには、三つのハードル(①検定教科書を使用すること、②中学校では教科に対応した教員免許を必要とすること、③数値による評価を行うこと)を越える必要があるとされていたが、道徳に関してはそのいずれも従来の原則に照らして困難が予想されたからである。実際、前述の教育再生会議第二次報告でも、「徳育」は②と③を要しない「特別な教科」として構想されていた。ただしこれらの論点は、道徳教育のあり方を考える上での核心ではない。むしろ、教科化された場合における道徳の目標と内容は何かについての共通理解が得られていないことが原因と言うべきである。

　一方で、「答申」には子どもの心と体の状況に関して差し迫った課題があるとの認識が示されている。たとえば自制心や規範意識の希薄化、生活習慣の確立が不十分であること、また自分に自信のある子どもが国際的に見て少なく、人間関係の形成が困難になっている等の指摘である。問題の背景には、家庭をはじめとする子どもを取り巻く環境のあり方の変化と、これに伴う家庭や地域の教育力の低下があると考えられる。「答申」は、学校教育において上記のことをふまえた対応が十分ではなかったとの認識に基

づき、「生きる力」を育むために、これらとのかかわりにおいて道徳教育の充実・改善すなわち実質化を求め、これに沿って学習指導要領が改訂されたのである。

　このような帰結をふまえ、もう一つの視点として、教育再生会議が教科化論を提起するにあたって「徳育」という言葉をあえて用いた理由について考えてみたい。「徳育」は、歴史的には「知育」「体育」との対比においてその独自の意義が強調されてきた。日常用語としては、学校教育以外の場面、すなわち家庭教育や社会教育における規範意識の形成にかかわる働きかけをさして言うことがある。確かに「道徳教育」は、学校教育の枠内では定着した用語ではあるものの、学校外においてこの言葉が使用されることは稀であり、目標として養うべき「道徳的心情、判断力、実践意欲と態度などの道徳性」の意味合いも理解されているとは言い難い。折しも改正教育基本法は第10条で、父母その他の保護者が子の教育について第一義的責任を有することを確認し、生活のために必要な習慣を身につけさせるとともに自立心を育成すること等に努めるものとした。その上で国および地方公共団体には家庭教育を支援するために必要な施策を講ずることを求めている。このように考えると、「徳育」提唱のねらいは、道徳の時間の「教科化」とそれに見合った名称の変更とともに、学習指導要領に「新たな枠組み」を作り出して学校・家庭・地域が一体となって取り組むべき共通の課題を社会に向けて提示することにあったという見方も成り立つ。

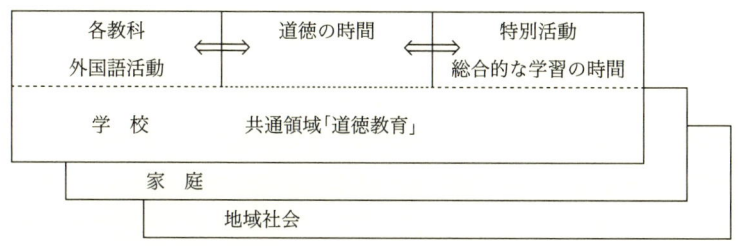

図　序-1　「徳育」のイメージ

2　新学習指導要領総則にみる道徳教育の方向性

(1)　道徳教育の一般方針に関する変更

1)　学校における道徳教育は、道徳の時間を要として学校の教育活動全体を通じて行うものとされた

　小学校『要領』総則では、学校の教育活動全体を通じて行う道徳教育の重要性を強調しつつ、「学校における道徳教育は、道徳の時間を要として学校の教育活動全体を通じて行うものであり、道徳の時間はもとより、各教科、外国語活動、総合的な学習の時間及び特別活動のそれぞれの特質に応じて、児童の発達の段階を考慮して、適切な指導を行わなければならない」と示している。「要」とは、教育課程における道徳の時間の位置づけについての比喩的表現である。道徳教育が学校教育の全体を通じて行うこととされていることは従来通りである。その意味では各教科や外国語活動（小学校）の学習においても、総合的な学習の時間においても、また特別活動においてもそれぞれの特質に応じた道徳教育がなされているのであるが、道徳の時間にはこれらと関連を図りつつ、計画的、発展的な指導によってこれを補充、深化、統合していくための、いわば扇のかなめとしての中心的な役割を果たすことが期待されているのである。

2)　児童生徒の発達の段階を考慮して、適切な指導を行うことを求めた

　「答申」が、「幼稚園・小・中・高等学校の学校段階や小学校の低・中・高学年のそれぞれの段階ごとに取り組むべき重点を明確にし、より効果的な指導が行われるようにする必要がある」と指摘し、「幼稚園においては規範意識の芽生えを培うこと」、「小学校においては生きる上で基盤となる道徳的価値観の形成を図る指導を徹底するとともに自己の生き方についての指導を充実すること」、「中学校においては思春期の特質を考慮し、社会との関わりを踏まえ、人間としての生き方を見つめさせる指導を充実すること」、「高等学校においては社会の一員としての自己の生き方を探求するなど人間としての在り方生き方についての自覚を一層深める指導を充実すること」に配慮する必要があるとしたこと等を受け、発達的な課題に即した

指導が強調されている。児童生徒の「道徳性を養う」という一貫した道徳教育の目標そのものが、必然的に児童生徒の実態に応じた指導を必要とするのである。そのため、小学校『要領』総則では、「児童の発達の段階を考慮して、適切な指導を行わなければならない」と示し、さらに、第3章の第三の(3)では、「各学年を通じて自立心や自律性、自他の生命を尊重する心を育てることに配慮するとともに、児童の発達の段階や特性等を踏まえ、指導内容の重点化を図ること」としている(本書　第5章参照)。

(2) 道徳教育の目標に関する変更
1) 道徳教育の目標に関して伝統と文化の尊重等が追加された

今回の改訂では、道徳教育の目標にかかわって「伝統と文化を尊重し、それらをはぐくんできた我が国と郷土を愛し、個性豊かな文化の創造を図るとともに、公共の精神を尊び、民主的な社会及び国家の発展に努め、他国を尊重し、国際社会の平和と発展や環境の保全に貢献し未来を拓く主体性のある日本人を育成する」(下線部は新たに加わった事項)とされた。この改訂は、改正教育基本法の第2条において新たに規定された教育の目標、また学校教育法の一部改正で第21条に示された義務教育の目標をふまえたものであり、郷土やわが国を大切に思い、よりよくしていこうとして、自国の伝統や文化についての理解を深め、尊重する態度を身につけると同時に、世界的な視野をもって、自分とは異なる文化や歴史に立脚する人々に敬意を払い、共存していくことのできる日本人を育てるという趣旨である。

もとより郷土や国への思いは多様であり「正解」は存在しないとしても、各自がそれぞれのかかわりを背景として生まれ育った社会、所属する社会に対して抱く愛着という意味での「愛」は、自然なものであり、またそれが生涯にわたって本人の生きる支えとなることもあるため、これを互いに尊重しあうことの大切さを理解させる必要がある。さらには、この地球上にはさまざまな国が多様性を含み込みながら共存していることを知ることも大切である。このことは、逆にわが国の伝統と文化のかけがえのなさを考える契機ともなり、わが国の歴史や今日の課題を知って、よりよい郷土や国に発展させるために参画していこうとする意欲にもつながるはずである。

2) 自己の生き方についての考えを深めるようにすること(小学校)が追加された

　今回の改訂では総合的な学習の時間の目標として「問題の解決や探究活動に主体的、創造的、協同的に取り組む態度を育て、<u>自己の生き方を考えることができるようにする</u>」ことが新設され、また特別活動の目標には「<u>自己の生き方についての考えを深め、自己を生かす能力を養う</u>」ことが追加されており、これらと共通する目標のもとで児童の健全な自尊心や自立心を大切にし、児童が現在の生活や将来の生き方の課題を考えていけるようにするという道徳教育の大きな方向性を読み取ることができる。そしてこの総則のもとで、『要領』第3章では道徳の時間の目標が「道徳的価値の自覚及び自己の生き方についての考えを深め」(中学校では「道徳的価値に基づいた人間としての生き方についての自覚を深め」)と改善された。すなわち、道徳の時間の特質を生かした道徳教育の在り方を強調したということである。

　具体的に考えてみよう。社会の形成に参画する意欲や態度を養うためには、現在の社会が実現しようと努めてきた精神と諸価値への理解を深めることが不可欠である。そして、この社会が大切にしている価値は、法によって規定されているのみならず、私たちが日々の生活のなかでこれを実現しようとしているからこそ価値として守られているのだということを理解させる必要がある。したがって、法律やきまりそのものを知る学習も必要ではあるが、道徳教育としては、公共の精神を尊ぶ心など「社会や国家の形成者としての道徳的な生き方」や「道徳的な生き方ができる社会のあり方」を問題とし、このような視点からきまりの意味をとらえることこそが大切であると考えられる。

(3) 道徳教育推進上の配慮事項に関する変更

1) 豊かな体験として集団宿泊活動(小学校)、職場体験活動(中学校)が例示された

　児童生徒の内面に根ざした道徳性の育成を図るための豊かな体験に関しては、これまでもその意義が認められてきたところであるが、小学校では

「集団宿泊活動やボランティア活動、自然体験活動等の体験活動を生かすなど、児童の発達の段階や特性等を考慮した創意工夫ある指導を行うこと」とされており、道徳性の育成にかかわる体験活動を積極的に取り入れることを求めている。特に今回は、体験活動の例示として小学校で「集団宿泊活動」が、中学校で「職場体験活動」が加わったことが特徴である。集団宿泊活動に期待される役割はさまざまであるが、具体的には集団での遊びや物作りの体験、地域の人との交流の体験、学習体験等が考えられ、家庭・地域との連携による成果が期待される。また、このような体験活動における道徳的価値の大切さを自覚し、人間としての在り方や生き方という視点から体験活動の意味を考えられるように道徳の時間を工夫するという形で両者の関連を図っていくことにより、効果を高めることができる。

2）基本的な生活習慣や社会生活上のきまりを身につけること等への配慮が例示された

　今回の改訂においては、各学年を通じて自立心や自律性を育てることが強調されているが、なかでも基本的な生活習慣を身につけることについては徹底化を図る形となっている。これには、現在の子どもたちの課題として、生活習慣の確立が十分でないと指摘されてきたことが反映している。生活習慣が人間形成にとって大きな意味をもち、あらゆる行為の基盤となることを考えるとき、現代社会の変化によって児童生徒の生活基盤となる家庭や地域での生活が大きな影響を受けていることは看過できない。家族の生活リズムに応じて就寝、起床、食事等のサイクルが多様化するとともに、ゲーム機をはじめとして子どもの欲望を刺激する要因が増加している。このようななかで、特に低学年から基本的生活習慣を身につけることは大切なことである。

　また、社会生活上のきまりを身につけ、善悪を判断し、人間としてしてはならないことをしないようにすることについても、小学校『要領』の第3章において低学年(から)の重点指導内容として徹底化を図る形となっている。学校教育法の第21条において、義務教育の目標として「学校内外における社会的活動を促進し、自主、自律、及び協同の精神、規範意識、公正

な判断力並びに公共の精神に基づき主体的に社会の形成に参画し、その発展に寄与する態度を養うこと」と規定されたこと、また「答申」が「『殺すな、盗むな、うそを言うな』といった最も根源的な課題を学校・家庭・地域社会を含めた社会全体で考えていくことが大切である」と指摘したことを受けて、社会生活を送る上で人間としてもつべき最低限の規範意識を確実に身につけさせるという側面が強調されているのである。

3 これからの道徳教育の課題

以上の方向性をふまえて、これからの道徳教育はどのような課題に取り組むべきであると考えられるか、5点にわたって述べてゆく。

(1) 教育活動全体を通じて行う道徳教育の実質化を図る

小・中学校『要領』では、第3章の第二に、「道徳の時間を要として学校の教育活動全体を通じて行う道徳教育の内容は、次の通りとする」という一文が加わった。道徳の内容項目がともすると「道徳の時間の内容」としてのみ意識されることがあったことから、本来の趣旨を明確にしたものである。そして、この趣旨を実質化するため、各教科、外国語活動、総合的な学習の時間および特別活動の章において、第1章 総則の第一の2および第3章 道徳の第一に示す道徳教育の目標に基づき、道徳の時間などとの関連を考慮しながら、第3章 道徳の第二に示す内容について、当該教科等の特質に応じて適切な指導をすることとされている。この規定の強調点は、その指導が「第二に示す内容について」行われるべきだということである。すなわち、育成するのは道徳性一般ではなく、道徳の内容として示す自主性や自律性、他者との人間関係、生命の尊重、集団や社会における役割や責任等にかかわる道徳的心情、判断力、実践意欲や態度などの道徳性であり、教科等の指導においてもこのことが具体的に意識されねばならないのである。

このような取り組みは、「教科の授業が同時に(自動的に)道徳教育にもなっているのだから、特段の配慮は必要ない」というような後ろ向きの議論や、「教科の授業を道徳臭くするものではないか」といった先入観を超え

たところではじめて実現するものである。本来、日々の授業を教科等の本来の目標に照らして達成しようとすれば、道徳との関連を意識した指導にならざるをえないことは当然であり、教科の指導計画を作成するにあたっては、教科の特質と道徳教育との関連を十分に考慮して、児童生徒の道徳性が育まれるよう、具体的に構想する必要がある。

一方で、各教科における道徳教育においては、学習態度への配慮、教師の態度や行動による感化も重要である。教科等の指導においては、あたたかい学級の雰囲気のなかで児童生徒がのびのびと自己を表現したり、友だちと意見を交換したりすることができるように配慮し、そのなかでまじめに学習に取り組む学習態度を育てることが大切である。話し合いのルールを守りながら積極的に参加することや、あきらめずに課題に最後まで取り組むことなどは、いずれの教科の授業においても繰り返し指導し習慣化する必要がある。このことが学校内で共通理解されるようにしなければならない。

(2) 指導計画を充実させる

『要領』総則の規定は、学校における道徳教育があらゆる教育活動を通じて児童生徒一人ひとりの道徳性の育成を図るものであり、児童生徒が自ら育む道徳性が自己の生き方の指針として統合されるように、各教科、外国語活動、総合的な学習の時間および特別活動における道徳教育と、それらを補充、深化、統合する道徳の時間の指導とが、十分に関連をもって機能するようにしなければならないことを示している。このことを学校として明示するのが道徳教育の全体計画である（本書　第6章参照）。各学校ではこれまでも道徳教育の全体計画を作成して全教師による共通理解を図ってきたが、そこでは「学校として」の取り組みが強調され、そのもとで具体的にどのような道徳教育を展開するのかという具体性に欠けるきらいがあった。そこで、小・中学校『要領』は第3章第三の1の(1)で、「道徳教育の全体計画の作成に当たっては、学校における全教育活動との関連の下に、児童(生徒)、学校及び地域の実態を考慮して、学校の道徳教育の重点目標を設定するとともに、第二に示す道徳の内容との関連を踏まえた各教科、外国語活動(小学校のみ)、総合的な学習の時間及び特別活動における指導の内容

及び時期並びに家庭や地域社会との連携の方法を示す必要があること」としている。このように、道徳の内容との関連および指導の時期を全体計画のなかに設定し、その全体計画を各教科等の指導計画に反映させて具体的に展開するための工夫、また家庭や地域社会との連携を図るため、保護者や地域の人々に理解されやすい全体計画の示し方の工夫等、各学校での取り組みが重要になってくると思われる。

(3) 指導体制を充実させる

道徳は教科ではないため、特定の免許の裏づけをもつ専門家はいない。その結果、起こりがちな現象であるが、「みんなが担当する」は、しばしば「だれも責任をもたない」に転化する危険がある。小・中学校『要領』第3章第三の1では、「各学校においては、校長の方針の下に、道徳教育の推進を主に担当する教師(以下「道徳教育推進教師」と略記)を中心に、全教師が協力して道徳教育を展開するため、次に示すところにより、道徳教育の全体計画と道徳の時間の年間指導計画を作成するものとする」とされ、道徳の時間における指導に当たっては、「校長や教頭の参加、他の教師との協力的な指導などについて工夫し、道徳教育推進教師を中心とした指導体制を充実すること」とされた。

これをふまえて、『小学校学習指導要領解説　道徳編』および『中学校学習指導要領解説　道徳編』(以下『解説(道徳)』と略記)では、協力体制をつくるに際しては、「全教師が参画する体制を具体化する」こととあわせて、「そこでの道徳教育の推進を中心となって担う教師を位置付ける」ことを強調している。これらは、ミドルリーダーとしての道徳教育推進教師を孤立させない協力体制をつくり機能させるということであり、そのためにも校長が道徳教育推進に関する基本方針を明確に示す必要があるのである。

その上で『解説(道徳)』では、道徳教育推進教師に期待される役割を次のように例示している。すなわち、ア　道徳教育の指導計画の作成に関すること、イ　全教育活動における道徳教育の推進・充実に関すること、ウ　道徳の時間の充実と指導体制に関すること、エ　道徳用教材の整備・充実・活用に関すること、オ　道徳教育の情報提供や情報交換に関すること、カ

授業の公開など家庭や地域との連携に関すること、キ 道徳教育の研修の充実に関すること、ク 道徳教育における評価に関すること、等である。

道徳教育推進教師は道徳の時間だけの推進教師ではなく、また単なる道徳教育分担者でもない。道徳の時間を要として学校の教育活動全体を通じて行う道徳教育を全教師が協力して推進するための中心となる教師のことである。まず、学校としてこのことについての共通理解が図られねばならない。そして学校における道徳教育を充実させるにあたっては、①道徳教育に関する情報を教員間で共有できる仕組みとすること、②実施にあたって協働を前提とした組織にすること、③その上で道徳教育推進教師には企画・立案、連絡・調整機能を発揮して、全教員が積極的に参画できるようにすることが求められる。学校の教育活動全体で道徳教育を行うという視点は、従来、道徳教育の原則であったにせよ十分には意識されてこなかったものである。それだけに、徐々に、しかし確実に実践の質が高まるよう、道徳教育推進教師には全教員が協力してこの課題に取り組めるようにするリーダーシップが求められる。

(4) 学校・家庭・地域で課題を共有する

学校がそのめざすところを家庭や地域に示すとともに、児童生徒には道徳が社会の要請でもあることを実感させることで、道徳教育が学校・家庭・地域の共通の課題という認識を育てること。これは、今回の学習指導要領改訂における道徳の改善の要諦でもある。

近年、自分に自信がもてず、自らの将来や人間関係に不安をかかえているといった子どもたちの現状が明らかとなり、これをふまえた「答申」は「子どもたちに、他者、社会、自然・環境とのかかわりの中で、これらと共に生きる自分への自信をもたせる必要がある」とし、そのためにコミュニケーションや感性・情緒、知的活動の基盤としての言語力を重視するとともに体験活動の充実を図ることを求めたが、同時に答申は「教育関係者だけではなく、保護者をはじめ広く国民に学校教育の目指している方向性への理解を求めることも極めて重要であり、積極的な情報発信が必要である」と指摘した。

この答申を受けて改訂された小・中学校『要領』では、第3章の第三の4において、道徳教育を進めるにあたっては、「家庭や地域社会との共通理解を深め、相互の連携を図るよう配慮する必要がある」と示している。社会の大きな変化のなかで家庭や地域の教育力が低下し、子どもの生活習慣の未確立、地域の大人や異年齢の子どもたちとの交流の場や自然体験の減少といった問題を生み出しているとすれば、私たちはまず家庭や地域社会が道徳教育において果たす役割と、学校が本来の教育活動のなかで取り組むべき課題を明らかにした上で、家庭や地域社会との交流を密にし、協力体制を整えるとともに、具体的な連携の在り方について多様な方法を工夫していく必要があるということになる。たとえば、あいさつをはじめとして、食習慣や学習習慣など児童生徒の生活習慣の確立は言うまでもなく、家庭や地域と一体となって取り組むことで効果を高めることができる。そのための組織を学校内に設け、家庭での生活実態調査の結果に基づいて重点課題を明らかにした上で、さまざまの情報発信や教育相談を行う等の取り組みも各地ではじまっている。

(5)　道徳の時間を多様に展開し、協力して改善に結びつける

　道徳の時間とは、週に1時間確保された授業という形をとりながら、道徳の時間の特質に応じた道徳教育を行う場である。他の教科の授業と同様に、制度としての実施は保障されても、それのみでは満足できる教育効果は期待できない。授業の質は、教師が主体的に感じるやりがいや研究への意欲に支えられる面が大きい。したがって、道徳授業の新しい在り方を模索して指導過程や指導方法を多様に展開する試みを促進することが、道徳教育の改善・発展につながると言える。

　道徳授業においては、学習指導要領に示す内容をもとにねらいを定めて指導過程を構想するが、そのねらいをどのように設定し表現するかは、道徳的価値についての授業者の考え、また授業者が依拠する授業観によって異なり、それが指導過程や指導方法の違いとなって表れる。今日さまざまな授業のスタイルが存在しそれが実践的研究の推進力になっていることも事実である。したがって、授業方法を身につける上で「型」を習得するとい

うことは確かに有効ではあるが、それが行きすぎて「……しなければ道徳授業とはいえない」、あるいは逆に「道徳授業では……してはいけない」という目で他の授業を評価するようになってはいないだろうか。共通の基盤に基づいた実質的な道徳授業研究を通して、相互批判のなかから改善の方策を生み出してゆくために、授業評価の在り方を検討する必要がある。

　一方、児童生徒の課題をふまえた道徳教育の推進のため、毎年、多くの学校や地域が文部科学省あるいは都道府県、市町村教育委員会の指定を受けて研究を推進しており、その成果が発表されている。しかしながら、その研究成果はなかなか他の学校や地域の研究に生かされず、また、研究委嘱期間が終了すると当該学校等においても実践の水準を維持することが困難になることも少なくないと言われる。日常の教育活動のなかでの取り組みやすさ、他領域への波及効果、持続性などを重視して、授業実践の水準の維持、向上に資する研究推進の在り方についても考えてゆく必要がある。

　そのような意識を強くもった教師を養成するために、大学においては、実習を含めて道徳の内容研究と授業方法の習得にもっと時間と手間をかけるべきであろう。養成段階では、これらの基礎について学生たちが仲間とともに繰り返し試みながら、確実なものにしてゆく方法を体験的に学ぶ機会を充実する必要がある(本書　第11章参照)。

学習課題1　現在の日本の道徳教育には、外国と比較して教育課程上の位置づけや内容の点でどのような特徴があるか、調べてみよう。

学習課題2　小学校『要領』および中学校『要領』では、道徳の時間における指導上の配慮事項として、情報モラルに関する指導に留意することが取り上げられた。道徳の副読本のなかから情報モラルに対応した資料を探し、学年・学校段階ごとの特徴や内容項目との関係について調べてみよう。

第1部　道徳教育の基礎理論

第1章　戦後の道徳教育の歩み

　この章では、わが国の戦後の道徳教育の歩みについて考察する。まず、「学制」以降の道徳教育の理念と政策をめぐる歴史を簡単にたどり、それが戦後どのような改革を経て道徳教育の再興へとつながったかを概観する。占領統治の影響下で新生に向けて試行錯誤を重ねた後、わが国の道徳教育は「道徳の時間」を特設してより新たな段階へと推移した。「試案」まで含めると今日まで学習指導要領は7度の改訂を受ける変遷をみた。その経過を振り返りながら、時代の変化に応じて変わらざるをえなかった道徳教育の歩みと、併せて根本において変わらなかった方針・目標・内容について検討する。

1　戦前の道徳教育と戦後改革の胎動

(1)　教育勅語と修身教育

　明治維新後のわが国の教育改革は、新政府の欧化主義政策のもとで敷かれた1872(明治5)年の「学制」とともにはじまった。明治新政府は、国づくりの基本政策として富国強兵、殖産興業、文明開化を掲げたが、その一環としてわが国に近代的な学校制度を導入することを同時に喫緊の課題とした。個人の立身出世や富貴栄達を国家の繁栄と強く結びつけようとする学制の実利主義的な教育理念は、太政官布告の「学事奨励に関する被仰出書」から内容をうかがうことができる。戦前の学校における修身教育は、この学制のもとで教科として設けられた修身・修身学に遡ることができ、この

とき小学教科内に設置され下等小学で実施された「修身口授（ギョウギノサトシ）」がそのはじまりである。

　明治政府が近代国家の体制を整え、全国規模の学校制度の整備に向けて動き出したとき、国民教育の精神的基盤をどこに求めるかについて確固とした指導原理が必ずしも存在したわけではなかった。欧化主義の行き過ぎを天皇の名で批判した1879（明治12）年の「教学聖旨」は、そうした状況への国家主義の側からの不満の表明であった。それでもしばらくは、伊藤博文らの開明派の影響力を無視できず、徳育（修身教育）のあり方について国論の一致を見いだせない状況が続いた。

　この道徳教育の方向性を定める議論は、1882（明治15）年前後からはじまる徳育論争として知られるが、最終的にそれは、地方長官会議の建議を受けた山県首相による天皇への奏請を経て、1890（明治23）年の「教育勅語」の渙発によって終止符が打たれた。明治憲法制定の翌年に教育勅語は発布され、記紀神話の伝統思想に遡及するかたちで天皇崇敬と儒教道徳による事態終息にいたった。

　教育勅語の全文は三つの構成部分より成る。第一段では天皇の有徳と臣民の忠節・孝行を国体の精華と呼び、第二段では親孝行や国の法の遵守など15の徳を示し、第三段でこれらの美徳は歴代天皇の遺訓であり、古今東西に通ずるものだと宣言した。友誼、博愛、公益、世務、遵法などの近代市民倫理が採り入れられているとはいえ、そこには朱子学などの儒教の伝統に回帰して仁義忠孝の徳育を高唱する、漢学者（儒学者）で宮内官僚であった元田永孚らの思想が強く投影されていた。

　こうして成立した教育勅語は、仁義忠孝の道徳を基軸としながら、「皇運扶翼」という国家目的のために国民の精神的糾合を図ろうとする性格をつよくもち、これ以後、第二次世界大戦終結まで続くわが国の国家主義教育における指導理念を集約的に表現するものとなった。

　「学制」制定後のわが国の教育政策は、文明開化の欧化主義政策によって特徴づけられる明治前期、国家主義教育政策にそれが取って代わられる明治後期、国家体制の再編・強化が進む大正・昭和初期、それに国家総動員体制下の昭和戦時期とに区分される（国立教育研究所編『日本近代教育百年史

(第1巻)』文唱堂、1973年)。わが国は明治20年代に入り、近代的立憲君主制の中央集権的な国家体制を明治憲法によって確立してからは、「教育勅語」の道徳的統一原理に基盤をおく忠孝一致・忠君愛国の教育を一段と明確化していくことになった。その結果、わが国近代の教育体制はきわめて国家主義的な色彩が濃厚なものにならざるをえなかった。教育の制度と行政は中央集権化され、強度の官僚統制のもと、児童生徒の内発性を尊重するよりも、画一的教育と観念的、形式的指導が先行した。また、国家元首を神聖不可侵の統治者とする一方で、国民一人ひとりの人間としての尊厳と権利は十分に顧みられないなどの問題を孕みながら、戦前の国家主義教育は全国津々浦々までその普及が図られた。

ところで、明治の学制公布後、昭和の戦争終結までの修身の教科書としては、「教学聖旨」の趣旨に基づき忠節・孝行を前面に押し出して編纂された勅選修身書『幼学綱要』(1882年)が初期の代表的なものとして知られている。修身教科書は、その後1886年(明治19)年にはじまる検定制から1903(明治36)年の国定制の導入(使用開始は翌年)へと変転をたどるが、明治後期・大正・昭和の時代を通じて、五期から成る国定修身書が使用されることになった。太平洋戦争に突入した第五期修身書(1941年改定)では、皇国の道を実践する「国民の基礎的錬成」(国民学校令)という目的規定を受けて、修身書の題材も「日本の国」(初等科修身、2)、「軍神のおもかげ」(初等科修身、2)、「特別攻撃隊」(初等科修身、3)など、戦時を色濃く反映した特異で偏狭なものに変わっていった。

(2) 戦後の道徳教育復興への模索

1945(昭和20)年8月15日、政府はポツダム宣言を受諾し、日本国民は敗戦という一大試練に直面した。連合国は、連合国軍最高司令官総司令部(以下、占領軍と略記)を東京におき、政府を指導・監督しながら占領政策を実施した。わが国は非軍事化と民主主義への転換を突きつけられ、政治、行政、経済のみならず、教育もまた、軍国主義の排除と根本的な改革を課題として迫られた。政府は9月にいち早く「新日本建設ノ教育方針」を発表し、軍事教育の廃止と軍国的な思想の払拭を誓い、「平和国家ノ建設」による再

生を表明した。この時点では国体は旧来の姿で護持する政府の立場に変わりはなく、戦前の教育体制への反省はまだはじまったばかりであった。

　占領軍は、日本の教育から極端な国家主義的傾向を一掃するための四つの指令を矢継ぎ早に出した（1945年10〜12月）。戦後日本の教育改革は、これらの占領政策により大きく動きはじめる。「日本教育制度ニ対スル管理政策」をはじめとした三覚書指令によって、終戦までの教学体制を支えた軍国主義的、超国家主義的傾向の徹底した除去がまず命じられた。最後の第四指令「修身・日本歴史及ビ地理停止ニ関スル件」では、教科書の抜本的改編を迫り、3教科の授業停止の措置を求めた。これらによって教育勅語に基づく国家主義的な教育の枠組みは大きく転換を迫られ、後戻りできない状況となった。

　この四大教育指令の後、占領軍とその内部機関の民間情報教育局（以下、CIEと略記）が本格的に戦後教育改革を進めるための準備に着手した。占領軍の要請によって翌年3月に来日した第一次米国教育使節団は、教育の民主化を促す「報告書」を同月の日付で総司令官に提出した。そこでは、6・3・3制の学校制度、地方分権的な教育委員会の設置、男女共学などの自由主義的な色彩の全般的な改革が提案され、それは政府側の戦後教育方針をまとめた「新教育指針」（1946年5月〜47年2月）の発表へとつながっていくことになる。

　この米国教育使節団報告書では、戦前の教育体制が過激な国家主義、軍国主義、画一主義の教育として批判され、自由主義と民主主義の価値の導入がとりわけ力説された。その上で報告書は、修身教育の問題点に触れ、「忠義心」に訴えて「従順なる公民」を育成することが第一義的に目的とされていたと分析し、併せてまた、統制の強い官憲主義の制度・行政が教師の研究の自由と批判能力の訓練を許さなかったことにもふみ込んで言及していた（宮田丈夫編『道徳教育資料集成（第3巻）』第一法規出版、1960年）。

　一方で、日本政府も、わが国の法制を根本的に改める憲法制定の準備に入り、同時に民主主義と平和主義を根本原理とする「教育根本法」の検討に着手した。そのため1946（昭和21）年8月、内閣総理大臣の所轄下に建議機関として「教育刷新委員会」が設立された。教育基本法について専門的に議

論した教育刷新委員会の第一特別委員会は、その9月の会議で教育勅語に類する新勅語の奏請は行わないことを決定し、それに代わり教育基本法を制定する方向が定まった。同年11月には、主権在民、平和主義、基本的人権の尊重の3原則を掲げた日本国憲法が公布され、翌年の3月には、教育刷新委員会での調査審議を受けて、「教育基本法」と「学校教育法」が制定される運びとなった。もっとも、教育勅語の失効が確定したのは、新学制発足から約1年後のことであった。詔勅の根本理念が主権在君と神話的国家観に基づいており、基本的人権をそこない国際信義に対して疑念を残すとして、「教育勅語排除失効確認決議」は1948(昭和23)年6月に衆参両議院で可決された。

　この時期、日本政府の新しい道徳教育の模索は、最初にまず公民教育の構想として現れている。政府は公民教育刷新委員会を1945年10月に設け、12月には答申をひき出した。そこでは戦前の国家主義色の強い教育の反省の上に立ちながらも、修身と公民的知識を一体化した公民科の確立をめざそうとしていた。

　このとき政府が戦前の修身教育への反省を踏まえて検討していた新たな道徳教育の輪郭は、翌年9月に発行された『公民教師用書』から知ることができる。戦前の修身教育の反省点として、そこでは「著しく観念的であり、画一的であって、わるい形式主義におちいっていた」ことがあげられ、公民教育においては、児童や生徒の「日常の生活の動きそのものを指導すること」、「自発性を重んじ、でき得るかぎりその自発活動を起させて指導すること」、「個性を重んじ、これをできるだけのばすように指導すること」、「合理的な精神を養うことにつとめること」などが明記され、戦前の反省をふまえ新しい教育の方向性を探る試みがはじまっていたことがわかる(貝塚茂樹監修『戦後道徳教育文献資料集(第Ⅰ期、第3巻)』所収『国民学校公民教師用書』日本図書センター、2004年)。

　公民教育刷新委員会答申では、こうした認識に立って道徳が「公民的知識ト結合シテハジメテ其ノ内容ヲ得、ソノ徳目モ現実社会ニ於テ実践サルベキモノトナル」と述べ、従来の修身科と「公民科」の両者を統合した新たな「公民科」の設置をめざす方向を結論としていた(貝塚茂樹監修、上掲書所

収『公民教育刷新委員会答申(第一号)』)。したがって、この時点では道徳教育を担う「教科」の存続を前提に、日本政府が検討を進めていたことに疑いを差し挟む余地はない。そして、その考え方は5月に出された「新教育指針」にも基本的に引き継がれていたといえる。この公民科構想は、CIEとは関係なく、修身教育に代わりうる道徳教育の代案を政府内部で検討するものであったが、1946年の夏頃になり、CIEは『公民教師用書』の内容に修正指示を与え、公民科を歴史、地理を含めた広域総合教科としての社会科の一部とすることで、社会科新設への誘導が図られた。このことにより、政府案は後退を余儀なくされ、1947(昭和22)年春にはじまる新学制の教育課程に道徳教育のための教科目が登場する可能性はなくなった。

2　戦後の道徳教育と全面主義の方針策定

(1)　社会科と道徳教育

　前節で述べたように、戦後の新たな道徳教育の模索は、占領軍およびCIEと日本側の双方により個々に検討が進められていた。敗戦から1年ほどは、政府の独自の教科案に占領軍は表だった干渉をせず立場を保留していた。占領統治が本格始動するまえに、修身科代替案として議論がはじめられた公民科の構想は、戦前の反省から学び、新しい第一歩をふみ出そうとする日本政府側のそれなりの改革意欲の表明であり、当初は占領軍もそれを黙認した格好であった。敗戦の翌年に来日した第一次米国教育使節団の報告書においても、民主主義の諸理念および画一を排した自由な気風の指導方法を全体的に推奨するなかで、教科による道徳教育は正面から否定されてはいなかった。しかしながら、上述した経緯のなかで、社会科の設置に向けて大きく情勢が動きはじめていく。このため、戦前型の修身を筆頭教科とする道徳教育に対する反省的議論が中断され不徹底に終わったことは、この問題がいつか再燃する火種を残す結果になったと言える。

　1947(昭和22)年4月から、6・3・3の新学制のもとで小・中・高等学校に社会科が登場した。同年に最初の学習指導要領が成立し、従来の修身、公民、地理、歴史に代わり、社会科が新しい教科として教育課程に新設され

た。このときの『学習指導要領一般編(試案)』によると、社会科は社会生活についての良識と性格とを養う教科であると説明され、教科的な社会認識の形成に加えて、道徳的な態度や民主的な社会の進展に力をつくす能力の育成がその目標として明示された。こうした事情を受けて、戦後新教育の最初の教育課程では、民主社会の建設を担う中核的教科である社会科に道徳教育を担わせるとよい、とするムードが自然と醸成されていった。

　現場教師に強まりつつあった社会科に寄せる期待の高まりに対して、やがて大きな障壁が立ちふさがった。もともと、第一次教育使節団報告書では、道徳教育を学校で位置づける方向にはフランスのように「倫理」という特別の教科をおくか、自由国家アメリカのように教科を設けず、教育活動の全面を通じて行うかの二つの方式があると整理し、教える内容が民主主義的で普遍的なものであれば、教育課程の決定は日本人に任せるのがよいと寛容な記述をしていた。それが1950年に来日した第二次米国教育使節団の報告書の末尾では、大きく論調が転換する。同年9月に教育改革の推進を勧告する趣旨でまとめられた同報告書では、青少年の経験と学習を包括した領域で、「道徳および精神教育」の充実が図られるべきと指摘し、「道徳教育は、ただ社会科だけからくるものだと考えるのはまったく無意味である。道徳教育は全教育課程を通じて、力説されなければならない」、との見解が示されることになったのである(宮田丈夫編『道徳教育資料集成(第3巻)』第一法規出版、1960年)。こうした経緯から、独立の教科を設けず、学校教育の活動全体を通して道徳教育を行うべきとする占領当局側のメッセージは、「学習指導要領」の最初の改訂(1951年)に取り組む文部省側の選択肢を大きく限定づけていくことになった。

(2) 「道徳教育振興に関する答申」と『手引書要綱』

　ところで、1950(昭和25)年前後から、新教育が掲げてきた平和主義と民主主義の教育刷新の方針に修正を加えようとする言動が、政府首脳や閣僚の間からしきりに目立ちはじめるようになる。愛国心の再興を説く吉田首相発言を皮切りに、翌年の1950年5月には、文相に就任した天野貞佑が全国都道府県教育長会議において教育勅語に代わる国民道徳の基準を確立す

る必要を力説するなど、波紋を呼ぶ出来事が起こっている。後者は当時、修身科の教育内容の復活を意図するものと受けとられ、世論の強い反発を招いた。

　これに対し、天野文相の諮問に応じて出された教育課程審議会の「道徳教育振興に関する答申」(1951年1月)は、「道徳教育を主体とする教科あるいは科目」の設置は望ましくないとして、それに明確に反対する結論を導き出している。そこでは、文相の基準制定の意向をはっきりと退け、新しい道徳教育を輪郭づける次のような枠組みを提示した。すなわち、①道徳教育は学校教育全体の責任であり、学校生活全体の民主化がはかられ、学校生活のあらゆる機会をとらえて道徳的生活の向上に向けて努めること、②道徳教育の振興の方法として、特別な教科・科目を設けるのは望ましくなく、社会科その他の教育課程を正しく運営するやり方をとるべきこと、③そのためには、児童生徒の発達段階に即応した道徳教育計画を確立する必要があり、それに資する手引書の作成が求められること、等がその内容であった(宮原誠一他編『資料日本現代教育史(第2巻)』三省堂、1974年)。

　文部省はこれを受けて「道徳教育振興方策」を発表し、そのなかで特定の教科によってではなく、学校の全教育活動を通して道徳教育を実施する、という戦後教育において長く堅持されていくことになる原則を確認した。かつてのように道徳教育を基幹的に担う教科を設けるのでなく、各教科および特別教育活動(小学校は「教科以外の活動」)をはじめとして、学校教育の全体を通じてそれは行われるべきだとする明確な方針の提示であった。

　この原則確認の後、文部省は方針の具体化を進めていくなかで、道徳教育の指導に資する教師用の指導書を早急に整えるよう構想し、『道徳教育のための手引書要綱』(1951年4・5月)を発表した。その「総説」では、封建的な考え方と超国家主義に基づく大きな過誤を反省し、今日の道徳教育は目的、内容、指導の方法いずれにおいても、徹底して民主的なものにならなくてはならないことを強調した。そこではまた、新しい指導の方法として、児童生徒の生活経験を尊重し、彼らの直面する現実的な問題の解決を通して、道徳的な理解や態度を養うべきことにも注意を喚起した。

　ちなみに、この要綱において文部省は、民主的な社会を形成する人間の

育成に教育目標の照準をあて、「個人の価値と尊厳とを尊重するということが、すべての指導の根底」をなすと力説している。ここに示された人間尊重の精神に基づくとする目標規定は、早くは「新教育指針」において「人間性・人格・個性の尊重」と表現されていた。ここで改めて強調された自他の人格への尊重は、今日まで学習指導要領のなかで道徳教育の目標を表現する主要な語彙として脈々と受け継がれてきているものに他ならない(宮田丈夫編『道徳教育資料集成(第3巻)』第一法規出版、1960年)。

　新教育の理念が憲法の平和主義・民主主義の精神に基づくことを再確認するこれらの文部省の公文書類と、その後の政治的動静を先取りしていた当時の大臣たちの発言を対比させると、両者の考え方の乖離がとみに目だってくる。天野文相が答申の後自ら出版した『国民実践要領』(1951年11月)も、その一例である。著作では、国民一人ひとりの「存在の母胎であり、倫理的、文化的な生活共同体」として伝統的国家を称揚する記述が際立っていた(同書第4章「国家」)。こうした当時の不安定な政治的動向を背景として、上の要綱のもとで作成されるはずの教師の手引書は未完のままで終わってしまったのである。戦後改革期にはこうした伝統の継承・革新をめぐる政治的混乱が現れたが、教育改革の主勢力がいまだ占領統治側にあった時期に改訂作業が進んだ『学習指導要領一般編』(1951年改訂)では、上述した第二次教育使節団報告書の主張と教育課程審議会の答申(1951年)に沿う形で、道徳教育の振興・充実の道筋がつけられることになった。すなわち、学校における道徳教育の方針としては独立の教科を設けず、学校教育の全面を通じて行うことを最終的に確定する内容となったのである。ちなみに、わが国の占領体制は、このあと1952年4月のサンフランシスコ講和条約の発効でようやく終わりを迎えた。

3　全面・特設主義の道徳教育への推移

(1)　道徳の時間の特設と1958年改訂『学習指導要領』

　戦後の道徳教育は、この後次の新しい段階へと推移する。特別の教科や時間を設けることなく、学校の教育活動の全体を通して道徳教育を実施し

ようとしたこれまでの時期を戦後の第一局面とすると、次にはじまる時期は、道徳の時間を特設して、教育活動全体を通じて行う道徳教育の中心部にこの時間をおいて活用していこうとする段階である。前者を「全面主義」の方針とすれば、後者はそれを修正して「全面・特設主義」の方針に転換した段階と言えるだろう。

　先に紹介した吉田首相や天野文相の修身復活を期待する言論思潮は、その後も自由党などの政党において「愛国心の涵養のために修身、地歴教育の強化」をめざす議論としてくすぶり続けた。天野退陣後登場した岡野文相も、地歴と道徳の復権を意図して、「社会科の改善」を教育課程審議会に諮問した。その答申内容は、上学年において倫理、道徳を主体とした単元を設ける提言を含むものであった。しばらくは、こうして倫理・道徳の内容を社会科に盛り込むことに焦点が集まったが、大達、安藤、松村、清瀬と文相が交代する間に「国民道義の高揚」を求める党派勢力の動きがますます強まっていった。

　その後1957(昭和32)年に登場した松永東文相が、この間の道徳教育論議を終結させる役割を進んで買って出た。すなわち、教育課程審議会に「道徳教育強化のための時間特設」について諮問をしたのである。これを受けて1958(昭和33)年3月、同審議会は「学校教育全体を通じて行うという方針は変更しないが、現状を反省し、その欠陥を是正し、すすんでその徹底強化を図るために、新たに道徳教育のための時間を特設する」とする答申を行った。この答申の後、文部省は「小学校・中学校における『道徳』の実施要領について」の通達を出し、併せて「『道徳』実施要綱」(小・中学校)を公表し、道徳特設の趣旨と道徳指導の充実に理解を求めることになった。

　予想にたがわず、この時間の特設に対しては各界から異論や反対が湧き上がったが、1958年8月、学校教育法施行規則の一部が改正され、小・中学校の教育課程の4領域の一つとして道徳の時間が明示され、この年度の2学期からの実施が確定した。

　それでは道徳の時間を新設する理由は、どのように説明されただろうか。同年10月に改訂された小・中学校『学習指導要領』では、道徳教育は「学校の教育活動全体を通じて行うことを基本とする」と記され、これまでの全

面主義の原則を再確認した上で、他の教育活動における道徳教育と道徳の時間との関連については、道徳の時間が「各教科、特別教育活動および学校行事等における道徳教育と密接な関連を保ちながら、これを補充し、深化し、統合」（総則）するものとした。すなわち、道徳教育は学校の全教育活動を通して実施することを基本として、それをさらに充実させるために特設時間の活用を図るのが趣意であるという説明であった。

このときの小・中学校『要領』をみると小学校では、①日常生活の基本的な行動様式を理解し、これを身につけるように導く、②道徳的心情を高め、正邪善悪を判断する能力を養うように導く、③個性の伸長を助け、創造的な生活態度を確立するように導く、④民主的な国家・社会の成員として必要な道徳的態度と実践的意欲を高めるように導く、以上の4点を「道徳の時間」の具体的目標として掲げている。また、中学校では道徳性を高めることを道徳教育の「内容」にかかわる課題とし、道徳的な判断力を高め、道徳的な心情を豊かにし、創造的、実践的な態度と能力を養うことが、いかなる場合にも共通に必要なことと説明を加えている。そのため小学校では36、中学校では21の道徳上の内容項目が、道徳教育の目標を達成するために指導を要する項目として設定されることとなった（貝塚茂樹監修『戦後道徳教育文献資料集（第Ⅱ期、第17巻）』日本図書センター、2004年）。

そして、このときの学習指導要領以後、その指導の実をあげるため両者の補完性が強調された道徳の時間と教育活動全体との関係づけは、今日まで基本的に変更が加えられていないとみてよい。上の「『道徳』実施要綱」では、「道徳の時間」の目標は学校全体の道徳教育の目標と同じであるとし、「人間尊重の精神を一貫して失わず」、この精神を生活のなかに生かし、「個性豊かな文化の創造と、民主的な国家および社会の発展に努」める日本人の育成におくべきことが述べられている。人間尊重の精神ならびに自他の人格の尊重を基本にしていきながら、特設時間を有効に活用していく全面・特設主義への仕切り直しが、これ以後本格的に始動することになったのである。

(2) 学習指導要領の改訂の変遷

道徳の時間の新設の後、学習指導要領は以下のように、1968(昭和43)年〜1969(昭和44)年、1977(昭和52)年、1989(平成元)年、1998(平成10)年の各回と、今回2008(平成20)年の5度、そして戦後の全期間を通すなら7度の改訂を受けてきた。各時期の改訂内容について、大まかではあるが、その特徴を次にあげておく。

1) 1968-69(昭和43-44)年の改訂

昭和40年代の改訂時には、「学校教育法施行規則」の改正により、それまでの小・中学校の教育課程が4領域から各教科、道徳、特別活動の3領域に改められるなか、小学校は1968年に、中学校は1969年に改訂がなされた。

道徳教育の目標としては、従来の目標を受けて「その基盤としての道徳性を養う」という表現が追加され、教育基本法の「教育の目的」条文に示された人格の完成との対比で、道徳教育が道徳的な人格特性としての「道徳性」の育成をめざすことが改めて明記された。また、内容についても精選がなされることにより、小学校32項目、中学校13項目への整理が図られた。

2) 1977(昭和52)年の改訂

次に、昭和50年代には、小学校と中学校の学習指導要領が1977年に改訂された。道徳の時間の役割の明確化を図る意図のもとで、小学校の目標のなかに「道徳的実践力を育成する」ことが明記された。中学校でも、前回の改訂で姿を消していた道徳的実践力の表現が復活し、「人間の生き方についての自覚を深め、道徳的実践力を育成する」ことが強調される改訂となった。目標の文言の変更にあわせて、小学校28項目、中学校16項目へと指導内容が整理され、小学校と中学校の内容項目の関連性にも配慮することになった。

3) 1989(平成元)年の改訂

平成元年の改訂では、1987年の教育課程審議会の答申において示された教育課程の改善の方針、「豊かな心をもち、たくましく生きる人間の育成を

図る」ことを基本にすえた、目標と内容の改善になった。「人間尊重の精神」を生活のなかに生かすとする旧来からの目標に、「生命に対する畏敬の念」の育成がつけ加わり、自他の生命の尊さや生きることのすばらしさの自覚を深めることが、自他の人格を尊重し他人を思いやる心を育てることの礎になるとの理解が示され、それを受けて内容の改善も図られた。

　小・中学校ともに、四つの視点(①主として自分自身に関すること、②主として他の人とのかかわりに関すること、③主として自然や崇高なものとのかかわりに関すること、④主として集団や社会とのかかわりに関すること)が登場したのもこのときである。併せて、それぞれの柱に小項目を配して、小・中学校および各学年段階の道徳教育の内容において一貫性をもたせながら、発展性と全体との関連を意識しつつ再構成と重点化がなされることになった。

4) 1998(平成10)年の改訂

　平成10年の改訂では、学校の教育活動全体を通して行う道徳教育の趣旨を明確にし、それを充実する観点から道徳教育の目標が「総則」に掲げられた。また、わが国と人類の未来の諸課題に向かいあう力の育成を重視して、「未来を拓く」と「豊かな心」が表現として加えられた。

　「第3章　道徳」では、道徳性を構成する諸様相としての「道徳的な心情、判断力、実践意欲と態度など」の記述を全体目標の部分に移行させ、道徳の時間の目標として「道徳的価値」の自覚を深めることが加えられた。道徳の時間が道徳的価値に裏打ちされた人間としての生き方についての自覚を深め、よりよく生きるための道徳的実践力を育成するものであることが、一層強く打ち出される形となった。「内容」に関しては、中学校の場合、法やきまりの重要性を理解し、社会の秩序と規律を高めるよう、4の視点の項目数を一つ追加し23項目に再構成された。

4　新学習指導要領と目標・内容の改善

(1)　今次改訂の経緯と改訂の基本方針

　今回の学習指導要領の改訂は、2008(平成20)年1月の中央教育審議会の

答申を受けて、同年3月に学校教育法施行規則が改正されたことに基づくものである。2006（平成18）年12月に教育基本法が約60年振りに改正され、教育の目的・目標規定等が変更されたことは、2005（平成17）年2月に文部科学大臣の要請を受けてはじまった中央教育審議会の審議過程にも直ちに影響を及ぼした。その結果、今回の改訂は、教育基本法の改正をふまえた内容になったことが、まず際立った特徴になっている。

　改正教育基本法では、豊かな情操と道徳心、自律の精神や公共の精神、生命や自然の尊重と環境の保全、伝統と文化の尊重、他国の尊重および国際社会の発展への寄与などの理念を取りあげて、新たに教育の目標として掲げられた。それを受けて、小・中学校の『学習指導要領』では第1章　総則において、「伝統と文化を尊重し、それらをはぐくんできた我が国と郷土を愛」すること、「公共の精神を尊」ぶこと、「他国を尊重」すること、「環境の保全に貢献」することの各文言が、道徳教育の目標を示す文に加えられることとなった。

　今回の学習指導要領の改訂に際し、中央教育審議会の答申では従来の道徳教育の方向性を踏襲しつつ、道徳教育の充実・改善のための次のような基本方針が示された。その一つは、人間尊重の精神と生命に対する畏敬の念を培い、「他者とかかわり、社会の一員としてその発展に貢献することができる力」を育成するために、取り組むべき重点を明確にするとしたことである。

　第二は、道徳の時間においても、より効果的な教育を行うために小学校・中学校の指導の特色を明確にする一方で、高等学校でも、知識・技能の教育にとどまらず、その段階に応じて、人間としての成長と道徳性の育成を図る教育の充実を進めるとしたことである。

　第三には、学校全体で取り組む道徳教育の実質的な充実を図る視点から、学校と家庭や地域社会が共に取り組む体制を強めながら、学校での道徳教育の推進体制の充実を図るとしたことである。

　つけ加えて言えば、第一については、とくに子どもを取り巻く近年の状況を強く考慮して、子どもの自立心や自律性、生命を尊重する心の育成に加え、基本的な生活習慣、規範意識、人間関係を築く力、社会参画への意

欲や態度、伝統や文化を尊重する態度などの育成が強調されている。それらを重視する観点から、あえて今回は学校や学年において取り組むべき指導内容の重点を明らかにする必要を説いている。さらに第三に関して言えば、学校全体で取り組む道徳教育を充実させるために、今回一歩踏み込んで、道徳教育の推進教師を中心とした体制づくりを掲げたことが特色となっている。実際的で具体性のある全体計画の作成と、小・中学校における授業公開の促進とを併せてそれは求めている。この点は、今回の改正の目玉と目されるものであり、今後目に見える改善を図る行動計画が各学校に迫られていくことであろう。

(2) 新学習指導要領と改善の基本事項

　道徳教育の目標は前回(1998年)の改訂時から、学習指導要領の「総則」に明記されるようになった。そのことで、学校教育全体で道徳教育を進めることが、より明確にされるにいたっている。さらに今回、学校の教育活動に占める道徳の時間の位置づけを一段と強調する方向で表現を改め、道徳の時間の役割を重視する語を加え、「学校における道徳教育は、道徳の時間を要として学校の教育活動全体を通じて行う」とされた。

　第3章の「道徳」で示された道徳教育の目標は、従前と同じく「学校の教育活動全体を通じて、道徳的な心情、判断力、実践意欲と態度などの道徳性を養う」とし、また、「道徳の時間」においては、道徳的価値の自覚に基づき、「人間としての生き方についての自覚(小学校では「自己の生き方についての考え」)を深め、道徳的実践力を育成する」とし、一部表現が改まった。中学校では道徳的価値に接続して「それに基づいた」を書き加えることで、道徳的価値の自覚を深めることが一層強調されることになった。ここでいう「道徳的価値」は、従来から道徳教育において目標を達成する上で指導すべきとされる内容項目であったが、『学習指導要領解説　道徳編』によると、児童生徒が自ら「道徳性を発展させるための窓口」であると説明を加えている。道徳の時間では、そうした道徳的価値と出会う機会をもつことにより、自己や人間の生き方について考えや自覚を深めながら、よりよく生きるための道徳的実践力の育成を目指していくことが、今回の改訂ではより明確に

なっている。

　指導内容としての内容項目については、学校や学年の接続や系統性をふまえて分かりやすくする改変が続けられているが、このたび項目の追加や分割により全体の項目数が一つ増え（小学校低学年、中学校）、また3の視点と4の視点における内容項目の配列も入れ替えられた。

　今後、学校の道徳教育を一層改善・充実させていくために、道徳の指導に対して寄せられる期待はますます高まっていくことが予想される。

　一方で、道徳の時間の指導については、全国の教師の真摯な努力にもかかわらず、まだ十分な段階に到達しているとは言えない現状がある。これまでも繰り返し指摘されてきたように、戦前の弊であった「徳目主義」の誤りに陥らないようにすることは言うまでもなく、内容項目の網羅的指導や総花的指導計画と呼称されるある種のマンネリズムや、複合的価値をパーツ化する1項目1時間指導のあり方など、今後検討や工夫が重ねられる課題は多く残されている。

　1958年の学習指導要領の改訂以来、道徳の時間の目標として概ね一貫して明示されてきた道徳的心情、道徳的判断力、道徳的実践意欲と態度、これら三者の総合的な育成による道徳性の向上というバランスのとれた目標が、これまで道徳教育に携わる者には等しく共通の願いとされてきた。教育現場への要求がさまざまに強まる今、朝改暮変ととかく形容されがちな中央行政と社会からの要請を意識しすぎて大局を見失うことのないように、全体的な視野がますます重要なものとなろう。

学習課題1　戦後になって、戦前の修身教育における過誤としてどのようなことが指摘されたか。戦後の再スタートへの経緯・動向を参考にしながら整理しなさい。

学習課題2　戦後の道徳教育における基本的な方針を今回の学習指導要領の改訂まで辿ってみると、戦後一貫して継続してきた側面と、変更や修正が加えられた側面とがある。それぞれについて調べ要点を述べなさい。

【引用・参考文献】

小川利夫・平原春好編『日本現代教育基本文献叢書-戦後教育改革構想(第Ⅰ期、第1巻)』(『第一次・第二次米国教育使節団報告書』)日本図書センター、2000年。

海後宗臣・仲新『教科書でみる近代日本の教育』東京書籍、1979年。

貝塚茂樹監修『戦後道徳教育文献資料集(第Ⅰ期、第3巻)』(昭和21年10月発行『国民学校公民教師用書』他)、日本図書センター、2004年。

貝塚茂樹監修『戦後道徳教育文献資料集(第Ⅱ期、第17巻)』(昭和33年発行『小学校・中学校学習指導要領　道徳編』)、日本図書センター、2004年。

片上宗二『日本社会科成立史研究』風間書房、1993年。

上薗恒太郎『民話による道徳授業論』北大路書房、2000年。

唐沢富太郎『教科書の歴史』創文社、1956年。

倉田侃司・山﨑英則編『新しい道徳教育』ミネルヴァ書房、1989年。

日本近代教育百年史編集委員会編『日本近代教育百年史』(1～6巻)、国立教育研究所、1973～74年。

林忠幸・押谷由夫編『道徳教育の基礎と展開』コレール社、1998年。

久木幸男他編『日本教育論争史録』(1～2巻)、第一法規、1980年。

平原春好編『日本現代教育基本文献叢書-教育基本法制コンメンタール(第22巻、『新教育基本資料とその解説』)』日本図書センター、2002年。

水原克敏『近代日本カリキュラム政策史研究』風間書房、1997年。

宮田丈夫編『道徳教育資料集成』(全3巻)、第一法規、1960年。

宮原誠一・丸木政臣・伊ケ崎暁生・藤岡貞彦『資料日本現代教育史』(1～4巻)、三省堂、1974年。

村田昇『「畏敬の念」の指導－こころ・いのち・体験－』明治図書、1993年。

文部省『学制百年史』(記述編、資料編)、ぎょうせい、1972年。

文部科学省『小学校学習指導要領解説　総則編・道徳編』東洋館出版社、2008年。

文部科学省『中学校学習指導要領解説　総則編』ぎょうせい、2008年。

文部科学省『中学校学習指導要領解説　道徳編』日本文教出版、2008年。

読売新聞戦争責任検証委員会編『検証戦争責任Ⅱ』中央公論新社、2006年。

第2章　道徳性の発達理論と道徳教育

　道徳性は、生得的なものではなく、後天的に獲得されていく特性である。かりに人間が生まれながらにして道徳性を身につけているとすれば、そもそも道徳教育の必要性はないだろう。わずかに道徳性の萌芽だけをもって生まれてくるからこそ、人間にとって道徳教育は重要な意味をもつとも言える。未熟な状態にある道徳性は、周囲からの適切なはたらきかけを経験することによって「発達」していくのである。本章では、こうした道徳性の発達理論を提唱する代表的な立場として、精神分析理論、社会的学習理論、認知発達理論を取り上げ、それぞれの道徳性発達理論の基本的特質を考察していくことにする。

1　道徳性とは何か

　私たちは「～してはならない」や「～すべきである」といった数多くの道徳的知識を有している。しかし同時に、そうした言葉や知識の胡散臭さや無力さにも気づいていないだろうか。たとえ「思いやりを大切に」という言葉を頭で理解していても、そうしたいという気持ちをもっていなければ、実際に思いやりのある行動はとれないからだ。「知っていること」と「実際にそうすること」のあいだには相当な開きが横たわっているのである。
　道徳的知識と道徳的行為が直結していないとすれば、両者のあいだの溝は何によって埋められるのだろうか。それは、たとえば「意欲」や「態度」である。道徳的行為の実現には、「～したい」という心情や意欲・態度な

ど、単なる道徳的知識には包摂されえない各種の心性が欠かせないのである。こうしたさまざまな心性によって構成される人格的特性のことを、私たちは通常「道徳性」と呼んでいる。道徳性とは、単なる道徳的知識ではなく、道徳的行為を可能にする人格的特性のことなのである。

こうした人格的特性としての道徳性を涵養することが道徳教育の役割にほかならないのだが、ひとくちに道徳性と言っても、具体的にどのような要素が道徳性として想定されるべきなのかを把握していなければ、効果的な道徳教育を実践することはできない。道徳性の構成要素にはどんなものがあるのだろうか。

たとえば『学習指導要領』は、道徳教育の目標を「学校の教育活動全体を通じて、道徳的な心情、判断力、実践意欲と態度などの道徳性を養うこと」と定めている。この言葉を借りるなら、道徳性は「道徳的心情」「道徳的判断力」「道徳的実践意欲と態度」という諸要素の複合体であると考えることができるだろう。すなわち道徳性には、心情的要素・認知的要素・行動的要素が含まれているのである。

さて、道徳性のこうした諸要素に関して、これまで多くの学問分野が専門的研究を重ねてきたことは周知の通りである。その代表的立場を簡単に紹介しておけば以下の通りとなる。

道徳性の心情的側面を強調したのは、いわゆる精神分析理論の立場である。なかでもフロイト(Freud,S.,1856-1939)は、子どもの「心情」に注目し、乳幼児と親との情緒的な関係性が子どもの道徳性形成に対して重要な意味をもつと指摘している。一方、道徳的判断力などの認知的側面に着目したのは、ピアジェ(Piaget,J.,1896-1980)やコールバーグ(Kohlberg,L.,1927-1987)ら認知発達理論の提唱者である。彼らは、たとえば規則の理解度や道徳的行為の判断理由などの「認知」構造に目を向け、認知的発達と道徳的発達の相関性を説明しようとする。また道徳性の行動的側面の解明に貢献したのは、バンデューラ(Bandura,A.,1925-)に代表される社会的学習理論の立場である。道徳的知識が実際に「行動」化されるために欠かせない実践意欲や態度。これらがいかなるプロセスを経て体得されるのかを行動主義的に解明したのが、この社会的学習理論と呼ばれる立場である。

以上のことから明らかなように、道徳性にはじつにさまざまな要素が内包されている。つまり「道徳性」は包括的な概念であって、実際には、上述したような心情的・認知的・行動的諸要素が複合的に作用することで具体的な道徳的行為が実行に移されるのである。では、道徳性を構成するそれぞれの諸要素はどのようにして子どものうちに形成されていくのであろうか。次節では、この問題についてそれぞれの角度から考察していくことにしよう。

2　道徳性の発達理論

(1)　精神分析理論

　精神分析学ないし精神分析理論という学問領域を確立したのはフロイトである。フロイトは神経症治療の一環として人間の精神機能を分析し、いくつもの注目すべき学説を提唱したが、こうした臨床的研究を通じて彼は、人間の道徳性が「超自我」の形成とともに発達することを発見した。

　そもそもフロイトは人間の精神活動をエス・自我・超自我という三つの機能の相互作用としてとらえようとする。三つの機能の特徴は次の通りである。

- ◆エス(es)……完全に無意識領域に属する心的エネルギーの源泉。快を求め不快を避ける「快楽原則」に支配されている。
  【例】「〜したい」「〜が欲しい」などの生理的欲求・本能的衝動。
- ◆自我(Ich)……人間の精神構造全体のバランスを調整する心の中心機能。現実的な状況判断を下す「現実原則」に支配されている。
  【例】エス(欲望)と超自我(倫理)のあいだではたらく思慮や分別。
- ◆超自我(Über-Ich)……道徳性発達の成否を規定する重要な心的機能。勧善懲悪などに代表される「倫理原則」に支配されている。
  【例】「〜してはならない」「〜すべし」などの倫理観・道徳心。

　エス・自我・超自我という三つの心的機能をこのように整理すると、「快楽原則」に支配されたエスの機能に対して否定的なイメージを抱いてしま

うかもしれない。しかし、エスは人間が生きていく上で必要不可欠な機能でもある。なぜなら食欲・性欲・睡眠欲という三大欲求も、このエスの領域に属しているからだ。つまり問題なのは、エスそのものではなく、生理的欲求や本能的衝動として出現するエスをいかに制御するかということになる。

　私たちは通常、エス・自我・超自我をバランスよく機能させている。具体例をあげて説明しよう。かりに空腹状態にある男が帰宅途中にコンビニエンスストアに立ち寄り、弁当コーナーの前に立っているとしよう。まず「何かを食べたい」という生理的欲求が男の意識内に出現する【エス】。ところが男は財布を職場に置き忘れていることに気づく。このとき無意識のうちにも「弁当を盗んではならない」という倫理観が立ちはだかり【超自我】、結局、弁当を買うために職場まで財布を取りに戻るか、常備しているインスタント食品を食べるために帰宅を急ぐなどの現実的な判断をくだす【自我】。こうして彼は「何かを食べたい」という欲求を合法的に満たすことができるのである【エス－自我－超自我】。フロイトに言わせれば、人間の精神活動は、本能的欲望を充足させようとするエス、欲望を抑圧する超自我、この両者を調停しようとする自我が織りなす「せめぎ合い」の結果なのである。

　それでは、生まれてまもない人間＝乳幼児はどうだろうか。たしかに赤ちゃんは純真無垢で可愛らしい存在である。だが、その行動をよく観察すればわかるように、彼らほど本能的衝動や生理的欲求に正直な存在はいない。空腹時には母乳を求めて泣き、排泄物で不快を感じたときにも泣く――快を求め不快を避けようとする彼らの行動はまさにエスそのものである。フロイトによれば、生後6カ月頃に自我が生まれ、超自我は4〜5歳頃になって発達しはじめるという。自我や超自我という心的機能は、後天的に獲得されていくのである。では道徳性の象徴である超自我はいったいどのように形成されるのだろうか。

　エスの権化であった赤ちゃんにも「自我」の芽生えが訪れる。外界との接触を通じて、より現実的な志向をもつ自我が、エスの一部から分離形成されるのである。自我をもつことによって、赤ちゃんははじめて不安を覚え

るようになる。この不安を彼らのうちに呼び起こすのが、外的権力としての親の存在である。まだエスが支配的で超自我の萌芽も見られない状態の子どもは、空腹という不快感を我慢できず他人のお菓子を横取りして食べてしまうことがある。このとき親はその行動に対して何らかの罰——たとえば「お菓子を横取りする子は嫌いよ！」という愛情の取り消し——を与える。こうした経験を積むことで、子どもは罰に対する不安を内面化し、やがて親が許さない衝動をあらかじめ自我によって抑圧するようになる。これは、自分を処罰する親との一体化を意味しており、自分の心のなかにいわば「もうひとりの自分」＝自己批判的な自分、自己を超越した自分を宿すことでもある。ここに誕生するもうひとりの自分が「超自我」であり、その機能が道徳性発達の成否を大きく規定することになるわけである。

(2) 社会的学習理論

　道徳的な行為も含め、ある行動形態が学習される場合、知識の理解が占める割合はどれほどであろうか。「～しなさい」と教えても言うことを聞かない子どもが、自分の憧れるモデルを手本として望ましい行動を学習することは、よくあることである。この場合、「～しなければならない」という道徳的知識よりも、実際にその行為を実践しているモデルの存在が重要な意味をもっているのである。こうした「他者の行為を見倣う」という学習形態のプロセスを解明したのが、社会的学習理論 (social learning theory) と呼ばれる立場である。ここでは、心理学の立場からより実証的な社会的学習理論を提唱したバンデューラに注目してみよう。

　バンデューラは1990年代に「自己効力感」に関する理論を提唱し、心理学のみならず社会学や教育学の分野においても注目を集める存在であるが、その根底に位置づくべき理論が1970年代に提唱された「モデリング理論」である。

　モデリング (modeling) とは、モデルとなる他者の行動内容や結果を観察し模倣することによって、適応的な行動パターンを習得し、不適応的な行動パターンを消去する学習過程のことである。バンデューラによればモデリングは、注意過程→保持過程→運動再生過程→動機づけ過程という一連

のプロセスを経てなされるという。この四段階の概略は以下に示す通りである。

モデリングの下位過程
　①注意過程……魅力的な特徴をもつモデルに目を向け、その姿や行動を注意深く観察する。
　②保持過程……モデルの行動をイメージや言語というかたちで記憶し【表象化】、一定期間その行動内容を保持する。
　③運動再生過程……保持されたモデルの行動パターンを実際に再生しながら、行動のズレを徐々に修正していく【模倣】。
　④動機づけ過程……評価や報酬などによってモチベーションが高められ【強化】、行動の遂行が促進される。

　モデリングが具体的にどのように成立するのか、子どものテレビ番組視聴とその後の行動を例に整理しておこう。まず子どもは自分にとって魅力的なヒーローやヒロインの登場するテレビ番組を好んで視聴し、活躍する主人公の外見や行動を注意深く観察する【注意過程】。危険を冒してでも悪役と闘うヒーローの勇気ある姿、悩む友だちを慰めるヒロインのやさしい台詞などを、番組終了後もイメージや言語としてしばらく記憶している【保持過程】。頭のなかで描いたヒーローやヒロインの行動を実際に試演し、モデルの行動との不一致を修正しながら「本物」に近づけていく【運動再生過程】。周囲の人間から得られる賞賛や報酬によってモチベーションが高まり、適応的な行動パターンとしてますますその行動の遂行が促進される【動機づけ過程】。
　以上のような四つの過程を段階的にクリアしてモデリングは成立する。反対にどこかの過程で不適切な要因が加わったりすると、学習は失敗に終わることもある。とりわけ道徳的行為の場合、「動機づけ」がどれだけ効果的になされるかによって、学習の成否は大きく左右されるという。たとえばヒーローやヒロインを観察・模倣した子どもの道徳的な行動に対して「困っている人を助けるなんて偉いねぇ」などの賞賛が与えられれば、道徳的行為の学習はうまくいくが、子どもの行動がまったく無視されるなど、

適切な動機づけがなされない場合は、道徳的行為の学習は成立しにくいのである。

　伝統的な行動主義心理学や模倣理論は、模範的な行動の直接経験および強化に大きなウエイトをおいていた。しかし実際には、私たち自身が直接経験のなかで罰や報酬などの強化刺激を受けなくても、望ましい行動パターンを新たに習得することも可能であるし、逆に望ましくないこれまでの行動パターンを改めることも可能であろう。それは画面に登場するモデルが観察者の代理として賞罰等の結果を経験し【代理強化】、私たちはそのプロセスも含めて学習しているからである。このように、観察学習としてのモデリングは「代理学習」的な意味を有しており、それはまた、生命の保全・思考の節約・行為の予測といった諸原則にもとづく学習行為の合理的側面をも明らかにしているのである。

(3)　認知発達理論

1)　ピアジェ：規則意識としての道徳性の発達

　子どもの道徳性が一定の段階をたどって発達するということをはじめて実証的に示そうと試みたのは、ピアジェであった。彼によれば、「すべての道徳は規則の体系から成り立っており、すべての道徳の本質は個人がこれらの規則に対してどれほど尊敬しているかというところに求められるべきである」。各年齢段階の子どもたちがある規則に対してどのような意識を示し、またその規則意識を実践に適用するのか——この模様を観察することで、ピアジェは子どもにおける道徳性の発達段階を明らかにしようとしたのである。

　ピアジェは実際に子どもたちの遊び「マーブルゲーム」を観察した。彼が注目したのは、ゲームの楽しみ方が年齢段階に応じて変容しているという事実である。おはじきに似たマーブルという道具を使用するこの遊びには、地面に正方形を描き、そのなかにいくつかのマーブルをおき、外から他のマーブルを投げ入れて、相手のマーブルをはじき出すなど、さまざまな「規則」がある。ピアジェは、ゲームの楽しみ方の変容と規則の内面化の過程を重ね合わせ、規則の意識が子どもたちのなかでどのように発達するか【三

段階】、また子どもたちが規則をどのように実践に適用するか【四段階】を、それぞれ次のように段階別に示した。

規則の意識のプロセス

①運動的・個人的段階(〜3歳)……規則に対する義務意識が存在しない。
②他律の段階(4〜8歳)……規則は大人から与えられた永続的なもの。修正変更が認められないものとして意識される。
③自律の段階(9〜13歳)……規則はゲーム参加者が自律的に決定するもの。同意が得られれば修正可能なものと意識される。

規則の実践的適用のプロセス

①純粋に個人運動的な段階(〜1歳)……規則に関して無知の段階。目の前にある道具で純粋に「一人遊び」を繰り返す。
②自己中心性の段階(2〜6歳)……与えられた規則に従っているように見えながら、実際は自己中心的な遊びをする。勝負の区別もつかない。
③初期協同の段階(7〜10歳)……規則を守ろうとする協同の意識が芽生える。勝負の区別はつくが、規則に不都合が生じることもある。
④規則制定化の段階(11歳〜)……合理的に規則を修正することができる。勝負の手続きは詳細になり、制定された規則は尊重される。

このように、子どもの遊びの観察を通してピアジェは、規則の意識が「運動的・個人的段階」から「他律の段階」を経て、最終的には「自律の段階」へ向かうことを明らかにした。また規則の適用プロセスも、この意識に相応するかたちで段階的にすすめられるという。野球を例に考えてみよう。まず、野球が何であるかを知らない乳幼児でもボールを転がしたり落としたりして遊ぶことができる【純粋に個人運動的な段階】。見学に訪れた野球チームの練習試合に特別参加する機会を得て野球の規則に触れるが、チームで競っているという意識をもたず、投げられたボールを自分がうまく打てるかどうかという点に夢中になる【自己中心性の段階】。大人が定めた野球の規則に対する服従意識が芽生え、互いに規則を守って相手チームと競

おうとするが、細かなルールの理解をめぐって不都合が生じるケースもある【初期協同の段階】。「参加者全員の合意が得られればゲームの規則は修正可能である」という意識が芽生えるため、必要に応じて正規のルールを修正し、自律的に制定された規則にもとづいて自分たちなりの野球＝「草野球」を楽しむことができる【規則制定化の段階】。この最後の「規則制定化の段階」に、ピアジェの認知発達理論の特質がもっともよく現れている。

　高校野球やプロ野球で採用されている正規のルールを完璧に遵守しなくても、私たちは草野球を楽しむことができる。たとえば極端に参加人数が足りない場合には、「三角ベース」にして必要人数をあらかじめ削減したり、守備人員の貸し借りを認めたりするなどの策を講じるだろう。また正規ルールが技術的に不都合であると判断された場合には、盗塁やタッチアップなど複雑なプレーを禁止したり、初心者や年少者に対する配慮として三振アウトを免除したりするなど、参加者全員が野球を楽しめるよう配慮しなかっただろうか。すなわち、野球本来の規則【他律的道徳】では許されないさまざまな行為が、ここでは尊重されるべき新たな規則【自律的道徳】として認識されているのである。

　この段階は、大人が定めた規則に対して一方的尊敬を示していた子どもが、相互的尊敬の重要性を自覚するようになることを意味している。自律的に定めた規則であっても、何か不都合が生じれば、話し合いをして新たな規則を制定することは可能である。ただ参加者全員の総意として定められた規則は尊重されなければならないものとされ、個人のわがままによって破られることは許されない。ピアジェの言葉を借りれば、子ども同士の「協同」が自律的道徳段階のキーワードであり、したがってまた子どもの道徳性発達にとって不可欠な要因なのである。

　ピアジェはマーブルゲームの観察を通して、具体的にこの段階の年齢水準を11歳以降としている。じつはピアジェの理論が「認知発達理論」と呼ばれる理由はこの点に存している。すなわち、協同意識をもちながら自律的に規則を制定するという行為の前提として、「認知構造の発達」が必要だというのである。他律的に定められた規則の不都合な点を認識し、その問題を批判的に検討し、協同の意識をもって参加者全員が納得できるような新

たな規則を制定する――この手続きにはやはり一定レベル以上の論理的思考能力が求められるからである。ピアジェ理論は、道徳的発達が知的発達と並行関係にあることも示しているのである。

2) コールバーグ：道徳的判断の段階的発達

　道徳性が他律から自律へと向かうことは、ピアジェが明らかにした通りである。しかし、道徳性は11〜12歳で最終地点に到達するわけではない。むしろ道徳性が本来の意味で自律的レベルへと向かうのは、思春期から成年期にかけての時期であろう。ピアジェが分析対象から除外したこの時期の道徳性発達に目を向けた人物が、コールバーグである。

　長年にわたりハーバード大学道徳教育研究センター所長をつとめたコールバーグは、ピアジェの認知発達理論の立場を継承しつつ、世界各地で追跡調査を行い、より包括的かつ精緻な道徳性発達段階説の構築をめざした。あらゆる価値判断は最終的には個人に委ねられるため道徳教育は不可能だとする「道徳的な相対主義」にも、伝統的な価値規範を一方的に教え込む必要があるとする「インドクトリネーション（教化）」にも陥らず、コールバーグは、人間の道徳性をソクラテス的思弁という合理的手続きを通して他律から自律段階にまで発達させることが可能であると考えたのである。三水準六段階で構成されるコールバーグの道徳性発達段階説の基本的枠組みとそれぞれの概要は、以下に示す通りである。

I　**前慣習的水準**＝行動の道徳的な意味は、もっぱら目に見える物理的な結果によって判断される。
　◆第一段階：罰と服従への志向
　　　叱られることは悪いこと、叱られなければよいことであると判断される。罰を回避しようとし、大人に対して従順な態度を示す。
　◆第二段階：道具主義的な相対主義への志向
　　　自分の欲求（場合によっては他者の欲求）を満たすための手段（道具）が正しい行為と見なされる。「お菓子をくれたらオモチャを貸してあげる」という実利主義的な人間関係が構築される。

Ⅱ **慣習的水準** ＝ 家族や集団の期待に応えることが正しい態度であるとされ、秩序維持の志向や集団への帰属意識が芽生える。

◆第三段階：対人的同調あるいは「よい子」志向

他者に承認されることがよい行為と見なされる。「よい子」であるために、慣習化された規範や多数派の行動パターンに自己を同調させる傾向がある。

◆第四段階：法と秩序への志向

法律や社会秩序に対して従属的な態度を示す。義務を果たすこと、権威に対して敬意を表すこと、既存の秩序を維持することが正しい行為と見なされ、法や秩序の内容や意味は問われない。

Ⅲ **脱慣習的水準** ＝集団や個人の権威性に左右されず、道徳的価値や普遍妥当な原理を自律的に定義づけようとする。

◆第五段階：社会契約的な遵法主義への志向

個人と社会との関係性をふまえつつ批判的に検討されコンセンサスを得た規範こそが、正しい行為の基準とされる。第四段階とは異なり規範の内容が重視されるため、手続きさえ妥当であれば法の改正も可能であると功利主義的に判断される。

◆第六段階：普遍的な倫理原則への志向

行為の正しさは、論理的普遍性と一貫性に照らしながら自分自身が選択した倫理的原則（良心）によって決定される。この段階においては、「十戒」のような具体的な道徳律というよりも、「定言命法」のような抽象的・倫理的な原則が優勢である。正義、公正性、平等、人権の尊重などが普遍的原理として志向される。

このような道徳性発達段階説の妥当性を検証するためにコールバーグが用いたのが、「モラルジレンマ資料」と呼ばれる一種の例話的教材である。すなわち、判断に迷うエピソードを提示することで被験者を意図的に道徳的葛藤状態＝モラルジレンマに陥らせ、その状態で下された判断や説明論理によって各発達段階別に分類化するというのである。コールバーグ自身が使用したジレンマ資料には、たとえば次のようなものがある。

ハインツのジレンマ

　ある女性が特殊なガンのために死の危機に瀕していた。ただ、医者の診断では、彼女の命を救うことのできる薬が一つだけあった。それは同じ町に住む薬剤師が苦労して開発した新薬である。しかし薬剤師は、開発にかかった費用の十倍という法外な値段をその薬につけた。彼は新薬開発で蓄財を考えていたからだ。ガンに苦しむ女性の夫ハインツは、借金までして何とか薬代の半分のお金を集めたが、それ以上は無理だった。そこでハインツは、薬代を安くしてくれるか、支払いを先延ばしにしてくれるよう薬剤師に交渉した。ところが、いくらお願いしても薬剤師の答えはノーであった。絶望的になったハインツはとうとう薬局に押し入り、妻のために新薬を盗んだ。

↓

※ハインツは薬を盗むべきだったか否か。そう考えるのはなぜか。

　ここで重要となるのは、ハインツの決断に賛成か反対かという二者択一の結果ではなく、なぜそう考えたのかを説明する論理＝判断理由である。等しく「ハインツは薬を盗むべきではない」と答えていても、その理由を「薬を盗めば刑務所に入れられ罰を受けることになるから」と説明するA君と「薬剤師が私的財産を蓄えようとすることは個人の権利として法的に認められているから」と説明するBさんとでは道徳的判断の内容が違うため、両者の道徳性は異なる発達段階に──A君は第一段階、Bさんは第四段階──それぞれ振り分けられるのである。

　たとえばコールバーグは、ある個人に対して、現在属している発達段階よりも一段階高い水準の道徳的判断＝ジレンマに対する回答の理由を示した方が、一段階低い水準や二段階高い水準を示した場合よりもスムーズに道徳性の発達をみせることを明らかにした。道徳性は、飛び級のように一気に上昇することもなければ、決して下降することもなく、一段階ずつ連続的な上昇を見せるという。発達の速度や到達率に一定の地域差があることは認めながらも、発達段階の内容とその順序性だけは、あらゆる文化地域に共通して認められる普遍的原則であるとコールバーグは主張するので

ある。

3 児童生徒の道徳性の発達とその教育
(1) 道徳教育における道徳性発達理論の意義

　前節で取り上げた各道徳性発達理論は必ずしも完全なものではない。たとえばピアジェの認知発達理論に対しては、ブル（Bull,N.）が批判的な反応を示している。子どもの道徳性発達は他律から自律へと向かうという点がピアジェ理論の骨子であった。この点についてはブルも基本的に同意見である。ただピアジェの理論においては他律的道徳と自律的道徳のコントラストが強調されていたのに対して、ブルは自律と他律を対立概念としてではなく、むしろ両者を密接不可分な連続性において把握しようとする。こうしてブルは、他律と自律とをつなぐ段階として「社会律」をおく。彼に言わせれば、道徳性発達段階説は、より包括的かつ精緻に、無道徳（anomy）→他律（heteronomy）→社会律（socionomy）→自律（autonomy）と修正される必要があるわけだ。

　また実証的・普遍的な理論として一般に高く評価されているコールバーグの理論にも、批判的検討が加えられている。たとえばギリガン（Gilligan,C.）は、コールバーグの発達段階説が男性中心主義に基づく理論であると批判した。すなわち「正義の倫理」を重視するコールバーグ理論においては、「他者へのケアの倫理」を志向する女性的な道徳性（たとえば「思いやり」）が正当に評価されないというのである。またコールバーグ自身も、脱慣習的水準（とりわけ第六段階）への到達率に修正を加えている。かつては被験者の約三割が第五段階を、約一割が第六段階を経験したとされる到達率も、その数値が再調査などの結果もふまえ徐々に下方修正され、後年はむしろ「理念的な終着点」という理解が支配的になりつつある。いわば学説としての普遍性が揺らいでいるのである。

　しかし、こうした問題点を抱えているにもかかわらず、各種の道徳性発達理論は依然として魅力的なものである。というのも、これらの理論は、児童生徒の道徳性がいまどのあたりの発達段階にあるのか、次に訪れる道

表2-1 道徳性発達理論の基礎理論

	精神分析理論	社会学的学習理論	認知発達理論
代表的理論家	フロイト	バンデューラ	ピアジェ、コールバーグ
強調される点	心情(心的機能の発達)	行動(模倣の実践)	認知(知的発達)
道徳性獲得のメカニズム	親の価値を内面化させた超自我の形成	一連のプロセスをクリアしたモデリング行動	認知発達に伴う道徳的判断力の形成と発達
獲得の年齢	4〜5歳頃	生涯を通して(とりわけ子ども期)	生涯を通して(とりわけ思春期〜青年期)
社会化の担い手	親	周囲の年長者や同年齢集団	発達段階の上位者
教育への示唆	教師よりもむしろ親の役割が大きいといえる。家庭教育の重要性が再確認されなければならない。	親や教師は子どもの規範となるだけではなく、子どものモデリング行動を正当に評価すべきである。	教師は子どもの道徳的判断に注意を払い、適切な刺激を与えることによって子どもの道徳性発達を促すべきである。

徳的判断の典型例がどのようなものなのかなど、道徳教育に携わる者が把握しておくべき事柄を具体的に教えてくれるからである。また、子どもたちが生活のあらゆる場面で道徳性を発達させていくという事実を示した点も、道徳性発達理論の残した功績であろう。家庭内での乳幼児の行動、憧れの主人公を模倣する子どもの姿、休憩時間や放課後の子どもたちの遊び、教室内で起こる喧嘩や揉めごとなど——道徳教育の場が私たちの身近なところに開かれていることを、彼らは教えてくれているからである。

　人間の道徳性がいかなる発達プロセスを辿るのかを具体的・実証的に示そうとした彼らの理論や学説は——道徳性の発達を、超自我の発達と見るか(フロイト)、モデリングの成果と見るか(バンデューラ)、他律的道徳から自律的道徳への発達と読み替えるか(ピアジェ)、三水準六段階の普遍的な発達プロセスと説明するか(コールバーグ)、その見方や学問的立場はさまざまであるが——いずれも道徳教育を実践する上できわめて有効な指標となりうるはずである。あとは心情的・行動的・認知的といった諸側面をもつ「道徳性」の発達を、私たちがどれだけ統合的にとらえうるかが鍵となろう。

(2) 道徳性発達理論が私たちに問いかけるもの

　さて、これまで主に道徳性発達理論の内容的・具体的側面に目を向けて

きたが、じつは彼らの理論にはきわめて重要な要素が隠されているように思われる。最後に、その形式的・象徴的側面に注目しながら、改めて道徳性発達理論の意義を確認しておきたい。

フロイトが幼児期における「超自我」の獲得を道徳性発達の重要な契機と見ていたことはすでに明らかにした通りであるが、この超自我の獲得および発達は「適切に」なされなくてはならない。超自我の発達が不十分である場合、自我は「〜したい」という本能的衝動(エス)を抑制することができず、周囲の迷惑を考えない行動に出るケースもある。逆に、超自我が過度に発達すると、自我は「〜したい」という生理的欲求(エス)を必要以上に抑圧してしまい、神経症的症状を見せる場合もあるという。適度な強度を持つ超自我の形成が望まれるわけである。では、そもそも超自我の発達はどのように促されるのだろうか。

ここで想起しなければならないのは、フロイトの精神分析理論の舞台が「家庭」だということである。子どもにおける超自我の発達は「親」に大きく左右されるのである。かりに子どものワガママを叱ることのできない親に育てられれば、子どもの超自我は未発達になる可能性があるだろうし、過度に厳格なしつけ(虐待)をする親に育てられれば、必要以上の超自我が形成され、生きていること自体が許されないのではないかと自分自身を責める子どもになることも考えられる。フロイトはエス・自我・超自我という心的機能の分析を通じて、親と子のかかわりの重要性を伝えているとも言えるほどである。またバンデューラに代表される社会的学習理論においても同様のことが言える。というのも、子どもの観察学習が成立する条件として「動機づけ過程」における大人(とりわけ親)からの正当な評価は必要不可欠だからである。精神分析理論や社会的学習理論は、発達・学習プロセスの具体的内容のみならず、親と子のかかわりの大切さ、すなわち「家庭教育」の重要性を私たちに示しているのである。

次に、コールバーグの道徳性発達段階説を見てみよう。彼の理論でもっとも重視されていたのは「道徳的判断」であるが、それは、ある行為の「結果」ではなく、その行為を選択した「判断理由」こそが、道徳性の発達段階を規定する重要なファクターと見なされているからである。事実、モラルジレ

ンマで究極的に問われていたのは、「主人公がどうすべきか」(結果)ではなく、「なぜ主人公はそうすべきなのか」(理由)であった。こうしたコールバーグの考え方は、子どもたちの声に耳を傾けることの大切さを私たちに教えてくれているとは言えないだろうか。たとえば教室内で子ども同士の喧嘩が起こったとき、教師はその結果を裁くだけではなく、当事者双方の主張に耳を傾けるべきであろう。コールバーグの道徳性発達理論は、教師と児童生徒との望ましい関係性、積極的に子どもと対話しようとする教師の熱心な態度を求めているのである。

むろん道徳性発達理論の内容的・具体的側面は重要である。しかし、かりにこうした側面に注目するばかりで、フロイトやコールバーグらが暗に要求している「子どもとのかかわり」を軽視したならば、その意義は半減してしまうであろう。なぜなら、親と子どもとの望ましい関係性が成立してはじめて「超自我」の発達は可能となるのだし、教師も児童生徒との対話なくして彼らの道徳性の発達を促すことはできないからである。本章で考察した道徳性発達理論(精神分析理論・社会的学習理論・認知発達理論)の真の有効性を最後に決するのは、子どもと積極的にかかわろうとする親や教師の意識なのである。

学習課題1　精神分析理論・社会的学習理論・認知発達理論がそれぞれ道徳教育のどのような場面で有効活用されうるのか、その可能性や限界を議論してみよう。
学習課題2　オリジナルのモラルジレンマ教材を作成し、授業計画を立てた上で実際に「道徳の時間」の模擬授業をしてみよう。

【引用・参考文献】
コールバーグ／永野重史監訳『道徳性の形成―認知発達的アプローチ―』新曜社、1987年。
佐野安仁・吉田謙二編『コールバーグ理論の基底』世界思想社、1993年。
永野重史『道徳性の発達と教育―コールバーグ理論の展開―』新曜社、(1985)1994年。
日本道徳性心理学研究会編『道徳性心理学―道徳教育のための心理学―』北大路書房、1992年。
波多野完治編著『ピアジェの発達心理学』国土社、(1965)1970年。

バンデューラ／原野広太郎監訳『社会的学習理論―人間理解と教育の基礎―』金子書房、（1979）1982年。
ピアジェ／大伴茂訳『児童道徳判断の発達』同文書院、1957年。
ブル／森岡卓也訳『子供の発達段階と道徳教育』明治図書、1977年。
フロイト／井村恒郎・小此木啓吾他訳『自我論・不安本能論』（フロイト著作集第6巻）人文書院、1970年。

第3章　社会化論と道徳教育

　道徳教育の目標は、諸個人が道徳性を身につけることである。しかし、そもそも諸個人はなぜ道徳性を身につける必要があるのだろうか。この問いに答えるためには、道徳の個人的側面だけではなく、社会的側面も考慮に入れなければならない。少なくとも道徳を社会の側から見るなら、道徳教育は、社会秩序の維持をめざした営為、すなわち「社会」の要請に基づいてなされる営為なのである。本章では、フランスの社会学者デュルケムの著書『道徳教育論』に注目し、社会学的観点から道徳の意味や機能について考察する。

1　道徳の二面性

(1)　個人的側面から社会的側面へ

　前章では道徳性発達理論について考察したが、そこで問われたのは、道徳性という一つの人格的特性がそれぞれ個人のなかでどのように発達していくのかという点であった。ここでは道徳性がいわば「身につけるべきもの」としてあらかじめ設定されている。したがって、このような観点から道徳教育を考えるとき、私たちの関心は、ある子どもの道徳性発達が他の子どもと比べて順調かどうか、児童生徒の内面において道徳性がどの段階にまで到達しているかなど、個別的な問題に向かいやすいものである。
　しかし、そもそも諸個人はいったいなぜ「道徳性なるもの」を身につけなければならないのだろうか。たとえば、なぜ人を殺してはいけないのか、

なぜ校則を守る義務があるのか、なぜ思いやりが大切なのかなど、素朴な疑問を幼少時代に抱いたことがある人もいるだろう。あるいは、同種の疑問を児童生徒に投げかけられて当惑した経験がある教師もいるかもしれない。「個人はなぜ道徳性を身につける必要があるのか」、「そもそも道徳とは何なのか」——道徳教育について考える上で、私たちはこの種の根本的な問いを避けて通ることはできないのである。

まず道徳とは何かを考えてみよう。『広辞苑』によれば、「道徳」の意味は次のように説明される。

> 「人のふみ行うべき道。ある社会で、その成員の社会に対する、あるいは成員相互間の行為の善悪を判断する基準として、一般に承認されている規範の総体。法律のような外面的強制力を伴うものでなく、個人の内面的な原理。」(新村出編『広辞苑』第6版、岩波書店、2008年)

このように、道徳の意味はそもそも多角的にとらえられるべきものであるが、とりわけ注目したいのは、このなかで道徳が「社会」にとって意味あるものとして説明されている点である。むろん引用部の最後に記されている通り、道徳には「個人の内面的な原理」としての意味もある。コールバーグの道徳性発達段階説で言えば、第六段階に到達した個人の内面に「良心」というかたちで登場する道徳原理がちょうどこれに該当する。このように、道徳にはたしかに個人的側面も存在している。しかしながら他方で、道徳には個人の枠を超えたより広範な意味や機能があることを忘れてはならないだろう。道徳は「ある社会で……一般に承認されている規範の総体」でもあるからだ。道徳は、いわば「個人的側面」と「社会的側面」という二面性を有しているのである。

「道徳は重要である」という前提に立って道徳教育という問題について考えるとき、道徳の個人的側面がクローズアップされるのは、ある意味において当然かもしれない。しかし、「そもそも道徳教育がなぜ必要なのか」という問いに答えるためには、道徳の個人的側面だけではなく、社会的側面も考慮に入れる必要があるだろう。少なくとも道徳を社会の側から見るな

ら、道徳教育は、諸個人における道徳性の発達支援が最終目標なのではなく、社会秩序の維持をめざした営為、すなわち「社会」の要請に基づいてなされる営為なのである。

(2) デュルケムの社会学的方法論

　こうした道徳の社会的側面に目を向け、社会学的観点から道徳の機能や意味を解明しようとしたのが、フランスの社会学者デュルケム(Durkheim, E., 1858-1917)であった。とりわけソルボンヌ大学講義録(1902-1903年)として彼の死後まとめられた『道徳教育論(L'éducation morale)』(1925年)は、第一部の「道徳性の諸要素」と第二部の「道徳性の諸要素を子どもの内部に確立する方法」から構成された体系的著作であり、道徳の社会学的研究としてのみならず道徳教育の具体的方法論としても非常に興味深い著作である。本章では、主にこの『道徳教育論』を手がかりにしながらデュルケムの道徳教育論について検討していくが、それに先だってデュルケムの道徳教育論の土台となっている社会学的な方法論や基本的見解がどのようなものであるのかを確認しておくことにしよう。

　「社会的事実をモノのように考察する」——この短いフレーズこそがデュルケム社会学を支える基礎的な方法論である。「モノのように」というのは「客観的に」とほぼ同義である。ただこれは個人の主観的なイメージや憶測に惑わされないようにするという意味だけではなく、社会的事実を安易に個人の問題に還元せず、いわば「人間個人から切り離された別モノ」として把握せよという意味でもある。この点をもう少し詳しく見てみよう。

　人間でも動物でも植物でもそうだが、有機体は無数の細胞から成り立っており、さらにその細胞は無数の無機質な分子群にまで分解できる。しかし一個の生体細胞は単なる分子群の集合体ではない。というのも、この生体細胞が本来の機能を発揮するためには、細胞組織を構成しているすべての分子群が有機的に結合していなければならないからだ。逆の見方をするなら、個々の諸要素が互いに作用と反作用とを及ぼしあいながら結びつくとき、結合以前には存在しなかった新たな現象があらわれる事例はいくらでも存在するわけである。デュルケムは人間の社会をまさにこのようなも

のとしてとらえようとした。彼は個人と社会の関係を無機質の分子群と生体細胞の関係になぞらえて理解しようとするのである。こうして「社会は個人の単なる算術的総和ではない」とか「社会は個々人相互の結合によって生じる質的に新しい複雑な何かである」という帰結が導き出される。デュルケムによれば、個人と社会は、互いに密接な関係を持ちながらも、基本的には異質の存在なのである。

　このような意識は、彼の社会的事実のとらえ方をも規定している。すなわちデュルケムは、社会的事実を「個人の意識や行動には還元できない一種独特の実在」と定義づけるのである。教育や法律など制度的なものから道徳や慣習など因習的なものにいたるまで、社会的事実と呼ばれる事象には必ず人為的な要素が含まれている。微視的な視線を向ければ、社会的事実を作り出している（作り出してきた）のは、紛れもなく個々の人間である。しかしデュルケムは、社会的事実が必ずしも個人の主観のうちに包摂されうるものではないと指摘する。親のしつけや学校の規則に触れてはじめて社会のルールを学ぶ子どものように、社会的事実はある種の「外在性」と「拘束性」をもつ外的実在物として私たちの前に立ち現れる。「社会的事実の決定原因は、個人の意識の諸状態のうちにではなく、それに先立って存在している社会的諸事実のうちに求めなければならない」というデュルケムの見解は、まさにこのような意味において理解されるべきであろう。デュルケムにとって道徳とは、個人の人格的特性の問題というよりもまず、諸個人間の社会的連帯を可能にする原理そのものなのである。

　デュルケムが社会学的視点の重要性を訴え、個人と社会との異質性を強調するのには、啓蒙主義や近代教育思想の隆盛と個人主義の台頭という歴史背景がある。つまり哲学や教育の分野において「個人」が過大評価されてしまい、その結果、「社会」そのものがもつ機能や意味が軽視されすぎていたのである。たとえば、「教育の目的は人類が本来もっている人間理性を各個人が十全に発達させることである」と言うとき、そこにはある種の普遍妥当性が前提として主張されている。しかし果たして教育は普遍妥当的な営為なのかとデュルケムは問う。歴史や文化に応じて多種多様な教育スタイルが存在するように、教育はそのつど社会の要請に基づいて実践され

る社会的に条件づけられた営為でもある。このように考えれば、教育という営為はもはや純粋に個人の領域に回収されるものとは言えないだろう。少なくとも社会の側から見れば、教育とは、特定の社会集団の生活様式や集団内での社会的役割などを習得することによって諸個人が所属する社会集団に統合されていくプロセスにほかならない。このような意味においてデュルケムは、教育という営みを「若い世代の組織的な社会化」と端的に定義づけるのである。

2　社会規範としての法・道徳・慣習

(1)　社会規範の代表的類型とその機能

　私たちはみな一人で生きているわけではない。個人は何らかの社会集団に所属し、自分以外の構成員＝他者と共存している。こうした他者との共存関係を支えているのが、法や慣習などの「社会規範（social norm）」である。以下ではまず、社会規範の代表例として「法」「道徳」「慣習」という概念に注目し、それぞれの意味や特徴を簡単に整理しておこう。

◆「法」とは、「社会秩序維持のための規範で、一般に国家権力による強制を伴うもの」（『広辞苑』第6版）である。国家によって定められ、規範内容は明文化される。従うべき義務だけではなく、それに対応する権利を認めていることも特徴である。「法律」と呼ぶこともある。国家の一員である個人は規範内容に従わなくてはならず、違反した場合には、国家による制裁を受ける。他の社会規範と比べ、「法」はもっとも強制力の大きなものとして理解されうる。

◆「道徳」を簡潔に定義づけるなら、「ある社会で、その成員の社会に対する、あるいは成員相互間の行為の善悪を判断する基準として、一般に承認されている規範の総体」（『広辞苑』第6版）となる。内容的には「法」や「慣習」と共通する部分も多いが、一般に「道徳」は、善悪・正義・平等など抽象的かつ普遍的な倫理規範を意味することが多く、また法律ほど厳しい外面的強制力を伴わないことも特徴である。個人のうちに内面化されるべき社会規範のことを「道徳」と呼び、他の社会規範と区

別することもある。

◆「慣習」は、「ある社会の内部で歴史的に発達し、その社会の成員に広く承認されている伝統的な行動様式」(『広辞苑』第6版)と説明することができる。しきたりなどの習俗、伝統的流儀や格式、礼儀作法、暗黙の了解、禁忌(タブー)など、「慣習」と呼ばれるものにはさまざまな種類が存在する。他の社会規範と比べると、内容的吟味よりも形式的伝達が優先される。つまり、なぜそうする必要があるのかを考えるよりも、ただそのように行動することが求められ、古い世代から新しい世代へと継承されていく場合が多い。

表3-1 社会規範の代表的類型とその特徴

種類	基本的特徴	制裁の内容
法	社会秩序維持のために公権力が用意する規範。明文化されている場合が多い。	法の違反者は公権力による制裁を受けなければならない。もっとも強制力の強い社会規範。
道徳	諸個人のうちに内面化されるべき社会規範の総体。やや抽象度の高い倫理規範。	法ほどの強制力は伴わないが、逸脱者は自尊心や名誉を損なうような精神的制裁を受ける。
慣習	礼儀・禁忌など、特定の社会集団内で伝統的に承認されている規範や行動様式。	村八分(仲間はずれ)・嘲笑・軽蔑など、同一集団の構成員から圧迫的な制裁が加えられる。

「法」「道徳」「慣習」という用語の意味は、概ね以上のように整理できる。しかし、社会規範の成り立ちや変遷を歴史的に概観すれば明らかなように、これらの言葉は必ずしも明確に使い分けられてきたわけではない。それぞれの用語の適用範囲も、時代や地域に応じて差があり、決して一様ではない。こうした概念の不明確さは、たとえば「慣習法」や「慣習道徳」という言葉の存在にも象徴されていよう。また逸脱行為に対して国家的な制裁が加えられる点を「法」の特徴として指摘したが、これは「法」以外の社会規範に制裁機能がないことを意味しているのではない。なぜなら「道徳」や「慣習」に対する逸脱行為にも「世間知らず」「礼儀知らず」「恥知らず」など非難や叱責の言葉による制裁が加えられることはあるし、また「村八分」という伝統的な懲戒システムなども制裁の典型例に数えられうるからである。

総じて、社会規範と呼ばれるものは、構成員に対して同調を求める何ら

かの強制力をもっており、それゆえ違反や逸脱行為に対しては一定の制裁が加えられるものと理解してよいだろう。私たちは、一般に社会規範として認識される諸概念を明確に区別しているわけではないのである。ただ、こうした概念規定の不明瞭さを必ずしも否定的にとらえる必要はない。むしろここで注目すべきことは、社会規範に属する概念の多様性ではないだろうか。人間は、社会集団の秩序維持を図るために、「法」や「道徳」や「慣習」といった多種多様な社会規範を創出する必要があったのである。

個人と社会規範との密接不可分な関係性については、以上の説明により明らかであろう。では、諸個人はこのような社会規範といったいどのようにかかわりうるのだろうか。外側にあるものとしての社会規範を、私たち個々人はいったいどのようにして内面化するのだろうか。この問題を、再びデュルケムの『道徳教育論』を手がかりに考察していくことにしよう。

(2) 社会規範の内面化

デュルケムは「道徳とは諸個人の行為を前もって規定している規則体系である」と定義づける。道徳を端的に「規則体系」と言い換えていることからもうかがえるように、デュルケムは、法や慣習との相違点よりも、道徳の社会規範としての性格に注目していると言えるだろう。こうなると、次に課題となってくるのは、社会規範としての道徳を個人がどう受けとめるかである。デュルケムは諸個人における道徳的心性＝道徳性が、「規律の精神」と「社会集団への愛着」と「意志の自律性」という三つの要素によって構成されるという。この道徳性の三要素について概略を示しておけば、以下の通りである。

道徳性の三要素
　①規律の精神
　　　道徳的行為とは、社会が命令する一定の規準に従って行動すること＝義務を履行することであり、道徳の役割は、個人の行動に「規則性」を付与することである。規則的な生活を送るなかで個人は「規則性」の感覚を身につけ、同時に規則の背後にある「権威」の

存在も認識する。「規則性」と「権威」の感覚が結びついたこの心構えが規律の精神と呼ばれ、あらゆる道徳性の第一義的な基本心性の役割を担っている。

②社会集団への愛着

　社会集団内の道徳は、そもそも外在的かつ拘束的な規則体系として個人の前に現れる。だが、やがて自分もまたその社会集団の一員であることを自覚するようになる。「社会のなかで生きている以上、個人は所属する社会集団に愛着をもつことによってしか本来の自分自身になることはできない」——こうして個人は、自分が所属する諸々の社会集団に対して愛情および帰属意識をもつようになり、すすんで規則を遵守することになる。

③意志の自律性

　自律的な道徳的態度を養うためには、規律を尊重し、社会集団に愛着をもつだけでは十分ではない。規則性や権威の感覚、集団への帰属意識だけではなく、私たちは、自分自身の道徳的行為の性質や理由について明確かつ完全な意識をもつ必要がある。諸個人が「道徳を理解する知性」を獲得したとき、すなわち「道徳の科学」が完成したとき、私たちの道徳的意志はこれまでの他律性段階に別れを告げ、「自律性」の段階へと移行するとされる。

　社会規範はまず外在的かつ拘束的な存在として諸個人の前に現れ、義務の履行を要求する。この段階で体得される道徳性が「規律の精神」であり、権威や規則に対して従順な態度を示すのが特徴である。やがて個人は家庭や学級など特定の社会集団に所属し、規則的な生活を送るうちに「社会集団への愛着」をもつようになる。これはちょうど自分が社会的存在であることを諸個人が自覚する段階でもある。そして最終的には、従来の他律的段階を克服し、自律的な道徳性を獲得する段階が訪れる。これが「意志の自律性」と呼ばれる道徳性であり、このような道徳性を獲得した個人は、もはやいかなる道徳的行為をも自由意志に基づいて実践することができるとされる。デュルケムによれば、社会規範は以上のような段階を経て諸個人の人格の

うちに内面化されるという。これは、社会の一員として相応しい規範意識を諸個人のうちに形成するプロセスでもある。デュルケム社会学における道徳教育とは、諸個人の「道徳的社会化」にほかならないのである。

デュルケムはこの道徳的社会化の場として「家庭」ではなく「学校」が相応しいとしている。たしかに家庭にも規則は存在するし、親はわが子に規則正しい生活習慣を身につけさせる責務がある。しかし家庭は、もともと規則よりも愛情と優しさに満ち溢れた空間であって、規律的な指導をする場としては厳格さに欠ける一面をもっている。それに対して学校は、厳格な規則体系を有した一つの立派な「社会」であり、その意味で「規律の精神」を身につけるのに適した空間である。また児童生徒集団や学級内でのさまざまな活動を通して子どもたちは、規律的な精神のみならず、自然と「社会集団への愛着」を身につけることにもなるという。学校は道徳教育を実践する上できわめて重要な場なのである。

3　道徳的社会化の意義と問題

(1)　社会化された個人主義

社会を個人の単なる集合体とは考えないこと、社会を個人とは切り離した独立存在と見なすこと——要するに、個人と社会の異質性という認識がデュルケム社会学の出発点であることは、すでに確認した通りである。しかし、この異質性は、たとえば自分の個性をある程度放棄しなければ個人は社会に愛着をもてないということを意味しているのではない。互いに異なる性格をもつにもかかわらず、「個人」と「社会」は決して対立関係を結んでいるわけではないのである。

道徳性の第二要素として説明されていたように、個人はむしろ社会に愛着することによってのみ本来の自己実現を果たすことができるというのがデュルケムの主張であった。逆にデュルケムは、社会が本来もつべき牽引力を発揮しないとしたら個人にどのような弊害が生じるのかという視点から、個人と社会の関係性を説明しようとする。そのなかで彼が目をつけたのは、社会の近代化と個人の自殺率増加の問題である。1897年の著作『自

殺論』のなかでデュルケムは、当時のヨーロッパ社会に特徴的な個人の存在様式と自殺の類型に着目し、その分析を通して、個人と社会の密接な関係性について検討を重ねている。

　デュルケムがとくに注目したのは、エゴイズム的自殺とアノミー的自殺という二つの自殺類型である。エゴイズム的自殺とは、諸集団の絆から切り離されてしまった個人に見られる自殺スタイルであり、いわば孤立を余儀なくされた魂の危機の叫びである。一方、アノミー的自殺とは、欲求の無規制状態に陥ってしまった個人に見られる自殺のスタイルであり、焦燥感や欲求不満が直接の原因となるケースが多いという。ただ、デュルケムによれば、エゴイズム的自殺の場合もアノミー的自殺の場合も、その究極の原因は「社会」に求めなければならない。たとえば近代社会は、家族や地域といった生活形態を小規模化させ、社会的連帯の求心力を衰弱化させたがために、社会集団から孤立した個人を生み出すという【エゴイズム的自殺】。また社会の急速な産業化・資本主義化は、あらゆる意識の無規制的状態（アノミー状態）を惹起させ、個人の欲求を無際限に肥大化させるがゆえに、個人は絶えざる欲求不満に悩まされることになるという【アノミー的自殺】。

　たしかに私たちは、社会集団内の人間関係や連帯意識に煩わしさを覚えることもあるし、社会規範が突きつける規制や禁止命令を恨めしく思うこともある。しかしデュルケムによれば、個人の意識や欲求に対するこうした拘束力こそが「社会」の本来的機能にほかならない。実際、デュルケムの道徳教育論において、道徳性の第一要素である「規律の精神」はアノミー状態を予防するものとして、第二要素の「社会集団への愛着」はエゴイズムを克服するものとして想定されている。個人に対して強制力を発揮できないような「社会」の機能不全は、個人の自由度を増大させることはあっても、決して個人の幸福を約束するものではないのである。

　社会学的方法論に基づくデュルケムの社会学にあって、たしかに個人主義は批判の対象となっている。しかし、だからといってデュルケムは、個人そのものの意義を否定していたわけではない。彼の批判対象はあくまでも行き過ぎた個人主義である。デュルケムは人間を抽象一般レベルでとら

えようとはしない。個人は常に何らかの社会集団に所属し、そのなかではじめて現実に生きる人間となることができる。彼に言わせれば、普遍的存在としての人間などあり得ないのである。このように考えれば、デュルケムは、社会的事実を出発点としないような現実から乖離した個人主義＝抽象的な人間普遍主義を批判し、社会学的方法論を駆使することによって、むしろ宙に浮いた個人を社会のうちに再定位したと言えないだろうか。デュルケムの社会学理論は、いわば「社会化された個人主義」なのである。

(2) 道徳的社会化論の問題点

　道徳教育について考える上で非常に興味深い視座や主張がデュルケム社会学に内在していることは、以上に確認した通りである。ただ、彼の社会学には、さまざまな立場や観点から批判的見解も寄せられている。デュルケム社会学はいかなる点において批判されるべきなのだろうか。

　まずここで想起したいのは、ピアジェの認知発達理論である。すでに第2章で考察したように、ピアジェは子どものゲーム活動に注目しつつ、子どもたちが仲間同士の相互作用のなかで自発的に規範を形成していく事実とそのプロセスを解明した。いわば子どもたち同士の対等なヨコの関係性＝「協同」による規範形成に目を向けたのがピアジェである。それに対してデュルケムの道徳的社会化論は、大人と子どものタテの関係性＝「拘束」による規範形成と特徴づけられうる。デュルケムの言う道徳性の三要素のうち、少なくとも「規律の精神」と「社会集団への愛着」は、大人社会の規則体系からの「拘束」を経験してはじめて形成される道徳性である。すなわち、子どもの規範形成を社会（大人）との関係性のなかでとらえようとするデュルケムの社会化論的立場では、大人の介在なしに子どもの道徳性発達はあり得ないと結論されてしまいかねないのである。だが、実際の子どもたちの活動に目を向けてみると、ピアジェの指摘をまつまでもなく、仲間同士の対等な関係性が彼らの規範形成に果たす役割は無視できないことがわかる。デュルケムの道徳的社会化論には、残念ながら、「協同」というヨコの関係性への眼差しがほとんど見当たらないのである。

　次に批判されるべきなのは、デュルケムが「社会」を固定的なものとして

とらえる傾向があるということ、すなわち社会の変動性が十分に考慮されていないという点である。あらゆる革命や革新は伝統的な規範体系への挑戦状であったはずである。ところが、デュルケムの社会化論では既存の社会的価値の伝達が理論的前提となるため、これまでに人類が経験してきた歴史上の改革の意義が正当に評価されないことになる。たとえば「切腹」や「仇討ち」が美徳とされていた武家社会における道徳的社会化のプロセスを社会化論によって説明することは可能であるとしても、武家社会から次の社会——たとえば「仇討ち」が単なる「殺人」と見なされるような市民社会——への移行期においていかなる道徳的社会化が行われたのかを説明することはできないのである。また現代は、価値多様化の時代、恒常的な社会変動の時代でもある。社会化論の前提となるべき「社会」それ自体が揺らいでいる時代にあって、伝統的な社会規範を重視するデュルケムの立場がもはや十分な実効性をもち得ないのもまた事実である。

　さらにデュルケムの道徳的社会化論には、理論内在的な批判も寄せられている。すなわち、彼の道徳教育論のなかできわめて重要な役割を果たすはずの「道徳性の三要素」が、十分な議論も尽くされないままデュルケムの口から語られているという批判である。第一要素の「規律の精神」と第二要素の「社会集団への愛着」は等しく他律的段階に属する道徳性の両側面であるため、他律的な要素を重視するデュルケムの姿勢さえ容認できれば、むしろ説得的な議論として評価することも可能である。しかし本当に重要なのは、こうした他律的な道徳性からどのようにして自律的な道徳性が芽生えてくるのかという点であろう。ところがデュルケムの道徳的社会化論においては、第一・第二要素の他律的道徳と第三要素の「意志の自律性」とをつなぐ有機的連関の論証が不十分と言わざるを得ない。意志の自律性を確約するはずの道徳性の第三要素＝「道徳の科学」の実現は、デュルケム自身も認めているように、「仮定」の話にとどまっているのである。

(3) 道徳的社会化論の現代的意義

　以上に見た通り、たしかにデュルケムの道徳的社会化論には、子ども同士のヨコの関係性の軽視、権威主義的な姿勢、社会の変動性に対する認識

不足、他律から自律への論証手続きの不備など、いくつもの理論上の問題点がある。敢えて言うなら、デュルケムの関心や発言内容は、「社会」や「他律」の側に傾きすぎているのである。しかし、こうした問題点は、彼の理論を道徳教育の文脈へ受容する際に指摘されるべきものであって、デュルケム社会学そのものの意義を縮減するものではない。むしろデュルケムは、自身の道徳教育論の論理的一貫性を放棄してまでも、「社会」や「他律」の重要性を訴えようとしたとは言えないだろうか。私たち人間は果たしてどれほど自律的な存在なのか——個人主義全盛の時代にデュルケムが投げかけた挑発的なこの問いは、現代に生きる私たち自身にも向いているのである。そこで最後に、自律と他律の関係性、個人と社会の関係性を、私たち自身の問題として再考してみることにしよう。

　たとえば自動車の運転にかかわる案件に限ってみても、運転席および助手席のシートベルト着用義務化（1986年11月施行）、6歳未満の子どものチャイルドシート着用義務化（2000年4月施行）、飲酒運転（酒気帯び運転）の厳罰化（2002年6月施行）、運転中の携帯電話使用禁止（2004年11月施行）、駐車違反の取り締まり強化（2006年7月施行）、後部座席のシートベルト着用義務化（2008年6月施行）など、私たちは近年、新たな法整備や厳罰化の傾向を目の当たりにしている。こうした新たな法規制に運用上のトラブルや課題がまったくないとは言えないにしても、交通事故死者数や違反件数の減少など、これらの規制は確実にその効果を上げているようである。この傾向をどう見ればよいのだろうか。

　こうした傾向に対しては、道路交通法および施行令の改正が一定の効果をあげているから他の領域でも新たな法整備や厳罰化をすすめるべきだという意見もあるだろうし、安易な法規制や厳罰化の傾向は個人の人権侵害の危険性があるから慎重にするべきだという見解も寄せられるだろう。どちらももっともであると思う。ただ忘れてならないのは、法規制の強化によって違反件数が減少したという事実ではないか。というのも、この事実はむしろ私たちの自律的道徳性の脆弱性を逆証しているからである。

　周知のごとく、わが国において自動車の運転免許証を取得するためには、年齢18歳以上という要件を満たさなければならない。すなわち、自動

車を運転する人は例外なく「自律的な道徳性を身につけた大人」というわけである。したがって当然ドライバーは、道路交通法等で定められた道路標識や規制を遵守するだけでなく【他律段階】、①人命の尊重、②安全への配慮、③周囲への思いやりなど、個人が身につけているはずの道徳性に基づいて、そのつど適切に判断し、自律的に望ましい行動（たとえば①シートベルトやチャイルドシートの設置、②飲酒運転の自粛、③路上駐車の自粛など）をとることが期待されている【自律段階】。少なくとも建前上はそのはずである。やってよいこといけないことを個人の意志で分別し、その判断に基づいて実行できるのであれば、そもそも先述したような新たな法規制や厳罰化など必要ないのである。

　しかし残念ながら、カントの自律性概念が示すように、あるいはコールバーグの道徳性発達理論において期待されるように、私たち人間は、いかなる状況下にあっても自分を律することができるほど強い存在＝理性的な存在ではないようである。だからこそ新たな法整備が必要とされ、また法規制の強化によって違反件数が減少するという現実もあるのだろう。これは、人間が──自律的だとされる大人でさえも──いかに他律的な存在であるかを示す証左にほかならない。あるいは自律性の限界と特徴づけることもできるだろう。私たちは宿命的に社会的存在なのである。

　個人主義的な道徳理論の発展、理性的存在としての人間、自律的な存在としての個人。これらは言うまでもなく望ましいことである。ただ、道徳のこうした個人的側面が強調されるあまり社会的側面が軽視されるようなことがあるとすれば、話は別である。ともすれば保守色の強い社会化論として敬遠されるデュルケムの道徳教育論を本章で取り上げ、改めて道徳の社会的側面を強調したのは、「個人は社会のなかで生きている」という自明のことを私たちが忘れてしまいがちだからである。大人（親や教師）にいま一番求められているのは、自らも社会の一員であるという自覚なのかもしれない。

> 学習課題1　デュルケムの『道徳教育論』第二部「道徳性の諸要素を子どもの内部に確立する方法」を読み、道徳教育の意義や教師の役割などを議論してみよう。
> 学習課題2　デュルケムの社会学的理論を踏まえ、「個人」と「社会」の関係性、「私」と「公」の関係性について考察してみよう。

【引用・参考文献】

麻生誠・原田彰・宮島喬『デュルケム道徳教育論入門』有斐閣新書、(1978)1988年。

デュルケム／井伊玄太郎訳『社会分業論(上)』講談社学術文庫、1989年。

デュルケム／宮島喬訳『自殺論』中公文庫、(1985)2002年。

デュルケム／麻生誠・山村健訳『道徳教育論(1)(2)』(世界教育学選集第32・33巻)明治図書、1964年。

第4章　道徳的価値のとらえ方と道徳教育

　私たちは道徳的価値に対して、いつでもどこでも誰にでもあてはまる「正しさ」というものを求め、そうした道徳的価値が「ある」と考えてはいないだろうか。本章では、まず道徳的価値の普遍的な正しさについてカントとマッキンタイアの思想を手がかりに考察を進め、次に、私たちの道徳的価値のとらえ方が学校における道徳授業のあり方を規定しているということを明らかにしたい。そして最後に、道徳的価値には個々人が吟味する自由と道徳的正しさの双方が必要であり、そのために道徳的正しさは他者との討議によってなされる合意によってもたらされるものだという見解を示したい。

1　道徳的価値は普遍的か

(1)　道徳的価値は普遍的なのか

　私たちは通常、日常生活において「嘘をついてはいけない」ということはすべての人にあてはまるルールだと考えていて、それを疑うことはないだろう。実際にそれが守られているかどうかは別として、日常生活において「嘘をつかないこと」の意義や重要性を否定して暮らすことは困難である。この日常感覚から、私たちは「嘘をついてはいけない」、換言すれば「誠実」という普遍的な価値があるととらえているのではないだろうか。そして、この日常感覚は、「生命尊重」や「友情」といった他の道徳的価値にも同様な普遍性の存在を認める。こうした日常感覚によって、私たちは道徳的価値

が普遍的なものだと信じて疑わないのである。

　しかし、道徳的価値は本当に普遍的なのだろうか。たとえば『哲学辞典』では、道徳とは神や天が人間に与えたものでも、また人間本性に基づく不変な規範でもなく、それはそれぞれの時代の生産様式（生活様式）に基づいて生み出される社会的意識からでてくるものだと説明されている（森、341頁）。また、社会学の辞典には、道徳は時代や文化形態の相違に応じてさまざまな形をとると端的に記されている（森岡・塩原・本間、1070頁）。つまり、学問の世界では私たちの日常感覚とは反対に、道徳的価値は普遍的ではなく、時代や社会によって異なるものととらえられているのが一般的なのである。

(2)　変わる道徳・変わらない道徳

　道徳の普遍性に対するこうした否定は、次のような事例にも見いだされる。たとえば西洋文化では個人がそれぞれ自分の意見をはっきりと述べることが重要視されるのに対して、日本の伝統的な文化では自己主張よりも周囲との「和」を重んじることが大切にされる傾向があるといわれている。また、1970年～80年代頃の日本では、髪を染めるという行為は社会や権威に対する明確な反抗という意思表示を意味しており、そのため子どもには（もちろん一般の大人にとっても）相応しくない容姿とされていたが、今では完全にファッションとしてとらえられ、こうした行為に対する否定感も著しく弱まっているのではないだろうか。

　だが、道徳の普遍性を否定するこのような言明に対して、根強い反論が存在していることもまた事実である。「不易と流行」という考え方がその代表的な反論とされる。「不易」とは変わらないもの、「流行」は変わるものを意味する。道徳的な価値にはこの不易の部分と流行の部分とがあり、髪を染めるといった行為（流行）は変わるものであり、変わってよいものあるいは変わらなければならないものであるのに対して、人を殺してはいけない（不易）という価値は普遍的な価値であり、変わってはならないものとされる。そして、道徳教育はこの不易の価値を子どもたちに確実に伝えていくことだと主張されるのである。

(3) 道徳的価値に普遍性を求めたい理由

では、なぜ人々は道徳的価値に普遍性を求めるのだろうか。

第一に、道徳的な価値には間違いのない「正しさ」や「善さ」が不可欠とされるからではないだろうか。道徳とは「正しさ」や「善さ」という、物事や行為を判断するための基準であり、道徳の重要性はそれがこうした判断基準となるからである。したがって、道徳的価値にはその基準としての「正しさ」や「善さ」が不可欠なのであり、こうした判断基準が揺らぐようなら、その道徳の必要性もまた揺らぐと感じられるのである。

第二に、そうした正しさは一部の人々やある特定の人々にのみあてはまるものであってはならないだろう。「私の道徳」という表現が奇異に感じるように、道徳とは基本的に社会的に共有される必要がある。なぜなら、この正しさという観点は他者と関係して生活するなかでこそ必要とされるからである。私が無人島でひとりだけで生活しているのなら、私にとって「有益さ」という観点はありえても、「正しさ」が問われることはないだろう。自分とは異なる他者が自分とともにこの社会で生活している、そして自分がしたいことと他者がしたいことが異なり、双方の行為の調整が必要となる。こういった場面において「正しさ」が必要とされるのである。しかも、私に認められる権利や義務は、同じように他者にも認められなければならない。それゆえに、こうした正しさがすべての人々にとってあてはまるべきだと考えられるのである。

2　道徳的価値の普遍性をめぐる議論

(1)　カントの道徳原理

1)　普遍性の追究

道徳に普遍性を求めた思想家といえばドイツの哲学者イマヌエル・カント（Kant, I.,1724-1804）が最も有名である。カントは道徳性の最上の原理を追究し確定しようと試みた（カント、94-96頁）。彼が求めた道徳性の最上の原理とは、時代や地域、状況等によって変化するものではなく、いついかなるときでも決して揺らぐことなく、安心して依拠することのできる普遍性

を有するものでなければならなかった。つまり、カントにとって道徳性の最上の原理とは、人によって解釈が異なったりすることなく、すべての人々に対してあてはまる道徳的正しさをつねに指し示すものでなければならなかったのである。

　それは、ある意味では、自然科学同様の確実性が求められていることを意味した。手にもっているコップから手を離せばコップは落下するし、水を電気分解すれば水素と酸素が発生する。これは誰がやってもそうなるのであり、人によっては手を離すだけでコップが上に向かって飛んでいったり、水を電気分解するとダイヤモンドが生成されたりするなどということは決してありえない。道徳についても、ある法則が道徳的なものとして妥当すべきであるとすれば、その法則は絶対的必然性を伴っていなければならない、したがってその必要性や根拠も人間がおかれている状況に左右されてはならないとカントは言明しているのである。

　このように道徳に普遍性を求めるカントからすれば、人間の感覚が道徳の基礎として不適切であることは明白であった。人間の感じ方は人によって異なる。逆に言えば、この感じ方の多様性こそが私たちの個性の基盤なのである。したがって、このような多様性を有する人間の感覚は、普遍性を要求される道徳の基礎とはなりえないのである。同様な理由から、私たちの「幸福」もまた道徳の基盤としては適格でないとカントは判断する。人によって何が幸福かが異なる以上、道徳を人々の幸福の達成に資するものと規定してみても、その具体的な内容は人によって異なるからである。

　カントが道徳性に求めた普遍性とは、言い換えれば次のように表現されるものである。道徳的な判断を下すためにはその根拠となる理由が必要であり、もしあなたがその理由に納得してその理由を受け入れるならば、あなたはその理由を他の場面でも受け入れなければならない。あなたがあるときは受け入れるがあるときは受け入れないとか、あるいは他の人々は理由を尊重しなければならないが、あなたにはその必要がないという主張は認められないのである（レイチェルズ、130頁）。これこそ、先述した「すべての人にあてはまる正しさ」そのものであるといえよう。

2) 自律と立法

　こうしてカントが見いだした道徳性の原理が、「汝の行為の格率が、汝の意志を通じて、普遍的法則となるかのように行為せよ」(カント、105頁)である。もう少し分かりやすく言い直せば、「あなたがある行為を行うとき、あなたは自分の意志にのみ従って行為しなければならないのだが、そのとき自分の意志で選んだ行為が同時にすべての人にとってつねにあてはまる『正しさ』と合致していなければならない」ということになる。

　実は、カントが追究したのは普遍的な道徳的価値ではなく、どのような条件を満たすものが道徳的価値として相応しいかを判定するための原理であった。この原理では二つの条件が必要とされている。まず、人間は理性的存在ではあるが、しかし神のように完全な理性的存在ではない。だから、自分の意志に従って行動してもそれが道徳的につねに善いとは限らない。それゆえに、人間が道徳的に振舞うためには善い(正しい)行為を強制する道徳に関する客観的法則が必要となる。だが、他方で、この客観的法則に従うことは人間の意志の自由を否定することにつながる。カントにとって道徳とは何よりも自律、すなわち自分で決定することを大前提としており、他者の意見や権威、そして道徳の客観的法則であってもそれに従って道徳的な善さが決定されるということは他律として排除された。

　この難問を解決する「妙案」としてカントが発見したのが「立法」という考え方であった。自分で決めたルールに従えば、「ルールに従わされる」という他律ではなくなる。その自分の決めたルールが客観的に正しいルールとつねに合致していれば、私は間違うことなくつねに正しい行為を自分の意志で選択しておこなうことができる――これこそカントが道徳性の原理の核心として見いだした「自律」のメカニズムなのである(カント、136-141頁)。

　ただし、カントの立法は現実的には実現不可能に思えてしまう。自分の決めたルールが客観的に正しいルールとつねに合致していればよいのだが、それはどのようにして可能となるのだろうか。カントが言うように、私たちは絶対的な正しさをつねに知っているわけではないし、仮に知っていたとしても、客観的法則に「従う」という意識は他律であり、個人の意志が客観的法則に従うことは自律ではありえない。そこには、人間の意志の自由

第4章　道徳的価値のとらえ方と道徳教育　75

と客観的法則をいかに合致させるのかという難問が存在するのである。

(2) マッキンタイアの共同体主義
1) マッキンタイアのカント批判

　前節で取り上げたカントの道徳哲学を徹底的に批判した人物にアメリカの哲学者アラスデア・マッキンタイア（MacIntyre, A.,1929- ）がいる。マッキンタイアは主著『美徳なき時代』において、カントが普遍的な道徳原理を確立したと宣言したことに対して真正面から反論を試みている。彼の批判はこうだ。

　マッキンタイアはこの自律を中心とする道徳教育の問題の立て方、すなわち自律した個人を育てようとする企てがそもそも間違っていたのだと批判する。確かに、人々は自律することによって伝統のなかに含まれる非合理的な風習や、宗教的な迷信や圧制から解放された。これは言い換えれば、自律によって獲得された道徳的権威こそが伝統的権威や宗教的権威よりも上位にある至高の存在であると宣言するようなものである。だが、マッキンタイアは次のように問いかける。人間が自律的であるためにその前提として、人々はみな神や伝統の権威に拘束されることなく道徳的正しさを判断し語ることができなければならないと言うが、しかし、そうなると、なぜある人の下した判断に他の人も従わなければならないと言えるのだろうか（マッキンタイア、85頁）。

　宗教や伝統によって規定された道徳であれば、その正当性は宗教や伝統によって保証される。自律という道徳原理がその宗教や伝統を捨て去って確立されたものならば、その正当性が改めて明示されなければならない。だが、マッキンタイアは、その正当性の証明にカントは――そして近代の道徳思想はすべて――失敗していると断罪するのである。近代の道徳思想の失敗とは、すなわち、自律的な道徳に対する非宗教的で合理的な正当化の失敗であり、宗教的ないしは伝統的権威からの解放のために支払われた代価として、新たに生まれた自律を中心とする道徳からは権威ある内容が一切喪失してしまったのだと彼は指摘するのである。

　マッキンタイアが指摘する自律的な道徳に対する正当化の失敗や権威の

喪失とは、道徳における「正しさ」の喪失と表現することができる。ある状況において、AさんがXという道徳的価値が「正しい」と自律的に判断したとしよう。そのとき、Aさんが判断したXという道徳的価値の「正しさ」は一体どのように正当化可能なのか。そしてその正しさはその同じ状況のなかにいる別のBさんにとっても同様に「正しい」ということがどのようにして保証されるのだろうか。BさんもAさんと同じように自らの意志に従って自律的に判断を行わなければならないのに、である。

　マッキンタイアがこのようにカントの道徳原理を批判する根底には、道徳的価値とは地域性や特殊性といった具体的な文脈とつねに結びつけられてのみ理解されうるものであり、この具体的な文脈から切り離された普遍的価値というものは「幻想」であるという彼の主張が存在するのである。

2） 共同体に埋めこまれた価値

　道徳的価値が具体的な文脈とつねに結びついているということはどういうことなのだろうか。それは善さや正しさというものが共同体の具体的な文脈のなかで当然のこととしてすでに決まっているということを意味する。つまり、共同体内の具体的な文脈によって善さや正しさは規定されているのであり、このとき、こうした道徳的価値は共同体の具体的な文脈のなかに埋め込まれていると表現することができる。

　マッキンタイアは、「私が何を行なうべきか」という問いに対する答えは、私が生きている社会のなかにすでに存在しているのだとする。「私が何を行なうべきか」という問いに答えるためには、それが問われている具体的な文脈についての理解が不可欠であり、この問いは、マッキンタイアによれば、ある都市の市民、ある一族、ある民族に属する者として生きているという具体的な文脈において「私」がまずとらえられなければならず、そのことを前提としてはじめて、その具体的な私にとっての善とは何かという問いとして理解されるのだという。つまり、「私は何を行なうべきか」という問いに答えられるのは、その前に「どんな伝統の中で私は自分の役割を見つけるのか」という問いの答えをすでに知っている場合のみである（マッキンタイア、265-271頁）。

したがって、マッキンタイアにとっては、「人はどのように生きるべきか」という普遍的な——すべての人にあてはまるような——問いは存在しないことになる。存在するのはつねに具体的な文脈のなかに生きる具体的な個人の生き方なのであり、しかもそれはマッキンタイアによれば自明のこととしてあらかじめ規定されていることになるのである。

マッキンタイアはチェスを事例にあげてその自明性を次のように説明している（マッキンタイア、154頁）。チェスをしているときに、「あれが王手詰めを勝ち取る唯一の手であったけれど、それは打つべき適切な手であったのか？」と問うのは馬鹿げている、と。チェスをするということは、このゲームの目的が勝つことであるということを自明のこととして含みこんでいて、誰もそれを疑うことはしない。つまり、チェスというゲームの目的も、どうするべきかということもすでにゲームのなかに含みこまれている自明なことなのである。

3） 共同体主義の問題点

マッキンタイアの共同体主義において、道徳的価値が地域性や特殊性といった具体的な文脈のなかに埋め込まれているものであり、それゆえにその固有の文脈においてはその意味や意義は自明のこととされていた。つまり、マッキンタイアの考え方では、道徳はその正当性が問えないものとして、すでに社会のなかに存在しているものとしてとらえられている。

したがって、マッキンタイアの言うように道徳を共同体にすでに埋めこまれた伝統としてとらえるとき、こうした伝統に対する吟味の余地はまったく残されていないことになる。なぜなら、この伝統の正当性はまさに伝達によって担保されているのであって、正当だから伝達されたのではない。その証拠に、いちいち伝統の正当性が問われていれば、それは自明のこととして成立しなくなってしまうだろう[1]。

もっとも、共同体のなかで道徳的価値の正当性がなぜ問われなければならないのかという疑問があるかもしれない。道徳的価値が自明であるということは、それがなぜ正しいと言えるのかという理由や根拠なしにそれを信じることであり、道徳的価値とはそのように根拠を問うべきものではな

いという意見がそうである。「人を殺してはいけない」という道徳的価値について、なぜ殺してはいけないのかという理由を考えることは無意味なのであり、とにかくそれはいけないことだと教え込むことが大事なのだ、と。

　確かに、自分の属する共同体が比較的統一的な一つの価値観で成立していて、しかも他の共同体の異なる価値観との摩擦が日常生活のなかであまり問題とはならなかった時代ならば、道徳とはまさにマッキンタイアのいうような自明のこととしてとらえられ、その確実な伝達のみを重要としていてもよかったのだろう。しかし、価値多様化社会の到来とともに、私たちの社会においても多様な価値や異なる価値の存在を承認すべきだという意見が一般化してきた。しかも、共同体内における価値の多様性だけでなく、異なる共同体との間での価値の多様性も意識されるようになってきた。こうした現代社会の状況下では、道徳的価値は統一的な一つの答えがすでに準備されているものとしてではなく、異なる価値のぶつかり合いのなかで「創られていくもの」としてとらえられる必要があるのではないだろうか。

　たとえば、伝統を例にあげて考えてみよう。伝統にはたんに伝承・継承するだけではなく、革新したり発展させたりする態度が求められる。革新とは、これまでのよくない点・不十分な点を改めることであり、「悪しき伝統」という言葉があるように、伝統には好ましくない考え方や、今の時代には適さないような考え方も含まれている場合がある。それゆえ、伝統に対しては善いものを守り悪しきものを切り捨てることが必要となる。しかし、伝統として継承された前世代の考え方には、その何を守り何を捨てるべきかという判断基準が含まれてはいない。つまり、伝統をたんに伝達するだけでは、その伝統を全肯定することにつながるのであり、私たちは伝統を伝承・発展させると言うとき、こうした変更を必要としていることを自覚しているはずなのである。

3　道徳的価値のとらえ方と道徳授業方法論

(1)　インカルケーションと道徳的価値

1)　インカルケーションにおける価値のとらえ方

　前節では、道徳的価値のとらえ方について、カントとマッキンタイアの主張を取り上げて考察を進めてきた。こうした価値のとらえ方は、たんに道徳哲学という「学問の世界」だけの問題にとどまらない。道徳的価値をどうとらえるかという問題は、そのまま学校での道徳授業をどのように行うかということと密接にかかわっているのである。より明確に述べれば、道徳的価値のとらえ方が道徳授業のあり方を規定しているのである。

　「人間として身につけるべき価値がある」とか「共同体において身につけるべき価値がある」という価値のとらえ方からは、「その価値を子どもたちに間違いなく確実に教えるべきだ」という授業観が必然的に導き出される。「教えるべき価値がある」ならば、それを教えることは当然であり、重要なことはその価値の確実な伝達（定着）ということになる。望ましい価値を教え込んだり伝達したりすることで内面化を図る授業方法論をインカルケーションと呼ぶが、インカルケーションの基底には「教えるべき価値がある」という価値観が存在しているのである。

2)　インカルケーションの問題点

　しかし、インカルケーションにはこうした価値観によってもたらされる次のような問題がある。教えるべき価値の内面化を図るインカルケーションの授業では、当然のことながら道徳的価値の伝達や内面化が授業の目的とされるため、伝達や内面化が成功したかどうかが授業の評価基準とされる。そのため、インカルケーションではその目的を達成するためには教師が望ましいと考える道徳的価値を押しつけたり、注入したり（インドクトリネーション）、場合によっては強制的に内面化させること（たとえば「正しいことは殴ってでも分からせる」）が正当化されてしまう。つまり、大切なのは価値の伝達・内面化が確実に行われることであり、そのための方法は二の次とされてしまう危険性があるのだ。

また、道徳的価値の伝達が成功して内面化が達成されたということをどのように判断するのかという問題もある。教師の教えた言葉や考え方を子どもたちが口頭やワークシートでそのまま再現できるようになることが道徳授業の目的ではないはずである。「嘘をつくことはよくない」「誠実さは大事である」と子どもたちが言えたり書けたりすることが、「嘘をついてはいけない」「誠実」という価値が内面化された証拠には必ずしもならないのである。

3）「道徳的価値」という言葉の意味

　堺正之は、「勇気」や「親切」を「道徳的価値」とは呼ばずに、「道徳的価値項目」と表現する。なぜなら堺によれば、「価値」はあくまで行為によって具現化され、感じ取られる「善さ」そのものであり、「勇気」や「親切」とはそれぞれ道徳的価値を含んでいると考えられている行為の標識だからである（堺、82-83頁）。堺は「価値」と、「行為の標識」である「道徳的価値項目」を区別する。「勇気」や「親切」という言葉は「道徳的価値項目」なのであって、それがそのまま価値を示しているわけではないのである[2]。したがって、堺の指摘に従えば、学習指導要領に示されている内容項目も道徳的価値そのものではなく、道徳的価値を有するとされる行為の標識なのであり、それゆえに行為の指標の名称を教え込むことは適切な道徳学習とはならないのである。

　そもそも、価値とはそれを解釈する人と無関係に存在するものではない。価値とは誰にとっても同一の内容を有する確定したものなのではなく、ある行為のなかから「掴み取り」「解釈」されることによって初めて存在するものである。したがって、価値はそれを解釈する人の体験や経験、その行為がおかれている状況、その当時の社会的背景によって異なるのである。ある行為や状況を認識する人がいて、その認識のしかたによって望ましく思われるものが生じ、それに「誠実」とか「生命尊重」という名前がつけられる。つまり、価値というのはそれを見る人（解釈する人）がいてはじめて存在するものだと言えるのだ（諸富、40頁）。このように考えるならば、価値というものをすでに確定していて誰にとっても誤解のないほど明確かつ確実なものとしてとらえ、それをすべての子どもに同一のものとして教えようと

するインカルケーションの問題点は明白である。

(2) 価値の明確化と価値相対主義

　価値とは、それを見る人(解釈する人)から独立して存在するものではないという価値のとらえ方は、インカルケーションとは異なる道徳授業の方法論を生み出している。それは「価値の明確化」と呼ばれる授業方法論である。「価値の明確化」については、伊藤啓一がきわめて適切に説明している。伊藤によれば、現代の子どもたちは人類の歴史上経験のないほど価値の多様化が進む社会のなかで、多くの価値選択に迫られて暮らしているにもかかわらず、何をどのように選べばよいのか、自らの価値を明確にするための指導が十分になされてはいない。そこで、学校の道徳教育の目的は、多様化し相対化した価値の内容を教えることではなく、子どもたちが自分の力で価値を獲得するための援助とそのプロセスの指導にあるのだという(伊藤、51-52頁)。また、価値の明確化という方法論を積極的に紹介している諸富祥彦は、価値の明確化のねらいについて、親や教師や世間から押しつけられた「外的な価値基準」に従うだけの「自分がない」状態の子どもが、自分を取り戻し、自分自身の思考や感情にしたがって価値判断できるようになることだと指摘している(諸富、55頁)。

　伊藤は、価値の明確化を用いた授業では教師と子どもたちの応答(対話)が、教訓的であったり、ある価値を示すものであったり、評価的であったりしてはならず、「よい」「正しい」といった価値判断のヒントも与えてはいけないと述べている。また、子ども自身が考えることにねらいがあるのであって、大人に対して自分の考えの正当性を主張するためにディスカッションをするのではないとも述べている(伊藤、58-59頁)。

　しかし、そうであるならば、子どもが自分で考えて下した価値判断については、それがどのような判断であれ尊重されなければならないということになってしまう。つまり、道徳的な価値判断が個人の好みや志向の問題ととらえられ、「正しさ」について問うことができなくなってしまうのである。たとえば、この試験に失敗したら卒業できなくなるからカンニングをしたという学生に対して、それがその学生の熟慮の末の判断だとすれば、

それが「正しい判断」となってしまうのである。

　価値の明確化にはそれが価値相対主義に陥ってしまうという批判が必ず向けられてきた。道徳的な価値観についてその多様性や差異を尊重するということは、価値相対主義に陥る危険性を伴っている。価値相対主義とは、ある価値Aと他の価値Bとの違いはたんに相対的なものであり、どちらが「よい」「正しい」と判断する根拠は存在しないという考え方である。この考えに依拠すると、多様な価値観が存在する価値多様化社会では何が正しいことなのかを判断することが不可能となり、「正しさ」が問えなくなってしまう。つまり、価値の多様性を承認することによって、どのような価値が道徳的に正しいのか主張することができなくなってしまうのである。

　では、価値の多様性を尊重しながら道徳的正しさを求めるにはどうすればよいのだろうか。最後にこの問題について考えてみよう。

(3)　価値論として必要なこと

1)　個人の考える自由と道徳的正しさ

　インカルケーションにおいては、道徳的価値は確固とした内容を明確に伴った普遍的なものとして存在していることになり、そのため道徳的価値に対する個々人の思考や吟味や変更を許さない、「押しつけられるもの」となってしまう。他方、価値の明確化においては、道徳的価値はそれをみる個々人のまなざしによって多様に成立するものとしてとらえられているが、それゆえに価値相対主義に陥って正しさが問えない、「なんでもあり」の状態を許容せざるを得なくなってしまう。

　インカルケーションと価値の明確化に対するそれぞれの批判から、次のことが言えるのではないだろうか。道徳的価値には、それを個人が吟味する自由と、道徳的正しさが同時に備わっていなければならない。なぜなら、個人の吟味した結果が必ずしも道徳的正しさには至らないとしても、この自由を否定すれば道徳的価値は社会的な価値を直接個々人に押しつけ、人々の生き方を強制・抑圧する恐ろしい状況を生み出してしまう危険性があるからである。私たちは、戦前の修身科の失敗を繰り返すわけにはいかない。

そして、このことこそ、カントが道徳哲学に求めた揺るぎない普遍的な原理だったのである。カントが客観的法則という名前で必要としたのが道徳的正しさだとすれば、それは個人の意志によって自由に選び取られることを前提とした。この意味で、カントは現代日本の道徳授業方法論が直面している難問に、250年以上も前に気づいていたのであり、一見すると実現不可能なカントの立法という妙案もこの難問解決のために編み出された秘策だったのである。

2）　他者との吟味による合意

　価値多様化時代の今日、マッキンタイアのいうように道徳的正しさを共同体の伝統の内部に埋めこまれている自明なこととして伝達するだけでは不十分である。私たちの社会に未だに存在している問題点や課題を克服し、よりより社会を築くことが私たちに課せられた課題であり、道徳がそのような社会の「設計図」だとすれば、私たちはこの社会をよりよい社会にするために、道徳的価値を多様な観点から吟味し、よりよい道徳的価値を打ち立てる必要があるのである。そのためには、道徳的価値の多様性を一旦は認めた上で、それを「よりよい社会のため」あるいは「よりよい生活のため」という観点からの吟味によって合意へといたることが重要である。

　この合意という考え方は、カントの道徳哲学の欠点を克服するものでもある。カントの欠点とは、個人による選択と客観的法則（道徳的正しさ）がカントのいうような方法で合致する可能性を示せなかったことにある。だが、カントのいう立法とは吟味の末に合意に至ることだととらえれば、それは実現可能性を帯びてくる。もちろん、合意された道徳的正しさには厳密に言えばカントのいう意味での普遍性は見いだされない。しかし、普遍性の代わりに、合理的な吟味による合意が道徳的正しさに正当性を付与するのである。すべての人にあてはまる客観的法則が「ある」と考えるのではなく、それを吟味による合意によって「創られる」ものとしてとらえれば、そこに普遍性を想定する必要がなくなるのである。カントが道徳原理に普遍性を求めたのは、それが自分だけでなく他者にとっても妥当すべきだと考えたからである。この「自分にも他者にも妥当すること」は、普遍性では

なく合意によっても保証されうるのである。

　ジェームズ・レイチェルズは全米で使われているという道徳哲学のテキストのなかで、次のように指摘している。カントは自分にも他人にも首尾一貫して当てはまる道徳を求めたのだが、そのとき彼はその首尾一貫性に、いかなる例外も認めないという普遍性を求めた。しかし、その普遍性を求めたことだけが不必要だった。たとえば、嘘をつくことを禁止する規則を私たちが破ってもいいのは、もし他人が私と同じ状況に直面したら彼（または彼女）もそうするだろうし、私も彼（または彼女）がそうすることを認める場合だけである、とすればほとんど問題は起きなかったのである（レイチェルズ、130頁）。ここでレイチェルズが指摘していることは、まさに自分と他者との合意によって達成可能なのである。

　したがって、吟味による合意は、「他者との吟味」による合意でなければならない。他者との話し合い（討議）によって吟味された結果としての合意でなければ、その合意された内容に正当性が付与されないわけである。

　これもまた、カントの欠点を補う発想である。私が吟味して「正しい」と判断した道徳的価値が同時に他者にとっても受け入れ可能な正当性を有するかどうかという問題を、カントは自分の頭のなかだけで考えている。しかし、ある価値が他者にとっても妥当するものかどうかを知るためには、実際にその他者とともにその道徳的価値の妥当性について吟味することが一番の方法なのである。

　考えてみれば、不易としてとらえられてきた価値も、実はそれぞれの時代のなかでその正しさがつねに合意されていたのではないだろうか。それが連続していることで、私たちはそれがあたかも普遍的であるかのように思ってしまうのだ。だとすれば、やはり必要なことは、不易と思われる価値（たとえば「殺人の禁止」など）を本質的に普遍的な価値であるとして安心するのではなく、それが正しい価値として合意される努力を絶えず行うことだと言えよう。

> 学習課題1　「殺人の禁止」は不易の価値と考えられているが、なぜ人を殺してはいけないのかという理由を実際に考えてみよう。そして、それが普遍的な理由（いつでも・どこでも・誰にでも当てはまる理由）になっているか、グループで話し合ってみよう。
> 学習課題2　価値と「道徳的価値項目」とを区別する意味について、具体的な授業場面や生活場面をイメージしながら考えてみよう。

【註】
(1)　この点については、上地完治「道徳教育における『伝達』の問題点とその克服へ向けて」『琉球大学教育学部紀要』第72集、2008年を参照。
(2)　こうした論点については、宇佐美寛『「価値葛藤」は迷信である―「道徳」授業改革論―』明治図書、2005年、45頁も参照。

【引用・参考文献】
伊藤啓一『統合的道徳教育の創造』明治図書、1999年。
上地完治「道徳教育における『伝達』の問題点とその克服へ向けて」『琉球大学教育学部紀要』第72集、2008年。
宇佐美寛『「価値葛藤」は迷信である―「道徳」授業改革論―』明治図書、2005年。
イマヌエル・カント／宇都宮芳明訳・注解『道徳形而上学の基礎づけ』以文社、2004年。
堺正之「価値論と道徳教育」林忠幸・押谷由夫編『道徳教育の基礎と展開』コレール社、1998年。
アラスデア・マッキンタイア／篠﨑榮訳『美徳なき時代』みすず書房、1993年。
森岡清美・塩原勉・本間康平編『新社会学辞典』有斐閣、1993年。
森宏一編『哲学辞典』青木書店、1995年。
諸富祥彦『道徳授業の革新―「価値の明確化」で生きる力を育てる―』明治図書、1998年。
ジェームズ・レイチェルズ／古牧徳生・次田憲和訳『現実をみつめる道徳哲学』晃洋書房、2003年。
渡邉満「社会化論と道徳教育」林忠幸・押谷由夫編『道徳教育の基礎と展開』コレール社、1998年。

第 2 部　学校における道徳教育の展開

第5章　道徳教育の全体的構想

　道徳教育は、児童生徒が人間としての在り方や生き方を自覚し、人生をよりよく生きることをめざして行われる。学校の教育活動全体を通じて行われる道徳教育と小・中学校の道徳の時間は、形式的には二重構造を、機能的には循環構造を成している。各教科等では、その学習内容や教材が道徳教育と関わることだけでなく、学習態度や学習習慣の確立をはじめ、授業時間外における子ども集団の形成のあり方や教師の姿勢も道徳教育に密接に関連することに留意する必要がある。さらに、道徳教育の観点を盛り込むことにより、各教科等の指導の充実が期待される。なお、道徳の内容は小・中学校学習指導要領で四つの視点から整理されているが、就学前期ならびに高等学校においても、これを参照しながら道徳教育を進めることが大切であろう。

1　学校における道徳教育の仕組み

　1958(昭和33)年に小・中学校の教育課程に道徳の時間が特設されて以来、学校における道徳教育には、各教科等における学習指導や日常的な指導など教育活動全体を通じて行われる道徳教育と、道徳の時間における道徳教育があり、形式的に見れば二重構造ととらえられる。小学校の教育課程は各教科、道徳、外国語活動、総合的な学習の時間、特別活動から編成され、中学校の教育課程は各教科、道徳、総合的な学習の時間、特別活動から成る。小・中学校における道徳教育は、道徳の時間を要として学校の教育活

動全体を通じて行われる。「要」とは、扇の骨を留めるための小さな釘を指す言葉であり、転じて、もっとも大切な部分を意味する言葉でもある。道徳の時間の指導は、学校のさまざまな場面で行われる道徳教育の中核に位置づけられている。『小学校学習指導要領』ならびに『中学校学習指導要領』（以下『要領』と略記）では、各教科等における「道徳教育と密接な関連を図りながら、計画的、発展的な指導によってこれを補充、深化、統合する」ことを道徳の時間の役割としている。

　子どもたちは日常生活や学習活動のなかで道徳的価値について考える機会をもつ。だが、その機会がどれほど多様であるかは、偶然に左右されざるを得ないし、すべての道徳的価値について考えられるわけでもない。そこで道徳の時間において「補充」することが求められる。また、道徳的価値の意味や自分の将来像とのかかわりなどについて、日常的な体験のなかで深く考えることは稀である。道徳の時間のなかで、自分の生活を振り返ったり将来にわたる展望を拓いたりして、道徳的価値について「深化」することも必要である。さらに、それぞれの道徳的体験のなかで培われた多様な道徳的価値について関連づけて、自分の生き方を創造することも重要である。不十分なところを補充し、深化したうえで、それらの指導を「統合」する道徳の時間の意義は大きい。

　道徳の時間の役割は、学校の教育活動全体を通じて行う道徳教育を補充・深化・統合することである。このような説明は、あたかも道徳の時間において学校の教育活動全体を通じて行う道徳教育が完成され完結するかのような印象を与えるかもしれない。けれども、道徳の時間における学習の成果は、その後の子どもたちの日常生活に活かされ、各自の生き方に反映されていくべきものである。道徳教育は道徳の時間で終結するわけではない。学校の教育活動全体を通じて行われる道徳教育と道徳の時間における道徳教育は、機能的には循環構造を成すのである。

2　道徳教育の目標

(1)　教育の目的・目標と道徳教育の目標

　学校の教育活動全体を通じて行う道徳教育の目標は、小・中学校『要領』ならびに『高等学校学習指導要領』の総則に示されているが、2006（平成18）年に教育基本法が改正されて教育の目標（第2条）が規定されたことや、それに伴い学校教育法に新たに義務教育の目標（第21条）が明記されたことにより、道徳教育の目標にもいくつかの事項が付記された。それらを比較してみると、道徳教育の目標は教育全体の目標にも通じるものであることを看取できよう。

　その上で道徳教育に固有な目標として『要領』では「その基盤としての道徳性を養うこと」が規定されている。道徳性とは、次項で詳説するように、個人の生き方はもちろん、人間社会の文化や生活などを支えるものである。学校における道徳教育では、道徳性を分析し、いくつかの様相に区分して、それらを調和的に育成するにはどのような指導が適切であるかを構想していくことになる。

　なお、教育基本法や学校教育法に示された教育の目的や目標をふまえて、各学校の教育目標を定めなければならないことと同様に、各学校の道徳教育や道徳の時間における具体的な目標は個別に設定される必要がある。『要領』に示された目標と、各学校や学級の子どもの実態等とを照らし合わせながら、各学校（教師）が道徳教育や道徳の時間の目標を定めていくことが求められる。

(2)　学習指導要領における「道徳性」の考え方

　『小学校学習指導要領解説　道徳編』ならびに『中学校学習指導要領解説　道徳編』（以下『解説（道徳）』と略記）において、道徳性とは「人間としての本来的な在り方やよりよい生き方を目指してなされる道徳的行為を可能にする人格的特性であり、人格の基盤をなすもの」であると説明されている。人間はそれぞれ道徳性の萌芽をもって生まれてくる。人間社会のなかでのさまざまな体験を通してその芽が育っていくことが道徳性の発達であり、

それを促進することが道徳教育なのである。

　道徳教育の目標に掲げられた道徳性の育成について、具体的な教育活動として構想するためには、その内実を分析し明確化することが必要となる。そこで、道徳性がどのように人間の思考や行動として現れるのか、また、道徳的価値とはどのようなものなのかを整理しておく。

1） 道徳性の諸相

　『解説（道徳）』によれば、道徳性は道徳的心情、道徳的判断力、道徳的実践意欲と態度、ならびに道徳的習慣といった様相に分類することができる。道徳的心情とは、道徳的価値を善いものとして受け取り、善を志向し悪を憎む感情である。道徳的判断力とは、個別的で具体的な状況のなかで、善悪を見極めて望ましい行為を選択する力である。道徳的実践意欲と態度とは、道徳的心情ならびに道徳的判断力によって価値づけられた行動をとり、道徳的価値を実現しようとする意志や身構えである。道徳的習慣とは、繰り返して行うことで身につく望ましい行動様式であり、たとえば基本的生活習慣の指導を通して形成される。これらの道徳性の諸様相は独立したものではなく、相互に関連し合っている。

　以上のように分類することで、道徳性のどの側面に注目して指導していくかが明確になる。道徳の時間の指導においても、本時では道徳的心情を養うのか、あるいは道徳的判断力を養うのかといった観点から、ねらいを設定することが可能となる。

2） 道徳的諸価値の統合

　道徳性は『解説（道徳）』において「道徳的諸価値が一人ひとりの内面において統合されたもの」であるとも説明されている。道徳的価値がどのように結びつき、序列化されて個々の人格を形成するかについては、個人によって異なる。

　とりわけ価値観の多元化・多様化が進んだ現代社会において、どのような道徳性を育んでいくかはあくまでも個人に委ねられる。学校における道徳教育を通して、一つひとつの道徳的価値の内容を理解させ、その善さを

感じ取らせることが求められており、各自の道徳性の発達を支援することが道徳教育の役割なのである。

(3) 道徳の時間の性格と役割

学校教育法施行規則第51条により、道徳の時間の授業時数は、小学校1年生では年間34時間、小学校2年生から中学校3年生では年間35時間を充てられている。授業は年間35週(小学校1年生においては34週)以上にわたって実施されることが『要領』で定められていることから、通常、週あたり1時間の道徳授業が行われる。

1) 道徳的価値の自覚

道徳の時間の目標は、学校の教育活動全体を通じて行われる道徳教育の目標を受け継いでいることは言うまでもないが、小学校と中学校でいくらか異なる。小学校『要領』において道徳の時間の目標は「道徳的価値の自覚及び自己の生き方についての考えを深め、道徳的実践力を育成する」とされている。一方、中学校『要領』においては「道徳的価値及びそれに基づいた人間としての生き方についての自覚を深め、道徳的実践力を育成する」とされている。この異同について「道徳的価値の自覚」を手がかりに明らかにしていこう。

『解説(道徳)』では、道徳的価値の自覚について、以下の三つの事柄によって説明されている。第一は、道徳的価値についての理解である。道徳的価値には人間性が表されているので、それらを理解することは人間理解を深めることにもなる。第二は、自分とのかかわりで道徳的価値をとらえて、自分自身を理解していくことである。第三は、道徳的価値を自分なりに発展させていくことへの思いをあたためたり課題を把握したりすることである。自分や周りの人々、そして社会が今後どのように発展するかについての展望を拓くことにもなる。つまり、道徳的価値の自覚とは、認知的に道徳的価値を理解した上で内面化して、それを具体的な道徳的行為に結びつけていくことをねらっている。

もちろん、発達の段階により、道徳的価値の自覚をどのように深めてい

くとよいかは違ってくる。それが小学校と中学校の道徳の時間の目標の違いとなって現れる。小学校期には自分を見つめ、自分のよさを肯定的にとらえ、自分の未来に対するポジティブな展望を描き出すことが重視されている。人生の意味を模索し始める中学校期には、人間とは何か、生きるとはどういうことかを問いかけて、人間としての生き方について自覚を深めていくのである。

2） 道徳的実践力の育成

　小・中学校に共通して道徳の時間において育成することがめざされる道徳的実践力とは、『解説（道徳）』において「人間としてよりよく生きていく力」であり、「将来出会うであろう様々な場面、状況においても、道徳的価値を実現するための適切な行為を主体的に選択し、実践することができるような内面的資質」であると説明されている。道徳の時間において指導すべきは道徳的実践や道徳的行為ではない。道徳授業の学習成果に即効性を求めることは難しい。道徳的実践力は、長期的展望のもとでの計画的、発展的な指導によって、子どもの内面的資質として養われていく。また、道徳的実践力とは、それぞれの道徳的実践や行為のなかに、事後的に見いだされるものである。このことからも、道徳の時間に培われた道徳的実践力が各教科等における学習活動や日常生活に発揮されるよう、学校の教育活動全体を通じて行う道徳教育が充実されねばならない。

3　道徳教育の内容

(1)　四つの視点

1）　共によりよい生き方を追求する子どもと教師

　小・中学校『要領』に示された道徳教育の内容は、児童生徒が「自覚を深め自分のものとして身に付け発展させていく必要がある道徳的価値を含む内容を、短い文章で平易に表現した」内容項目としてあげられている。内容項目は児童生徒自らが「道徳性を発展させていくための窓口ともいうべきもの」である。2002（平成14）年より全国の小・中学生に配布されている「心

のノート」には、これらの内容項目が子どもたちに分かりやすい表現で示されている。

『解説（道徳）』では、内容項目は児童生徒のみならず教師にとっても「人間としてのよりよい生き方を求め、共に考え、共に語り合い、その実行に努めるための共通の課題」とされている。道徳教育は、教師から児童生徒へと一方的に行われるものではなく、同じ時代を生きる人間として自分自身や社会について創造的に構想するものである。授業者としてのみならず、現代社会に生きる一人の人間として、教師自身が内容項目についての解釈を深めていくことが望まれる。

2）内容項目の区分と配列

道徳教育の内容は、その取り扱うべき時期の観点から、小学校1・2学年（16項目）、小学校3・4学年（18項目）、小学校5・6学年（22項目）、中学校（24項目）の4学年・学校段階に区分されている。内容項目は、それぞれの時期において学校の教育活動全体を通じて指導される。つまり、道徳の時間だけで内容が身につくのではないし、当然のことながら、内容項目はそのまま1時間の道徳授業のねらいになるものでもない。

さらに内容項目は、何とかかわるなかでとらえられる自己の在り方かという観点から、四つの視点に区分される。1の視点では、自己の在り方を自分自身とのかかわりにおいてとらえる。過去の自分や将来こうありたいと思う自分と照らし合わせたときに、現在の自分を俯瞰的に省察することである。2の視点では、自己を他の人とのかかわりにおいてとらえる。社会的存在としての人間は、他者とかかわることなく生活することはできない。他者と支え合い、他者と共生することが、一人の人間として生きるということなのである。3の視点は、自己を自然や崇高なものとのかかわりにおいてとらえる。かけがえのない生命の神秘や人智を越えた存在を感じることによって、人間としての自覚が深まる。4の視点は、自己を集団や社会とのかかわりにおいてとらえる。家族、学級や学校、地域社会や国家、世界など多様な社会集団のなかで、自分がどのような役割を果たすか、あるいはどのような社会を担っていきたいかを構想することは、自律した社

会人として不可欠なことである。

　以上のような四つの視点は、自分自身を中心にすえて、物理的距離感をもとに整理されている。とはいえ、1の視点から4の視点まで順序性をもって指導することが望ましいわけではない。個別具体的な他者とかかわる2の視点の内容をもとにして、不特定多数の他者、あるいはまだ見ぬ他者とかかわる4の視点の内容が深められる。1と2の視点の内容によって人間理解が進むことで、3の視点の内容が実感をもって受け容れられる。2と3と4の視点の内容をふまえて、1の視点の内容がより明確に自身の生き方として描き出される。四つの視点は相互に関連づけてとらえられるべきなのである。

(2)　内容項目の系統性・発展性
1)　発達段階に応じた系統性と発展性

　四つの視点から区分された道徳の内容項目は、発達段階に応じて小学校から中学校の9年間を4時期に分けて示されている。『解説(道徳)』の付録5(「道徳の内容」の学年段階・学校段階の一覧表)を見ると、その系統性・発展性がよく理解できよう。内容項目の多くは、小学校から中学校まで一貫して取り上げられている。その一例として、生命尊重や愛校心に関わる内容項目がある。また、学年・学校段階が上がるにつれて分化したり、統合されたりする内容項目もある。たとえば、友情に関わる内容項目は、中学校段階で二つの項目に分化する。あるいは、公正・公平に関わる内容項目のように新たに付け加えられるものもある。基本的にはそれぞれの学年・学校段階の内容項目を十分に指導することが原則とされるが、特に必要とされる場合には、他の学年・学校段階の内容項目を取り扱うことも可能である。

　道徳教育を進めるにあたって、これらの内容項目の系統性や発展性に留意する必要がある。子どもの実態と照らし合わせて課題を明確にし、めざす子ども像を具体的に描き出していかなければならない。また、子どもたちがこれまでにどのような内容について学習してきたかを教師は把握しておかなければならない。したがって、『解説(道徳)』を参照するときに、当該学年・学校段階の内容項目だけを手がかりにするのでは不十分である。

小学校『解説(道徳)』では、各内容項目の解説において、その学年段階で初出の場合には①上の学年段階の内容項目との系統性、②小学校段階における指導の意義、③当該学年段階での指導の留意点、が記されている。同一の内容項目については小学校の全学年段階の解説を読み込む必要がある。また、小学校高学年では中学校の、中学校では小学校高学年の内容および学習歴や学習予定について、可能なかぎり把握し、理解しておくことが望ましいだろう(本書 第7章 表7-1参照)。

2) 道徳授業での取り扱い

道徳の時間の授業を構想する際には、当該学年・学校段階の内容項目の発展性を細かく分析しておくことが重要である。なぜなら、主として一つの内容項目を1時間の授業で取り上げる基本的な道徳授業を実施していくとすれば、ある内容項目を1年間に扱う授業時数は、1〜3時間程度となる。その数時間の各授業で、何をどこまでどのように指導するかを授業者は明確にしておかなければならない。それ以前の授業では何を学習してきたか、次の授業では何を学ぶかを整理することで、ねらいを焦点化した授業ができる。

このように考えるならば、学習指導案の主題設定の理由(内容観)には、学年・学校段階の系統性だけでなく、同一学年段階における内容の系統性や発展性について指導者自身の解釈をもとに詳述することが望ましいだろう。

(3) 内容項目の関連性

基本的な道徳授業では、1単位時間に主として扱う内容項目は一つである。現実の生活場面においては、もちろん、道徳的価値がさまざまに絡み合い、その多元的な状況のなかで、私たちはいかに行動すべきかを考える。だが、道徳の時間の学習が限られた時間・空間のなかで行われることに留意するならば、そこで扱う事柄はシンプルであってよい。

このことを現実的な前提として確認しつつも内容項目の関連的な扱いを考えることは意義深い。いくつかの内容項目を連動させると、子どもの体験に即して実際の生活場面を想定しながら考えられ、深く追求しうる場合

もある。具体的には、同じ教材(資料)を用いて、複数の内容項目について、複数時間扱いの授業を構想することができよう。このような授業を実施するには、子どもの思考の流れが途切れないようにするための教具が必要であろうし、週1時間の道徳授業という通念から離れた時間割上の工夫が求められる。年間指導計画を作成するときに、内容項目の関連性に配慮した主題構成計画を立案することが望ましい。

(4) 指導内容の重点化と統合
1) 指導内容の重点化

　道徳の内容は、そのすべてについて、各学年・学校段階において十分に調和的に指導されなければならない。これを基本的な前提とした上で、発達段階に応じた指導内容の重点化が求められる。小学校では「各学年を通じて自立心や自律性、自他の生命を尊重する心を育てること」を重視するとともに、学年段階ごとの重点が小学校『要領』に示されている。すなわち、1・2学年では「あいさつなどの基本的な生活習慣、社会生活上のきまりを身に付け、善悪を判断し、人間としてしてはならないことをしないこと」、3・4学年では「集団や社会のきまりを守り、身近な人々と協力し助け合う態度を身に付けること」、5・6学年では「法やきまりの意義を理解すること、相手の立場を理解し、支え合う態度を身に付けること、集団における役割と責任を果たすこと、国家・社会の一員としての自覚を持つこと」に配慮する必要がある。また、小学校5・6学年の配慮事項としてあげられた「悩みや葛藤等の心の揺れ、人間関係の理解等の課題を積極的に取り上げ」ることは中学校にも引き継がれる。その上で中学校では「自他の生命を尊重し、規律ある生活ができ、自分の将来を考え、法やきまりの意義の理解を深め、主体的に社会の形成に参画し、国際社会に生きる日本人としての自覚を身に付けるようにすること」が求められる。

　こうした学校・学年段階による重点化を顧慮しつつ、さらに、各学校の特色に応じて指導内容の重点化を図ることも重要である。『小学校学習指導要領解説　総則編』にあるとおり(『中学校学習指導要領解説　総則編』にも同様の記述がある)、子どもの実態や学校のおかれた条件等を分析し検討

した上で、各学校の教育目標が設定される。これを前提として、各学校における道徳教育の重点目標が設定され、それらは具体的に全体計画に明示される。各学校において特に重要視し指導する内容は、全体計画に記されることで、教師をはじめとして保護者や地域社会の人々に周知されていくのである。

2) 指導内容の統合

　指導内容の統合についても留意しなければならない。学校・学年段階という時間軸と、四つの視点という自分との距離感から区分された内容項目は、それぞれ的確にまた詳細に分析され、指導される必要がある一方で、実際の教育活動を構想する際には、それらを包括的にとらえることも重要なのである。このことについて、ここでは情報モラル教育を例として考えてみる。

　急速な情報化の進展により、現代の子どもたちは幼児期からテレビやコンピュータに親しみ、それらの存在する生活が当たり前になっている。学校においてもインターネットを利用して調査したり情報発信したりする機会が増えている。今後もこのような流れがすすむことが予想され、「顔の見えない相手とは関わらない」「インターネットは利用しない」といった姿勢を貫くことは難しい。現代社会を豊かに過ごすにはコンピュータやインターネットが不可欠なのである。このことをまず確認した上で、インターネット上での人間関係や自身の生活様式をどのように考えるかが課題となる。たとえば、個人情報や著作権等の保護およびそれに関わる法の遵守（1の視点、4の視点）、インターネット上に成立するコミュニティへの参画や画面上の文字のみで接する相手への配慮（2の視点、4の視点）など、対処すべき課題は多岐にわたるのである。

　このように多様な側面を有する情報モラル教育は、これからの社会のあり方やそれを担う一員としての生き方について考えさせることにつながる。別言すれば、これから生じうる社会の変化に対処するケーススタディとして、情報モラル教育に取り組むという観点も重要である。道徳の時間が設定されている小・中学校のみならず、就学前教育ならびに高等学校におい

ても、近接学校段階での学習との系統性を考慮して取り組まれるべき課題であろう。

4　学校教育全体を通じて行われる道徳教育

(1)　各教科等の授業における道徳教育

　道徳教育の充実の観点から、『要領』において各教科等の「指導計画の作成と内容の取扱い」には、それぞれの教科等の特質に応じて適切な指導をするよう記載されている。各教科等における道徳教育に関しては、『解説（道徳）』にも示されている通り、各教科等の目標、内容や教材が道徳教育に密接にかかわる場合がある。このことは、学校教育の目標と道徳教育の目標との近似性からも裏づけられる。しかし、教科によってその関連度には差があることも事実である。にもかかわらず、全教科・領域の特質に応じて適切な指導をするよう規定されているのは、教師と子どもが個別具体的な関係を築き、集団生活を営むという学校の特質をふまえたものでもある。つまり、学校における学習は集団のなかで行われるものであり、たとえば話し合い活動などで協力すること、自分の考えを伝えること、他者の意見を聴くことなど、学習活動の成立や学習態度の形成において道徳教育の側面は欠かせない。また、教師と子どもとの関係のなかであらわれ出る教師自身の姿勢や生き方は、子どもの成長モデルとして大きな影響力をもつ。無意図的な作用を含めて、教師は道徳教育を行っていることに対して自覚的であらねばならない。

　各教科等における道徳教育を充実することは、さらに、教科における学習指導を充実することにもつながる。ここでは小学校生活科と中学校社会科を例として考察する。

1)　小学校生活科の場合

　小学校生活科の内容(2)は「家庭生活を支えている家族のことや自分でできることなどについて考え、自分の役割を積極的に果たすとともに、規則正しく健康に気を付けて生活することができるようにする」である。『小学

校学習指導要領解説　生活編』によれば、ここでは「家族とともにしていることや家族にしてもらっていることを振り返り、家族のことや、家庭生活における自分のこと、自分でできることなどについて考え、自分の役割を進んで行うようになること」と「家庭における自分の生活を見直し、規則正しく健康に気を付けて生活しようとする、積極的な生活態度を育てること」がめざされる。具体的には、それぞれの家庭のなかで子どもが「していること」や「できていること」を家族に尋ねたり、振り返ったりして、さらに現状から判断して「できそうなこと」を増やしていくよう指導する。いわゆる「家族」単元の学習においては、家庭での実際の活動に重点がおかれているが、その継続性や意欲を養うにはどうすればよいだろうか。

　現代日本においては家族形態が変容し、多様な家庭状況が見受けられる。家族や家庭のあり方に関して、一義的にとらえたり教えたりすることはできない。けれども、子どもが毎日、学校から帰る場所は家庭であり、子どもの生活の基盤は家庭である。それぞれの家庭への帰属感、家族と過ごすときの安心感や信頼感を確かなものにするよう指導していくことこそが、学校に期待される役割である。道徳の内容「父母、祖父母を敬愛し、進んで家の手伝いなどをして、家族の役に立つ喜びを知る」(低学年)にもある通り、具体的な活動を通して家族と自分について理解することと、家族からの愛情や家族への信頼感に気づくことは、双方向的に深まっていく。活動の内容とともに、それを支え続ける心情を生活科の学習で言語化していくと、子どもたちは「今後も続けていきたいこと」や「今はできないかもしれないけれど、チャレンジしてみたいこと」など将来にわたる家庭での自分の位置や役割に関する展望を拓きやすいと考えられる。そのために、家庭におけるお手伝いや仕事の具体例を報告し合う活動に加えて、印象深い家族との会話や家族への思いを積極的に取り上げて交流していくことも有意義であろう。

2)　中学校社会科の場合

　中学校社会科(公民的分野)の内容(3)「私たちと政治」のうち、法に関する学習について考える。この大項目は「人間の尊重と日本国憲法の基本的原

則」と「民主政治と政治参加」という二つの中項目に分けられ、日本国憲法の原則や民主主義の原則と三権分立、裁判のしくみや司法制度改革などが取り上げられる。『中学校学習指導要領解説　社会編』によれば、「単に法が規定している内容や政治制度についての理解で終わることなく、なぜそのような規定があるのか、その規定を設けた基本的な考え方や意義を理解させ」ることが大切である。とはいえ、国会・内閣・裁判所のそれぞれのしくみは複雑で、学ぶべき内容が多岐にわたる。各機関に関する知識の理解にとどまらず、人間の社会生活を支える法の意義を生徒に実感させるにはどうすればよいだろうか。

　中学校『要領』には道徳の内容として「法やきまりの意義を理解し、遵守するとともに、自他の権利を重んじ義務を確実に果たして、社会の秩序と規律を高めるように努める」がある。規則尊重に関わる内容項目は小学校から中学校まで一貫して存在するものであり、系統的な指導が行われている。たとえば、みんなで使う物を大切にするよう指導したり、学級のきまりをつくったりなど、具体的な生活場面においてルールやきまりの意義やその策定への主体的関与の姿勢が育まれている。これらの具体的な体験をふまえて道徳の時間では、そうした活動を支える公徳心についても学習を進めている。付言するなら、『幼稚園教育要領解説』に「他の幼児とかかわりながら生活を展開することの楽しさや充実感を通して、自分たちの生活にとって必要な行動やきまりがあることに気付かせたりすることなどにより、幼児自身に生活に必要な習慣を身につけることの大切さに気付かせ、自覚させるようにして、自律性を育てることが大切である」とあるように、就学前教育においてもこのことは重視されている。就学前期から小学校において遊びのルール、学級や学校のきまりに主体的に関わる体験と、それを補充・深化・統合する道徳の時間の指導を積み重ねておくことで、中学校社会科(公民的分野)の学習が「国民主権を担う公民として必要な基礎的教養を培う」ものとなることが期待される[1]。

　本項で取り上げた小学校生活科と中学校社会科の例からも明らかなように、各教科等における学習内容を道徳の内容からとらえることで、各教科等の指導の効果を高めたり、長期的な展望のもとで教える内容を構想した

りすることができる。また、言うまでもなく、道徳の時間との関連を図ることで、各教科等における学習の定着を期待できるのである。

(2) 日常生活における道徳教育

　学校は組織的な教育の場であり、計画的な教育活動が行われる場である。とはいえ、子どもたちにとって、集団生活のなかでさまざまな人間関係を結び、社会性を身につけることも重要である。

　授業中はもちろん授業時間外にも、子ども同士の関係、教師と子どもとの関係を温かなものにしていくよう、教師は心がけなければならない。たとえば休み時間に多くの子どもが校庭に走り出た後、教室に残っている子どもがいたとする。そのようなとき、まず、教師が声をかけ、遊びに誘ったり話を聞いたりすることが大切である。「仲良くしましょう」と言うだけでなく、教師が率先して行動するのである。教師の姿をモデルとして受け容れた子どもたちは、その後、教室に残る子どもたちに配慮し、話しかけ、一緒に遊ぶようになるだろう。同じ時間や空間を共有していても子どもたちにはそれぞれ個性があり、違っているからこそ協同する意義があることを、発達段階に応じて体験的に学べるよう教師は配慮する必要がある。

　とくに幼少期の子どもは、身のまわりの環境から受ける影響も大きい。そのため、教室や校内の環境を整備することも重要である。具体的には、教室内では、子どもも教師も整理整頓に心がけたり、落ち着いた雰囲気のなかで学習できるよう掲示物の位置や掲示期間を決めたりすることがあげられる。学校全体では、授業協力者として来校した地域の人々の作品や活動の様子の写真を展示すると、さまざまな人とのかかわりを想起させ、地域への帰属意識を高めることにもなるだろう。また、図書室やトイレなど異学年の子どもたちが共有する場所のきまりを分かりやすく提示することも必要である。教師と子どもたちが協力して創り出した学校の雰囲気や環境が、充実した学校生活を支えるのである。

> 学習課題1　現代的な教育課題を一つあげて、道徳の時間ならびに各教科等における指導を具体的にどうするか、考えてみよう(例：いのちの教育、環境教育)。
> 学習課題2　道徳教育の観点から学級内・学校内の環境を整えるには、具体的にどのように工夫することができるか、考えてみよう。

【注】
(1) 2009(平成21)年からの裁判員制度の導入など、現代日本では司法に対する国民の関心や信頼を高めるための方策が打ち出されるなかで、法教育に注目が寄せられている。法教育や市民教育の観点からも、法に対する主権者意識を養う指導の充実が求められよう。

【引用・参考文献】
大村敦志『父と娘の法入門』岩波書店、2005年。
押谷由夫・永田繁雄他編『CD－ROM版　小学校道徳教育資料・実践事例集』ニチブン、2006年。
文部科学省『幼稚園教育要領』教育出版、2008年。
文部科学省『幼稚園教育要領解説』フレーベル館、2008年。
文部科学省『小学校学習指導要領解説　総則編』東洋館出版社、2008年。
文部科学省『小学校学習指導要領解説　道徳編』東洋館出版社、2008年。
文部科学省『中学校学習指導要領解説　道徳編』日本文教出版、2008年。
文部科学省『中学校学習指導要領解説　総則編』ぎょうせい、2008年。
文部科学省『高等学校学習指導要領』2009年。

第6章　道徳教育の指導計画

　小学校学習指導要領の第1章　総則には、「学校における道徳教育は、道徳の時間を要として学校の教育活動全体を通じて行うものであり、道徳の時間はもとより、各教科、外国語活動、総合的な学習の時間及び特別活動のそれぞれの特質に応じて、児童の発達の段階を考慮して、適切な指導を行わなければならない」とある。このことは、小学校の道徳教育が教科のような特定の領域に限定されるものではなく、すべての教育活動によって行われるものであること、道徳の時間の指導を中核にしながらも各教育活動の特質に応じて適切な指導が行われねばならないことを示している。このような総合的な道徳教育を機能させるには、道徳教育の全体構想を明確にし、それを実行する道徳教育の指導計画を作成することが必要である。

　ところで、指導計画の内容を類型化すると、次表のようになる。この章では、全体計画、年間指導計画、学級における指導計画を取り上げ、学習指導案の作成については、第9章で改めて検討する。

表6-1　指導計画の類型

	学校の教育活動	道徳の時間
全校レベル	全体計画　→	年間指導計画
学級レベル	学級における指導計画　→	学習指導案

さて、指導計画に関する今回の学習指導要領改訂の特色は、(1)校長が道徳教育の方針を明確にし、指導力を発揮すること、(2)道徳教育推進教師を中心に指導計画を作成する協力体制を整備すること、の2点であろう。ここには、校長のリーダーシップが強調されており、またそれを受けて、道徳教育推進教師の役割が明確化されている。中学校の学習指導要領においても同じように強調されている。

1　全体計画

学校の道徳教育についての全体計画の意義と内容を『学習指導要領解説 道徳編』(以下『解説(道徳)』と略記)では次のように示し強調している。

(1)　全体計画の意義

道徳教育の全体計画は、学校における道徳教育の基本的な方針を示すとともに、学校の教育活動を通して、道徳教育の目標を達成するための方策を総合的に示す教育計画で、次のような重要な意義をもつ。

①豊かな人格形成の場として、各学校の特色や実態および課題に即した道徳教育が展開できる。
②学校における道徳教育の重点目標を明確にして取り組むことができる。
③道徳教育の要として、道徳の時間の位置づけや役割が明確になる。
④全教師による一貫性のある道徳教育が組織的に展開できる。
⑤家庭や地域社会との連携を深め、保護者や地域の人々の積極的な参加や協力を可能にする。

(2)　全体計画の内容

全体計画の作成にあたっては、基本的な把握事項および具体的な計画事項として、計画に示すことが望まれる内容として次の諸点があげられる。

1)　基本的把握事項

①教育関係法規の規定、時代や社会の要請や課題、教育行政の重点施策

②学校や地域の実態と課題、教職員や保護者の願い
③児童生徒の実態と課題
2) 具体的計画事項
①学校の教育目標、道徳教育の全体目標、各学年の重点目標
②道徳の時間の指導の方針
③各教科、外国語活動、総合的な学習の時間および特別活動などにおける道徳教育の指導の方針、内容および時期
④特色ある教育活動や豊かな体験活動における指導の方針、内容および時期、学校や地域の特色を生かした取り組みや集団宿泊活動、ボランティア活動、自然体験活動などの体験活動や実践活動における道徳性育成の方針を示す。
⑤学級、学校の人間関係、環境の整備や生活全般における指導の方針
⑥家庭、地域社会、他の学校や関係機関との連携の方法
⑦道徳教育の推進体制　道徳教育推進教師の位置づけも含めた学校の全教師による推進体制を示す。
⑧その他たとえば、次年度の計画に生かすための評価の記入欄をつくったり、研修計画や重点的指導に関する添付資料等を記述したりする。なお、全体計画を一覧表にして示す場合は、必要な各事項について文章化したり、具体化したりしたものを加えるなどの工夫が望まれている。

　このようにして作成した全体計画は、家庭や地域社会の人々の積極的な理解と協力を得るとともに、さまざまな意見を聞き一層の改善に役立てるために、他の教育計画と同様、その趣旨や概要等を学校通信に掲載したり、ホームページで紹介したりするなど、積極的に公開する。

2　道徳の時間の年間指導計画

　年間指導計画は、道徳の時間の指導が、道徳教育の全体計画に基づき、児童生徒の発達の段階に応じて計画的、発展的に行われるように組織された全学年にわたる年間の指導計画である。具体的には、道徳の時間に指導

しようとする内容について、児童生徒の実態や多様な指導方法等を考慮して、学年段階に応じた主題を構成し、この主題を学年別に年間にわたって適切に位置づけ、配列し、展開の大要等を示したものである。

(1) 指導計画の内容

年間指導計画は、各学校で創意工夫をして作成するものであるが、『解説(道徳)』によれば、次の内容を明記することになっている。

1) 各学年の基本方針

全体計画に基づき、道徳の時間における指導について、学年ごとの基本方針を具体的に示す。

2) 各学年の年間にわたる指導の概要

①**指導の時期** 学年または学級ごとの実施予定の時期を記載する。
②**主題名** ねらいと資料で構成した主題を端的に表したものを記述する。
③**ねらい** ねらいとする道徳性の内容や観点を端的に表したものを記述する。
④**資料** 指導で用いる中心的な資料の題名を記述する。
⑤**主題構成の理由** ねらいに対して資料を選定した理由を簡潔に示す。
⑥**展開の大要および指導の方法** ねらいをふまえて、資料をどのように活用し、どのような手順で学習を進めるのかについて簡潔に示す。
⑦**他の教育活動等における道徳教育との関連** 特に関連する教育活動や体験活動、学級経営の取り組みなどを示す。
⑧**その他** 校長や教頭の参加、他の教師の協力的な指導の計画、保護者や地域の人々の参加・協力の計画、複数の時間取り上げる内容項目の場合は各時間の相互の指導の関連などの構想を示す。

各学年の基本方針は、学校の全体計画に対応して学年の重点目標として具体化される。各学年の年間の指導概要のうち、指導の時期・主題名・資料・ねらい・他の教育活動との関連等を学年の主題一覧表として提示し、各時

間の主題構成の理由や展開の大要および指導方法については別の冊子にまとめることが多い。

(2) 指導計画と内容項目

学習指導要領には、それぞれの発達の段階や道徳的課題を考慮し、児童生徒が人間として生きていく上で主体的に学ぶべき内容として、その基本的なものを示している。その内容は、児童生徒自らが成長を実感でき、これらの課題や目標を見つけられるような工夫のもとに、道徳の時間はもとより、各教科、外国語活動(小学校)、総合的な学習の時間および特別活動で行われる道徳教育において、それぞれの特質に応じて適切に指導されるものである。

その内容は、児童生徒の道徳性を次の四つの視点からとらえ、その視点から内容項目を分類整理し、内容の全体構成および相互の関連性と発展性を明確にしている。

1 主として自分自身に関すること。
2 主として他の人とのかかわりに関すること。
3 主として自然や崇高なものとのかかわりに関すること。
4 主として集団や社会とのかかわりに関すること。

1の視点は、自己の在り方を自分自身とのかかわりにおいてとらえ、望ましい自己の形成を図ることに関するものである。2の視点は、自己を他の人とのかかわりのなかでとらえ、望ましい人間関係の育成を図ることに関するものである。3の視点は、自己を自然や美しいもの、崇高なものとのかかわりにおいてとらえ、人間としての自覚を深めることに関するものである。4の視点は、自己をさまざまな社会集団や郷土、国家、国際社会とのかかわりのなかでとらえ、国際社会に生きる日本人としての自覚に立ち、平和的で文化的な社会および国家の成員として必要な道徳性の育成を図ることに関するものである。

各学年段階においては、各項目間の関連を考慮しながら、四つの視点に含まれるすべての内容項目について適切に指導する。小学校1・2学年には16項目、3・4学年には18項目、5・6学年には22項目、中学校については24

項目の内容が設定されている。各内容項目は、児童生徒が身につけ発展させていく必要がある道徳的価値を含む内容を短い文章で平易に表現したもので、児童生徒自らが道徳性を発展させていくための窓口ともいうべきものである（本書第7章 表7-1 参照）。

(3) 指導計画と主題の配列

　道徳の時間の年間指導計画は、内容項目に基づいて主題を具体化し指導の手立てを具体化するときに依拠するもので、次のような創意工夫が求められる。

1) 年間授業時数を確保できるようにする

　道徳の時間は、年間を通した計画的、発展的な指導によって効果をあげるものである。道徳の時間の意義を十分に理解し、内容項目をいずれの学年においてもすべて取り上げるとともに、年間にわたって標準授業時数が確保されるよう、学校行事や祝祭日等で計画通り授業ができなかった場合の対応も含めて道徳の時間の年間指導計画を作成する。

2) 主題の設定と配列を工夫する

　主題（ねらいと資料）の設定においては、児童生徒の実態と予想される心の成長、興味や関心などを考慮する。ねらいとしては、道徳的価値の自覚を深めるための根源的なものを押さえておく必要がある。資料は、ねらいとの関連において児童生徒の心に響くものを多様に選択する。主題の配列にあたっては、主題の性格、他の教育活動との関連、地域社会の行事、季節的変化などを十分に考慮する。

3) 計画的、発展的指導ができるように工夫する

　内容相互の関連性や、学年段階ごとの発展性を考慮して、小学校の場合は6年間、中学校の場合は3年間を見通した計画的、発展的な指導が行えるように心がける。さらに、小学校においては中学校の道徳の時間と、中学校においても小学校の道徳の時間との連携を図り共通理解のもとで指導できる体制づくりの工夫が必要である。

4) 内容の重点的指導ができるように工夫する

各学年の内容項目の指導については、児童生徒や学校の実態に応じて、重点的な指導を工夫し、内容項目全体の効果的な指導が行えるよう配慮する。

学校の年間計画は年間35週で計画される。週1時間の道徳の時間は年間35時間で計画される。各学年の項目数から考えて同一の内容項目を複数時間取り上げることができる。これらの内容項目については、指導時間数を増やしたり、一定の期間をおいて繰り返し取り上げたり、何回かに分けて指導するなどの配列を工夫する。その際、ねらいや資料の質的な深まりを図ったり、指導方法を多様にするなどの工夫が考えられる。

5) 各教科等、体験活動等との関連的指導を工夫する

年間にわたって位置づけた主題のなかで、各教科等との関連を図ることで指導の効果が高められる場合は、指導の内容および時期の計画への位置づけ等に配慮し、具体的な関連が図れるようにする。集団宿泊活動やボランティア活動、自然体験活動などの体験活動と道徳の時間の時期や内容との関連を考慮して、道徳的価値の自覚を深める指導の工夫をする。

6) 計画の弾力的な扱いについて配慮する

年間指導計画は、学校の教育計画として意図的、計画的に作成したもので、不用意な変更や修正は行うべきではないが、変更や修正を行う場合は、児童生徒の道徳性の育成という観点から考えて、より大きな効果を期待できるという判断を前提として、学年などによる検討を経ることが望ましい。

時期や時数、ねらい、資料、学習指導過程、指導方法等の変更が考えられる。変更の場合は、それらの工夫や成果を次年度の年間指導計画に活かす等発展的な取り組みが望まれる。

(4) 指導計画と1時間の指導内容

1時間の指導内容は、当該学年の年間指導計画という縦軸と他学年の年間指導計画という横軸によって位置づけられている。1時間の指導内容を縦軸と横軸の構造でとらえずに単独なものとしてとらえると、1時間の指

導内容が突出したものと受け取られてしまうことがある。

　「各学校においては、校長の方針の下に、道徳教育の推進を主に担当する教師を中心に、全教師が協力して道徳教育を展開するため、道徳教育の全体計画と道徳の時間の年間指導計画を作成するものとする」(小・中学校学習指導要領)とした年間指導計画の作成は、全教師の参加と協力のもとに創意と英知を結集したかどうかにかかっているのである。それでも現実には1時間の内容の突出に不安を覚えることもある。

　たとえば、前日にした小さな子どもとの約束を大切にして、長年待ち望んでいた仕事の機会を自ら失くしてしまう『手品師』(小学校の読み物資料)のような題材を、その題材だけを考えると、いかにも自己を犠牲にすることを奨励しているように受け取られてしまう。日常的なことから自他の生命にかかわることまで、その質的な違いはあるにしても、他者のために自己を抑えることは現実にあり得ることである。人間の生き方としてそのような見方考え方を深めさせることを避けることはできない。

　自己を犠牲にする教材のときは自己を貫徹することの大切さが気になり、自己を貫徹する教材のときは自己犠牲が気になる。自己犠牲と自己貫徹の共存が理想だとしてもその両立だけを指導内容にすることはできない。日常的な小さな犠牲的行為は大切な指導内容であるし、自己貫徹についても同様である。自己犠牲や自己貫徹はそれぞれに独立して取り組むことができる多くの内容をもっている。現実はある事象にかかわる複数の価値の中から一つを選択しなければならないことに直面する。そのためにも、一つの価値にかかわる複数の価値の存在を十分に意識させながらも、一つひとつの価値が内包している内容を十分に考察させる学習が大切である。

　ある指導内容とそれと相反するように見える指導内容がともに年間指導計画のなかに位置づけられていることを確認できるのが年間指導計画である。

3　学級における指導計画

　学級における指導計画は、道徳教育の全体計画に基づき、基本的には学級担任が創意工夫して作成する。学校の全体計画の基本的把握事項と具体

的計画事項を学級におきかえて、各事項の学級の内容を明確にしておくことである。

(1) 学年の年間指導計画との整合性

　子どもたちは、学級だけでなく学年や学校の友だちへと交流の輪を広げる。進級に伴う組替えによって他学級の友だちとも一緒になる。学級の指導計画は学年の指導計画を基盤にするのが原則である。

　学校の全体計画や学年の年間指導計画と、学級の経営方針や道徳の時間の指導方針は調和のとれた不即不離の関係にある。同学年の児童生徒に同じ指導計画が用意されるのが原則であるが、学級独自の問題や課題は、学級が動き出してから明らかになることが多い。実施時期の変更や資料内容の変更だけでなく、新たな主題を設定しなければならない場合も考えられる。このような場合、学年の年間指導計画をもとにした学級の指導計画が作成されていることによって的確な対応が可能になる。

(2) 学級における指導計画の内容

　学級の指導計画は、道徳教育の全体計画に基づき、学級担任が作成する。次の事項を明確にしておくことが望まれる。

1) 基本的把握事項
①学級における児童生徒の道徳性の実態や傾向
②学級における児童生徒の願いや保護者の願い、教師の願い
③学級における道徳教育の基本方針

2) 具体的計画事項
①教師と児童生徒の信頼関係および児童生徒相互の望ましい人間関係を築く方策
②各教科、外国語活動(小学校)、総合的な学習の時間および特別活動における道徳教育の概要
③学級生活における豊かな体験活動の概要

④学級における道徳教育に関する環境の整備の方針
⑤基本的な生活習慣に関する指導の方針
⑥他の学級・学年との連携にかかわる内容と方法
⑦家庭・地域社会等との連携および授業公開等にかかわる内容と方法
⑧その他たとえば、重点的な指導に関する具体的な計画など

　これらの計画は、学校の各教師が相互に見ることができるようにするとともに、保護者にも示して理解を求める。

学習課題1	もしあなたが章末に掲載した全体計画をもつA小学校あるいはB中学校の学級担任教師だったら、学級の保護者に対して自校の道徳教育への取り組みをどのように説明しますか。800字程度にまとめてみよう。
学習課題2	あなたの小・中学校の経験を参考に、〈資料3〉以外の学年を想定して、教科等の学習や体験活動との関連を図った「いのち」についての道徳の時間の学習計画(設定時期、ねらい、資料名等)を作成してみよう。

【引用・参考文献】
瀬戸真・荻原武雄・荒木徳也編『道徳の年間指導計画の作り方』エイデル研究所、1989年。
林忠幸・押谷由夫編『道徳教育の基礎と展開』コレール社、1998年。
村田昇編著『道徳の指導法』【第2版】玉川大学出版部、2009年。
村田昇・大谷光長編『これからの道徳教育』東信堂、1997年。
文部省『小学校道徳教育指導上の諸問題』1990年。
文部省『中学校道徳教育指導上の諸問題』1990年。
文部科学省『小学校学習指導要領解説　道徳編』東洋館出版社、2008年。
文部科学省『中学校学習指導要領解説　道徳編』日本文教出版、2008年。

第6章 道徳教育の指導計画

〈資料1〉 道徳教育の全体計画（A小学校）

学校教育目標
自ら学び、心豊かでたくましく生きる子どもの育成

教育関係諸法規
- 日本国憲法
- 教育基本法
- 学校教育法
- 学習指導要領
- 県教委施策
- 町教委施策

児童の実態
- 明朗・活発
- 人なつっこい
- 協調性、主体性が乏しい
- 規範意識が低い

めざす子供像
(1) 豊かな心で、思いやりのある子ども　（ゆたかさ）
(2) よく考え、すすんで学ぶ子ども　　　（たしかさ）
(3) 健康で、根気強くがんばる子ども　　（たくましさ）

社会の要請
- 基本的生活習慣の確立
- 規範意識の育成
- 自尊感情の高揚
- 人間関係づくり
- 生命尊重の心の育成

保護者の願い
- 生命尊重
- 誠実・明朗
- 思いやり親切
- 礼儀・家族愛
- 信頼・友情
- 思慮・反省
- 寛容・謙虚

道徳教育の重点目標
(1) 自尊感情を高め、主体的、自律的に活動できる。（じぶん）
(2) 相手に共感し、相手の立場に立って考えることができる。（なかま）
(3) 生命に対する畏敬の念を持ち、すべての生命を尊重することができる。（いのち）

共によりよく生きようとする子どもを育てる

学年でめざす子ども像

低学年	(1) わがままをしないで、素直に伸び伸びと生活する子ども。 (2) 相手の気持ちを考え思いやり、日ごろお世話になっている人に感謝する子ども。 (3) 身近な自然に親しみ、すべての命を大切にする子ども。
中学年	(1) 節度ある生活をし、自分で決めたことを最後までやりとげる子ども。 (2) 認め合い、助け合い、共に生きようとする子ども。 (3) 生命の尊さを感じ取り、命あるものを大切にする子ども。
高学年	(1) 自分を見つめ、自分のよさをさらに伸ばそうとする子ども。 (2) 他者に共感・感謝し、互いに支え合い助け合おうとする子ども。 (3) 命がかけがえのないものであることを知り、自他の生命を尊重する子ども。

「じぶん」「なかま」「いのち」を深く見つめる道徳の時間
(1) 各教科、領域、総合的な学習に含まれる道徳的価値との関連を図り、効果的に内面に根差した道徳性の補充・深化・統合を図る。
(2) 児童の実態に合わせ指導の手立てを工夫し、道徳授業の形骸化を防ぐ。
(3) 一人一人の思いを表現する活動を工夫し、みんなで考え合う場を設定し、自己を振り返る時間を保障する。
(4) 児童の実態や体験活動を生かせるように、導入、終末、発問の工夫などをする。
(5) 児童の実態やよさを生かした資料の開発や選定、指導や学習形態等の工夫改善に努める。

教科における道徳教育

各教科の中に含まれる道徳的内容を各教科の特性を生かしながら適切に指導する。
また、各教科の授業を通して個の自尊感情を高めたり、人間関係を深めていけるようにする。
言語活動を重視するとともに、正しく美しい言葉を意識させる。
- 子どものよさを認め、生かす授業
- 子どもたちが互いに高め合う授業

特別活動における道徳教育

集団活動における自主的実践的な体験活動を通して、人を思いやり、人の役に立とうとする道徳性を育てる。
また、体験を通して集団の一員としての自覚を深め、互いに協力してよりよい生活を築こうとする自主的・実践的態度を育てる。
- 体験活動設定
（主体性・触れ合い・学び合い）

総合的な学習、その他の領域、地域・家庭との連携

「総合的な学習の時間」に社会的な問題や身近な課題に主体的に関心を持たせ、自己の生き方を考え、自らの生活を切り拓く力をつける。
「人権教育」において人権を尊重し、いかなる差別も許さない態度を育てる。
「生徒指導」において実践を通して基本的な生活習慣、正しい判断力のもとに行動できる能力や態度を育てる。
道徳教育に関しての家庭・地域との相互理解を図り、一貫した道徳指導を行う。

心のノートの活用
全教育活動で積極的に活用するとともに、自由に読んだり書いたりできるようにし、活用を日常化する。
道徳コーナーなど掲示物としての活用を工夫し、道徳教育の日常化に役立てる。
家庭に持ち帰らせることで、学校での道徳教育への保護者の理解を図る。

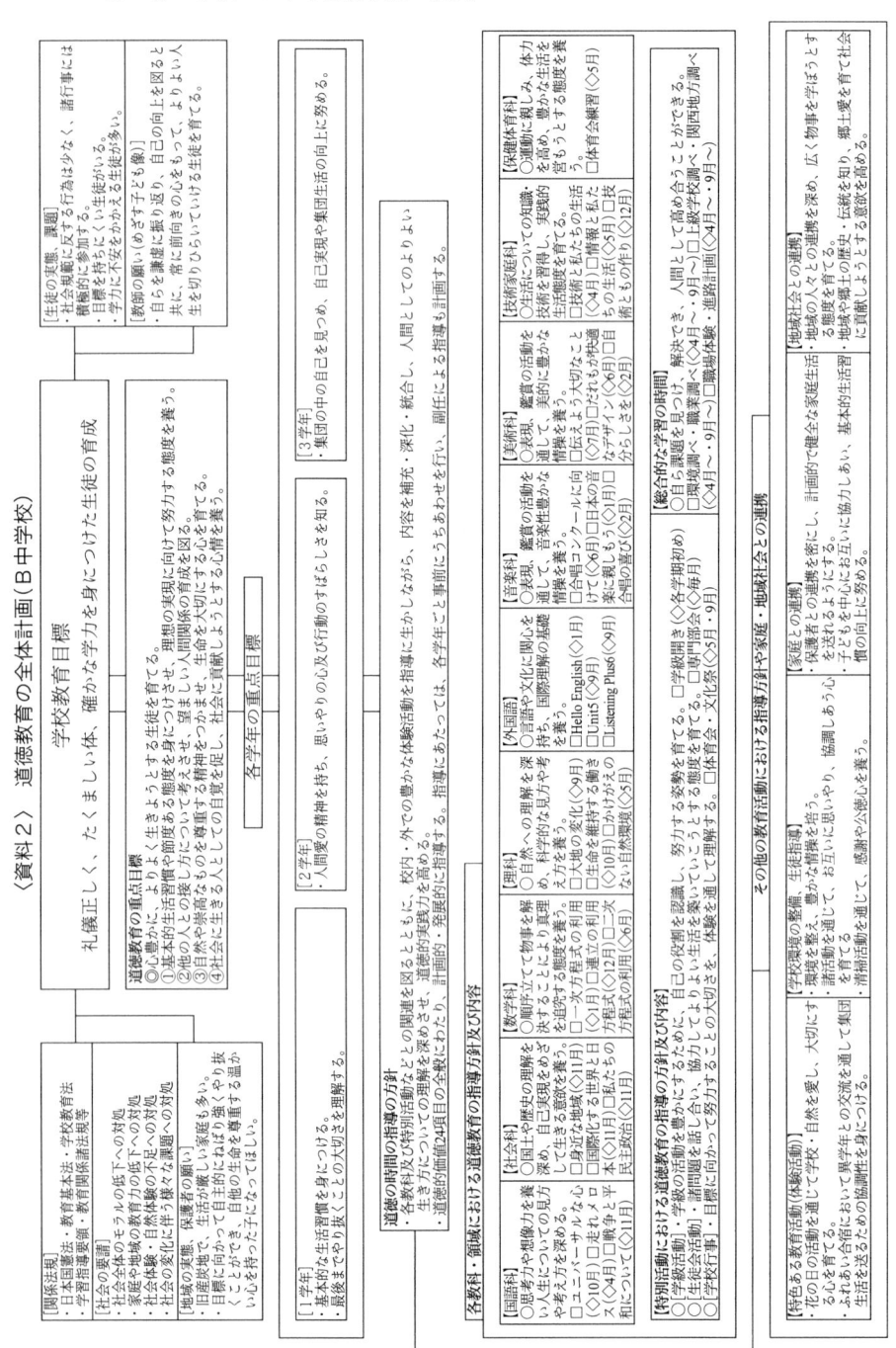

〈資料2〉 道徳教育の全体計画（B中学校）

学校教育目標

礼儀正しく、たくましい体、確かな学力を身につけた生徒の育成

道徳教育の重点目標

① 心豊かに、よりよく生きようとする生徒を育てる。
② 基本的な生活習慣を身につけさせ、望ましい人間関係の育成を図る。
③ 自他の生命を大切にし、生命を大切にする心を育てる。
④ 社会に生きる一人としての自覚を促し、社会に貢献しようとする心情を養う。

各学年の重点目標

[1学年]
基本的な生活習慣を身につけ、最後までやりぬくことの大切さを理解する。

[2学年]
人間愛の精神を持ち、思いやりの心及び行動のすばらしさを知る。

[3学年]
集団の中の自己を見つめ、自己実現や集団生活の向上に努める。

【関係法規】
・日本国憲法・教育基本法・学校教育法
・学習指導要領・教育関係諸法規等

【社会の要請】
・家庭や地域の教育力の低下への対処
・全体のモラルの低下への対処
・社会体験・自然体験の不足への対処
・社会の変化に伴う様々な課題への対処

【地域の願い・保護者の願い】
旧藩居地で、家の格式にねばり強く誇り抜くことができ、家郷の生命を尊重する温かい心をもった子になってほしい。

【生徒の実態・課題】
・社会規範に反する行為は少ないが、諸行事には積極的な参加が少ない。
・目標を持ちにくい生徒がいる。
・学力に不安をかかえる生徒が多い。

【教師の願い（めざす子ども像）】
・自らを謙虚に振り返り、自己の向上を図ると共に、他と調和し、常に前向きの心をもって生きようとする生徒を育てる。

道徳の時間の指導の方針
・各教科及び特別活動などとの関連を図るとともに、校内・外での豊かな体験活動を生かしながら、内容を補充・深化・統合し、年間指導計画を立てて計画的・発展的な指導を行う。指導にあたっては、各学年に割りあてられた事項にうらおもてをつけ、副主題による指導を計画する。
・道徳的価値24項目の全面にわたり、生徒方においての理解を深める。

各教科・領域における道徳教育の指導方針及び内容

【国語科】
○思考力や想像力を身につけ人生について深く考える力を深める。
○走れメロス（○10月）○戦争と平和について（○11月）

【社会科】
○国土や歴史の理解を深め、自己形成をめざしていく態度を養う。○科学的な見方考え方を養う。
□平等な世界について（○10月）□国際化する世界（○11月）□私たちの生活と平和について（○11月）民主政治（○11月）

【数学科】
○順序立てて物事を決定することにより真理を追究する態度を養う。
□一次方程式の利用（○9月）□連立二元一次方程式の利用（○6月）

【理科】
○自然について理解を深め、科学的な見方考え方を高める。
□日食の変化（○11月）□生命を維持する腎臓（○10月）□かけがえのない自然環境（○5月）

【外国語】
○言語や文化に関心を持ち、外国理解の基礎を養う。
□Hello English（○11月）□Unit5（○9月）□Listening Plus（○11月）

【音楽科】
○表現、鑑賞の活動を通して、音楽的感性を育む情操を養う。
□合唱コンクールに向けて（○6月）□日本の音楽に親しもう（○9月）□合唱の喜び（○2月）

【美術科】
○表現、鑑賞の活動を通して、美的感性を育む情操を育てる。
□伝えたいメッセージ（○7月）□それが大切な私のデザイン（○6月）□くらしと私（○12月）

【技術家庭科】
○生活についての知識・技術を習得し、実践的な生活態度を育てる。
□技術と私たちの生活（○4月）□情報と私の生活（○5月）□技術の作り（○12月）

【保健体育科】
○運動に親しみ、体力を高め、豊かな情操を育てるとともに、健康で安全な態度を養う。
□体育会練習（○5月）

【総合的な学習の時間】
○自ら課題を見つけ、解決でき、人間としての高め合うことができる。
□環境調査（○4月～9月）□職業調べ・職業体験□学級専門会（○5月～9月）□進路計画（○4月～9月）

【家庭との連携】
○保護者との連携を密にし、計画的で健全な家庭生活が営まれるようにする。子どもを中心に合言葉、基本的活習慣の向上に努める。

【地域との連携】
○地域の人々との連携を深め、広く物事を学ぼうとする態度を育み、豊かな生活を営もうとする。□学級地方調べ・関西地方調べ（○4月～9月）

○地域を郷土の歴史・伝統を生かし、地域社会に貢献しようとする意欲を高める。

その他の教育活動における指導方針や家庭・地域社会との連携

【学校環境の整備・生徒指導】
○環境を整え、豊かな情操を培う。○自然を愛し、大切にする。○諸活動を通して、思いやり、協調し合い心を育てる。○清掃活動を通して、感謝と公徳心を養う。

【特色ある教育活動（体験活動）】
○花の日活動を通して学校、地域の活性化を図る。○ふれ合い活動等通して異学年との交流を深めて集団生活を送るための協調性を高める。

【特別活動における道徳教育の指導方針及び内容】
○学級活動・学校活動及び特別活動などを通して、自己の役割を認識し、努力する姿勢を育てる。
○生徒会活動・諸問題を話し合い、協力して解決しようとする態度を養う。
○学校行事・目標に向かって努力することの大切さを、体験を通して理解する。

第6章 道徳教育の指導計画

〈資料3〉 道徳の時間の年間指導計画
重点目標について単元的構成を図ったA小学校の場合（第6学年－部分－）

【学年でめざす子ども像】
○（じぶん）自分を見つめ、自分の良さをさらに伸ばそうとする子ども
○（なかま）他者に共感感謝し、互いに支え合い助け合おうとする子ども
○（いのち）命がかけがえのないものであることを知り、自他の生命を尊重する子ども

学期	月	関連する教科・領域	道徳の時間（資料名・内容項目・ねらい）	関連する特別活動
2学期	9		資料「私たちの努力賞」4－(3)	学校行事「海岸清掃」
			資料「まんがに命を」1－(5)	
			資料「地球があぶない」3－(2)	
	10	いのち　総合「命と向き合う人々に学ぼう」	資料「生きてます、15歳。」 3－(1)生命尊重 自分の生命は多くの人に支えられ守られていることに気づかせ、よりよく生きようとする心情を育てる。	学校行事「修学旅行」
			資料「かたうでの名コーチ」 1－(2)希望・勇気 困難なことにも自分の力を信じて、くじけずに前向きに生きていこうとする心情を育てる。	
			資料「病から学んだこと」 3－(1)生命尊重 自分自身や周りの人たちを大切にしながら前向きに生きていこうとする態度を養う。	学校行事「学習発表会」
	11		資料「アンデスに学校を」4－(4)	学校行事「もちつき大会」
			資料「町おこしプラン」4－(7)	
			資料「子どもの権利条約」4－(2)	
			資料「青の洞門」3－(3)	
	12		資料「同じ地球の子供たち」4－(8)	
			資料「おとちゃんルール」1－(6)	
			資料「折れたタワー」2－(4)	
3学期	1	家庭科「伝えよう！ありがとうの気持ち」	資料「12才のメッセージ」1－(3)	学校行事「給食感謝集会」
			資料「見送られた二十球－松井秀喜」1－(1)	
			資料「あせのかがやき」2－(5)	
			資料「助け合って生きる」2－(2)	
	2	じぶん　国語「文集作り」	資料「命をかけて」 1－(2)不とう不屈 より高い目標に向かって困難に打ち克ち、粘り強くやり通そうとする態度を養う。	
			資料「自分の色」 1－(6)個性伸長 自分の特徴を知って、よいところを伸ばして自分らしく生きていこうとする心や態度を養う。	
			資料「母校大発見」 4－(6)愛校心 母校の伝統を知り、それを担う一員としての自覚を持って、よりよい校風をつくろうとする意欲を高める。	学校行事「六年生を送る会」 学校行事「卒業式」
	3		資料「小さい子からもらった幸せ」4－(4)	
			資料「おばあちゃんの心」4－(5)	

第7章　道徳教育における教材研究の考え方

　小学校学習指導要領の第1章 総則には、「学校における道徳教育は、道徳の時間を要として学校の教育活動全体を通じて行うものであり、道徳の時間はもとより、<u>各教科</u>、<u>外国語活動</u>、<u>総合的な学習の時間及び特別活動の</u><u>それぞれの特質に応じて</u>、……適切な指導を行わなければならない」（アンダーラインは筆者）と規定している。

　道徳教育における教材研究・教材開発の問題を検討していく場合、上の下線部分に着目すれば、たとえば道徳性を養うことに資する国語科の教材研究とか、道徳的実践の指導が一層充実するような特別活動の内容の研究とかも考えられるが、ここでは「道徳の時間」における道徳の指導上の問題に焦点をあてて検討したい。

1　道徳教育における教材の問題

(1)　道徳授業における「教材」とは何か

　授業は、いずれの教科・領域であっても、教師と児童生徒とがともに教材の学習を媒介にして結びつく活動、いわば児童生徒の学習活動と教師の指導（支援）活動との行為連関である。道徳の時間の指導、つまり道徳の授業では、児童生徒の道徳意識や道徳的生活の実態を的確に把握し、指導のねらいを設定する。ねらいは、後に述べる道徳の内容に示されている内容項目を基準として設定されている。そして、このねらいを達成するために、教育的な立場から道徳の「教材」が精選される。この教材をめぐって、教師

第7章　道徳教育における教材研究の考え方　119

と児童生徒とがともに人間としてのよりよい生き方を追求するのが、道徳の授業であるとされている。

さて、道徳授業における教材とは何かと改めて問うと、即座には答えに窮する。ちなみに、小学校および中学校の『学習指導要領』(以下『要領』と略記)の第3章　道徳をひもとくと「第三　指導計画の作成と内容の取り扱い」に、道徳の時間における指導にあたっては、「(3)先人の伝記、自然、伝統と文化、スポーツなどを題材とし、児童(生徒)が感動を覚えるような魅力的な教材の開発や活用を通して、…」とあり、教材の開発の必要性については語られているが、道徳教材の意味については何ら説明されていない。

一般に、各教科の教材に相当するものとして、道徳の時間の指導においては、「資料」という言い回しが定着している。それには、いろいろな理由が考えられる。神保信一によれば、一つには、学校の教育課程を構成している各教科、道徳および特別活動の間で、道徳および特別活動は教科に対して「領域」と呼んで区別している。それに応じて、教科の教材とは異なることを示すために、あえて資料という言葉を使っていると考えられる。二つには、長い歴史をもつ各教科の教材研究とは異なり、道徳の時間におけるいわゆる教材研究は、歴史的な積み重ねが十分ではない。そのため、各教科の教材と同じように教材と呼ぶには若干の躊躇があり、単に一つの素材にすぎないという意味を強く出したい気持ちから、資料という言葉を用い、それが今日まで続いていると考えられる。さらに、もう一つの考えもある。それは、教科の教材が単元と呼ばれる一つの指導の系統性・序列性のもとに配列されているのに対して、道徳の資料は序列的な単元性がないという特徴をもっているからである。もちろん、「道徳教材」という呼称がなかったわけではない。昭和39年には、宮田丈夫と間瀬正次が『道徳教材の類型と指導』(明治図書)という編著を編んでいる。

いずれにせよ、宮田が語るように「資料が教育的な立場から精選され客観化され、教育プログラムの中に位置づけられるようになったときに、教材になる」と考えれば、「道徳資料」は道徳教育における教材と見なしてさしつかえないであろう。ただ神保によれば、従来「資料」または「指導資料」として呼びならわされてきたものを、平成元年の学習指導要領では「教材」と

表現するように改められた、ということである。(安沢順一郎、神保信一編著『改訂　中学校学習指導要領の展開　道徳編』明治図書、1989年)しかし、ここではこれまでの慣例に従って、「資料」「道徳資料」と呼ぶことにする。

(2)　読み物資料の整備

　道徳の時間特設の当初、この時間をどのように構成し展開するかということは、研究者にとっても実践家にとっても大きな課題であった。発足当初は、生活上の問題解決を主軸にすえた生活指導的発想や生活主義的発想の道徳授業が支配的であったが、昭和39年から41年にかけての文部省の『道徳の指導資料』の刊行に伴う読み物資料の整備とともに、価値の理解を中心にすえた価値主義的道徳授業へと展開し、読み物資料による今日の授業形態が定着した感がある。

　読み物資料は、今日ではそれらの多くが教科書会社によって「道徳の副読本」として編集されている。その読み物資料には、他者のものの見方、考え方、感じ方、生き方が描かれており、それを手がかりにして、児童生徒は自らを振り返り、考えを深め、自分の生き方を創り出していくようになっている。また、読み物資料の整備とともに、青木孝頼や瀬戸真による、道徳的価値の一般化や主体的自覚を図る道徳授業の指導過程の確立、つまり導入・展開前段・展開後段・終末という指導過程の定型化により、道徳授業への取り組みが容易になった。

　しかし取り組みが容易になったということは、そこにはまた落とし穴が潜んでいることに注意しなければならない。というのは、この基本型の単純な適用が道徳授業のマンネリ化を招来したことは否めない。さらには、教師はある価値観念に導かれて編集された読み物資料を媒介に、さまざまな手法を用いて、児童生徒にその道徳的価値の内面化を図ろうとするが、その意に反して、結果的には価値の教え込み(徳目主義)に陥っている場合が往々にしてある。読み物資料の安易な活用はさけたいものである。

2 道徳授業における教材研究の手法

(1) 道徳の内容とその系統

道徳の内容とは、道徳教育の目標を達成するために指導すべき事柄である。それらは、『要領』には「内容項目」として示され、小学校の場合は6年間、中学校の場合は3年間に、児童生徒に自覚させ身につけさせたい道徳的価値を含む内容を、短い文章で平易に表現したものである。これらの内容項目は、児童生徒の道徳性の特質に応じて次の四つの視点から分類整理され、内容の全体構成および相互の関連性と発展性が明確にされている。

1 主として自分自身に関すること。
2 主として他の人とのかかわりに関すること。
3 主として自然や崇高なものとのかかわりに関すること。
4 主として集団や社会とのかかわりに関すること。

道徳の内容項目は、小学校低学年が16項目、中学年が18項目、高学年が22項目、そして中学校では24項目に精選してまとめられている。その学年・学校別発展図式を示すと、表7-1のようになる。

(2) 主題の構成と配列

道徳の時間の主題は、指導を行うにあたって、何をねらいとし、どのように資料(生活経験を含む)を活用するかを構想する指導のまとまりを示すものであり、「ねらい」とそれを達成するための「資料」によって構成される。

ところで、主題構成の観点としておさえておかなければならない事柄として、次のようなことが考えられる。

① なぜ、この時期に、このねらいで指導するのか。
・ねらいが、児童生徒の発達や実態とどのように関連しているか。
・ねらいを、児童生徒に身につけさせる必要性は何か。
② なぜ、この資料で指導するのか。
・資料をどのように使ってねらいにせまるのか。
・児童生徒の生活や体験とどのようなかかわりがあるのか。

このように、ねらいと資料の両面から、主題構成の意図を明確にしておくことが必要である。主題が構成されると、次にそれらを道徳の時間の全体にわたって、どのように配列するかが課題となる。それが「道徳の時間の年間指導計画」である。主題の配列は、各学校の実態に応じてなされている。

表7-1 「道徳」内容項目の系統図
1 主として自分自身に関すること

	小学校			中学校
	低学年	中学年	高学年	
生活習慣、節度・節制	(1)	(1)	(1)	(1)
勤勉・努力	(2)	(2)		
希望・勇気			(2)	(2)
善悪の判断、勇気	(3)	(3)	(3)	
自主・自律、責任				(3)
正直・誠実、明朗	(4)	(4)	(4)	
真理愛、工夫、理想の実現			(5)	(4)
向上心、個性伸長		(5)	(6)	(5)

2 主として他の人とのかかわりに関すること

	小学校			中学校
	低学年	中学年	高学年	
礼儀	(1)	(1)	(1)	(1)
思いやり、親切	(2)	(2)	(2)	(2)
友情、信頼	(3)	(3)		(3)
男女の協力、異性の理解			(3)	(4)
寛容、謙虚			(4)	(5)
尊敬、感謝	(4)	(4)	(5)	(6)

(3) 資料の選択と開発

道徳資料とは、教師の合意に基づいて計画的に道徳の時間において用いられて、児童生徒のみならず教師もともに道徳性を深めるための媒体である。したがって、それは道徳的価値を含み、その価値を内面化させる手だ

3 主として自然や崇高なものとのかかわりに関すること

	小学校			中学校
	低学年	中学年	高学年	
生命尊重	(1) ───	▶(1) ───	▶(1) ───	▶(1)
自然愛、動植物愛護	(2) ───	▶(2) ───	▶(2) ───	▶(2)
敬虔、畏敬の念	(3) ───	▶(3) ───	▶(3) ┄┄	
人間の気高さ、生きる喜び				▶(3)

4 主として集団や社会とのかかわりに関すること

	小学校			中学校
	低学年	中学年	高学年	
規則の尊重、権利・義務	(1) ───	▶(1) ───	▶(1) ───	▶(1)
公徳心、社会連帯				▶(2)
公正・公平、正義			(2) ───	▶(3)
役割、責任			(3) ───	▶(4)
勤労、奉仕の精神	(2) ───	▶(2) ───	▶(4) ───	▶(5)
家族愛	(3) ───	▶(3) ───	▶(5) ───	▶(6)
愛校心	(4) ───	▶(4) ───	▶(6) ───	▶(7)
郷土愛	(5) ───	▶(5) ───	▶(7)	▶(8)
愛国心		(6)		▶(9)
国際理解・親善			▶(8) ───	▶(10)

てを内包しているものである。

　道徳の資料としては、一般に「読み物資料」と「視聴覚教材」とがあげられてきたが、これらの間接経験資料のほかに、児童生徒の直接の生活経験も道徳の資料として考慮されるべきであろう。

　さて、道徳の時間に用いられる教材の具備すべき要件として、『小学校(中学校)学習指導要領解説　道徳編』に次の事項があげてある。
　①人間尊重の精神にかなうもの
　②ねらいを達成するのにふさわしいもの
　③児童(生徒)の興味や関心、発達の段階に応じたもの
　④多様な価値観が引き出され深く考えることができるもの
　⑤特定の価値観に偏しない中正なもの

　道徳の時間は、資料を活用して、人間の具体的な生き方に触れながら、自己を見つめ、道徳的価値の理解や内面的自覚を培うことをねらいとしている。したがって、人間の本来的な生き方が追求できるような、真に具体的なよい資料の選択が要請される。

　さらには、既存の資料に頼るだけではなく、上述の要件をふまえつつ、新しい視点にたった多様な資料の開発に努めることが大切である。たとえば、特色ある郷土の作品、伝承文化、偉人伝など、地域や郷土に素材を求めた資料あるいは自作資料など、活発な資料開拓が期待される。ちなみに文部省では、昭示59年度から「道徳教育用郷土資料」の研究開発を都道府県教育委員会に委嘱しているが、筆者も昭和61年から昭和63年にかけて、福岡県教育委員会の道徳教育用郷土資料の作成に編集協力委員として参加したことがある。この資料の趣旨は、「児童生徒が興味をもつ郷土に関する適切な教材を活用することより、郷土に対する理解と愛情を培い、児童生徒の道徳性の発達を図ること」にある。

(4)　資料分析の手順

　資料は、指導のねらいを達成するためのものである。一般に、資料にはいくつかの道徳的価値が含まれるので、指導のねらいを明確にしておくこ

とはきわめて大切である。

資料分析には、第一にねらいとする道徳的価値の観点から資料の内容をどう解釈するか、という指導内容面からの分析と、第二にその資料をつかって、児童生徒にどのように考えさせるか、感じとらせるか、またそのためにどんな発問を組み立てるか、という指導方法面からの分析とが考えられる。この両面からの分析は、授業構成、授業設計の上できわめて重要である。

さて、資料分析の手順としては、一般に次のような事柄があげられている。
①ねらいを書く。
②ストーリーに沿って、いくつかの場面にまとめる。
③主人公の行為を事柄の推移にしたがって書きぬく。
④主人公の行為を支えている気持ちや考えを明らかにする。
⑤主人公の行為のなかから、ねらいとする道徳的価値をおさえる。
⑥主人公が行為にふみきるまでの気持ちや考えを推測する。
⑦中心価値と関連価値を明らかにする。
⑧ねらいを達成するための中心場面をおさえて、資料を構造的にとらえる。
⑨資料の活用類型を考える。
⑩ねらいにせまるための中心発問を考える。
⑪中心発問を生かすための基本発問を考える。
⑫児童生徒の反応を予測しながら、発問の修正を考える。

若干コメントを加えておくと、①はねらいの設定であり、指導のねらいを明確にしておくことは、資料分析の第一の手順である。資料の内容分析にかかわるのは、②から⑧までである。⑨は、青木孝頼が提唱し、今日教育の実践現場で広く用いられている資料活用類型論の問題である。⑩⑪⑫は発問の構成に関する問題で、次章で取り上げられている。

3　道徳資料の解釈・分析および開発のために

前節では、道徳授業における教材（道徳資料）分析の基本的な問題について述べてきたが、最後に道徳資料の解釈や分析、さらには教材開発の問題

についてそれぞれ事例をあげて説明することにする。当然のことであるが、これらは一つの見本のようなもので、唯一のモデルケースではないことを断っておきたい。

(1) 小学校道徳資料「絵はがきと切手」の解釈
1) 本資料の魅力

本資料「絵はがきと切手」は、文溪堂の副読本には、小学校第4学年の道徳資料として取り上げられている。これは、中学年の内容項目「友情」(友達と互いに理解し、信頼し、助け合う)という道徳的価値内容について考えさせる資料である。そこで、この資料が中学年の発達段階にある児童にとってどのような魅力があるか、また教師にとって指導上どのような魅力があるか、を探ってみたい。

この資料は、転校していった仲よしの正子からもらった絵はがきが、定形外であったために、不足料金を払うことになってしまった。そのことを正子に知らせるべきか、知らせたら正子が気を悪くしないか、とひろ子が迷い悩む物語である。

ここには、兄の考えと母の考えとが対比的に取り上げてある。兄は、友だちなのだから、料金が不足していることを教えるべきだ、と言う。それに対して、母はお礼だけ言っておいたほうがいい、と当たり障りのない返事を出すことをすすめる。ひろ子も、どちらかと言えば母と同じように、正子をいやな気持ちにさせたくないと考えている。ところが、兄はひろ子や母の甘い考えをただして、正子に知らせるべきだと譲らない。

「友愛の本質は切磋琢磨にある」と村上敏治は語っている。友だちと励まし合ったり、忠告し合ったりして互いに人間として向上しようとするところに、信頼関係が生まれ、友情が深まっていく。「仲よく助け合う」ことをねらった低学年段階から、中学年では「互いに理解し、信頼し」というように、友情の概念内容が深まっている。ここには、以前の学習指導要領では明示されていた「互いに忠告し合う」ことが含意されていると考えてよいであろう。

この期の児童の交友関係は、正しいことでもそのことを口にしたら、気

まずくなる。それは嫌だ、とにかくその場を楽しく仲よく過ごしたい、という表面的なつき合いになり易い。忠告をして友だちに嫌われないか、せっかくの仲よしが台なしになってしまうのではないか、そのように考えるのは、この期の児童にとって自然の心情ではないだろうか。

このような発達的特性からみて、この資料はこの期の児童に、ひろ子の気持ちや態度に共感し、自我関与させ易い資料である。またこの主題のねらいからみて、この資料は兄の助言を受け入れて、友だちのことを思いやって、嫌われることを恐れずに忠告し、自分のなかにある自然の心情を克服していこうとするひろ子の姿が描かれている好資料である。

2) 指導上の問題

この主題の道徳的価値内容からすれば、ねらいは「友達は互いに理解し、信頼し、助け合おうとする心情を育てる」と設定できようが、先にも述べたように、「互いに忠告し合って向上しようとする」という観点を加味したい。相手のことを思って忠告したり、忠告を素直に受けとめたりすることによって、お互いの信頼関係と友情を深めることが、中学年のねらいである。

そこでまず第一の指導上のポイントは、友だちに忠告してあげるとき、どんな気持ちが大切か、について考えさせる点である。その際、友情についてどのように考えているか、友だちに忠告をしたことがあるか、そのとき相手の立場や気持ちを考えて忠告したか、思いやりの気持ちがあったか、等々の経験について、事前の調査などによって、児童の実態を把握しておくことが必要であろう。この問題を展開する上で、この資料では兄の助言が重要な意味をもってくる。思い悩みながらも、友だちを信頼して、兄の助言を受け入れるひろ子、そこには友だちへの思いやりの心が流れていること、さらに忠告をする場合でも、その表現の仕方に工夫が必要なことも気づかせたい。

次の指導上のポイントとしては、ひろ子が正子に間違いを知らせてやった後の展開がこの資料にはないが、正子がひろ子の忠告を素直に聞き入れて、自分の間違いを反省し、ひろ子に感謝したか、それとも気を悪くし、反感をいだいたか、このことを考えさせることによって、友だちから忠告

されたとき、どんな気持ちが大切か、を指導すべきであろう。信頼関係を築き、友情を深めるうえで大切なもう一つのポイントである。

　この資料は、一般的にはひろ子を中心人物として、彼女が迷い悩む姿を通して友情について考えさせるものであろうが、しかし視点を正子に移すことにより、違った道徳的問題が明らかになる。それは、正子がきちんと120円の切手をはって出していれば、ひろ子を悩ませることもなかったのである。郵便についての正しい知識と理解を欠いたばかりに、相手に迷惑をかけてしまったのである。正しい判断をし行動するには、正しい知識や理解が必要であることを、物語っていると言えよう。

　因みに、日本郵便の手紙・はがきの現在の料金規定では、通常はがきが50円で、規定を超えるサイズと重さのものは、手紙と同じく定形外郵便物あつかいとなり、サイズと重量に応じて細かく料金が決められている。また原作では、未納不足金のほかに手数料も取られているが、現在ではこの制度は改められている。そういう点で、記述内容が現状に合わなくなっている場合もあり、内容そのものが道徳的価値とあまりかかわりがないにしても、諸資料を教材化する際、また資料を選択する際には留意しておくべきことであろう。

　　（2）　中学校道徳資料「足袋の季節」の分析

　次に、福岡県教育センターの「道徳指導講座（中）」（昭和63年）での楠見研究主事（当時）の講義資料をもとに、資料分析の手法について考えてみたい。

　資料「足袋の季節」の原作は、雑誌『PHP』No.177（PHP研究所）に掲載された中江良夫の作品である。文部省の中学校道徳の指導資料第一集第三学年（1964年）に収められた。主題名「心の中のたたかい」の指導資料として例示してあるが、この物語には多様な価値内容が含まれているので、焦点を絞って「ねらい」を明確にする必要がある。ねらいは、下記のように定めた。後は、前に述べた「資料分析の手順」に従って資料を分析していけばよいのであるが、紙幅の余裕がないので、楠見の講義資料から、資料分析の手順の前半にあたる内容分析の図式のみをあげておく。これは、学習指導案の指導過程を構想するときの基礎資料になるものである。

第7章　道徳教育における教材研究の考え方　129

・資料「足袋の季節」
　　ねらい＝人間のもつ弱さや醜さを厳しく見つめ、他に対しては常に温かい気持ちで接していこうとする意欲を高める。

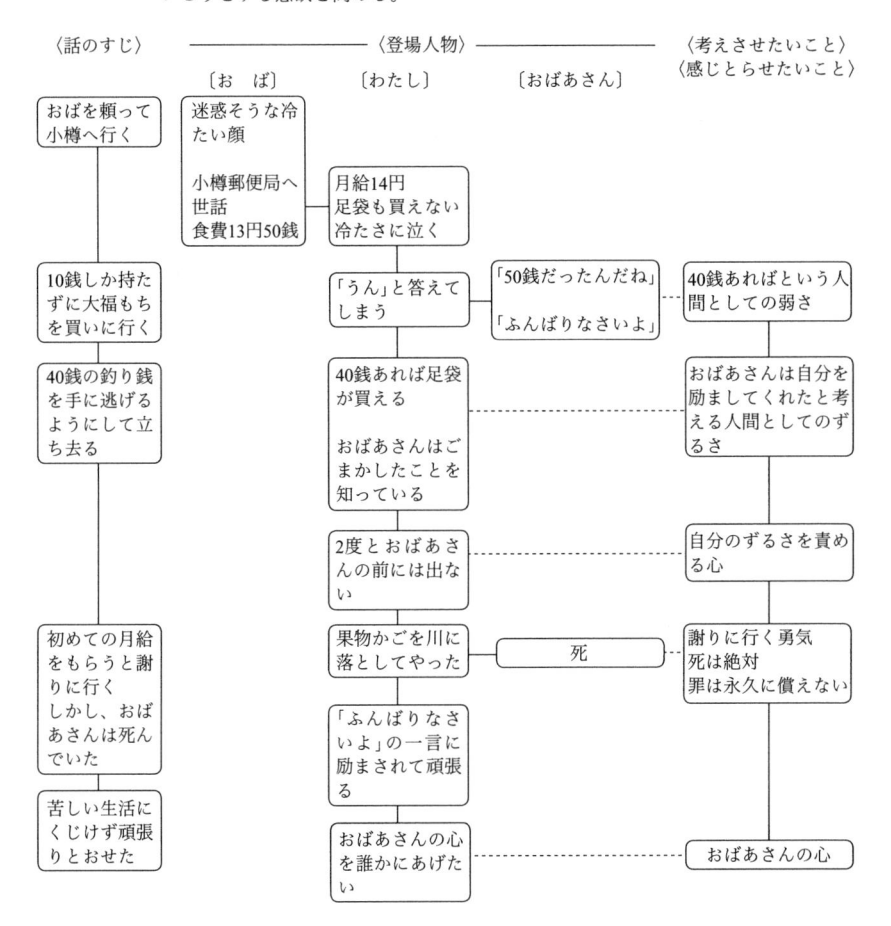

〈話のすじ〉	〔おば〕	〈登場人物〉〔わたし〕	〔おばあさん〕	〈考えさせたいこと〉〈感じとらせたいこと〉
おばを頼って小樽へ行く	迷惑そうな冷たい顔　小樽郵便局へ世話　食費13円50銭	月給14円　足袋も買えない冷たさに泣く		
10銭しか持たずに大福もちを買いに行く		「うん」と答えてしまう	「50銭だったんだね」「ふんばりなさいよ」	40銭あればという人間としての弱さ
40銭の釣り銭を手に逃げるようにして立ち去る		40銭あれば足袋が買える　おばあさんはごまかしたことを知っている		おばあさんは自分を励ましてくれたと考える人間としてのずるさ
		2度とおばあさんの前には出ない		自分のずるさを責める心
		果物かごを川に落としてやった	死	謝りに行く勇気　死は絶対　罪は永久に償えない
初めての月給をもらうと謝りに行く　しかし、おばあさんは死んでいた		「ふんばりなさいよ」の一言に励まされて頑張る		
苦しい生活にくじけず頑張りとおせた		おばあさんの心を誰かにあげたい		おばあさんの心

図7-1　資料分析図式

(3) 子どもの心に響く地域の人材開発

　前節で述べたように、私たちは既存の資料に頼るだけでなく、新しい視点にたった多様な資料の開発に努めることが大切である。去る平成10年6月、中央教育審議会は『新しい時代を拓く心を育てるために』という答申を

出した。そこには、読み物資料のほかに、道徳学習用ソフトの開発、テレビ番組やビデオなどの教材開発、ヒーロ・ヒロインの語りかけの活用、地域住民や保護者の協力とならんで、「地域の人材の活用」が提言されている。

『答申』には、地域の人材として、地域のスポーツ活動の指導者、伝統文化の継承者、企業の専門家、外国人留学生がその具体例としてあげられている。その人たちの役割は、ルールを守ることの大切さ、伝統や文化、地域や国への誇りと愛着、異質なものとの共生、勤労の尊さを伝え、子どもたちに深い感銘を与えることができるとしている。

私たちのまわりには、それぞれの立場や役割を担いながら、真剣にそして誠実に生きている人々がいる。さまざまな境遇や困難と格闘しながら、しかし気負うことなくよりよい生き方をもとめて淡々と人生を送っている人々がいる。そのような人々が身近にいるのなら、その人たちの生き方を子どもたちの学習に活用すべきであり、『答申』の提言はしごくもっともなことである。ここでは、植松伸之（故人、元福岡教育大学附属福岡小学校教諭）の実践から、典型的な二つの事例を取り上げてみる。

1）「国際理解・協力」の学習

植松は具体的な人物を通して、相手の国のすばらしさを子どもたちに感じさせたいとの願いから、この学習を計画した。

留学生ラフマンさんは、留学目的が終了後も帰国せずに日本にとどまり、自分の生まれた村に小学校をつくる支援活動を行い、また将来は母国に教師を養成する大学をつくろうという志をもっている人である。子どもたちはラフマンさんとのふれ合いを通して、彼の志と彼の母国バングラデシュの人々の生き方のすばらしさを知ることができた。

子どもたちは一つの事実を知る。バングラデシュでは、66％の子どもたちが栄養不良状態で、5歳までの幼児の死亡率が12％であるのに、餓死者がほとんどいないこと、それは隣家の食料が底をついているときには、たとえ自分の家の食料が少なくなっていても、分け与えるという相互扶助の精神がいきわたっているということである。その後、子どもたちはバングラデシュの自立のための支援のあり方について話し合うことになるが、結

局は支援を行おうとする自分たちの生き方や態度が問われることになる。
　これは、ひとりの外国人留学生を通して、その人の生き方と同時に、その国の人々の生き方を知り、国際理解や国際協力のあり方を知ることができた学習事例である。
　かつて私たちは日本の近代化のために、西欧を範として西欧に学び、西欧にのみ関心を向けてきた。当然、私たち日本人の生き方のモデルも西欧に求められた。進歩と繁栄による「豊かさ」が日本人の生き方の指標となった。しかし、それはまたさまざまな歪みをもたらした。かつては私たち日本人ももっていたバングラデシュの人々の美風を失ってしまったのである。
　ところで、現在、子どもたちの身近には、たくさんの外国人留学生がいる。その留学生の多くは中国人をはじめとしてアジア圏の人々である。彼らを通して、近代化を尺度にすれば、あるいは遅れているかもしれないその国の人々の、私たち日本人が失いかけている誠実な人間らしい生き方を学ぶことができるのである。

2）「生命」の学習

　小山ムツ子さんは、元アナウンサーで結婚後はイベントプロデューサーの仕事をし、充実した生活を送っていたが、乳がんを患い手術をする。しかし、がんは骨盤に転移し、余命半年という「末期がん」の宣告をうける。その後、絶望の淵から死を受容する精神の安定をえて、「患者が企画する患者のためのホスピス」をつくる活動をはじめ、末期がん患者の立場から医療や社会に積極的に発言し行動している。小山さんは、残された生命を他者のために精一杯生きよう努力している人である。
　植松は、小山さんのひたむきな生き方を追究して、命の尊さを感じ、自他の命を大切にしていこうという態度を培うとともに、小山さんの生き方の強さを感じ、人にとって生きることの喜びとは何かという課題意識をもつことができるようにする、とねらいを定める。植松は周到な準備をした上で、小山さんをゲストティーチャーとして学級に迎える。子どもたちは、小山さんの生き方を通して生と死の問題を真剣に考えはじめる。そして、生きる喜びとは自分のためだけに生きることではないことを知るので

ある。あとで聞いて知ったことであるが、小山さんをゲストティーチャーに迎えて道徳授業に取り組んでいた当時、植松自身もがんに冒されていたのであった。運命の非情なめぐり合わせとは、こういうことを言うのであろうか。

ところで、地域の人材として、「末期がん患者」というきわめて特異な人材を取りあげることに、あるいは異論がでるかもしれない。あまり、一般的ではないからである。しかし、身近にそのような人がいるならば、その人から人間としての生き方を学ぶという、リアリティのある学習をすることは大切なことであり、今後ますます必要であると考える。

地域の人材を生かすためには、個々の教師の努力に任せるのではなく、学校経営上の観点から、『答申』が提言しているような「特別非常勤講師制度」や「学校支援ボランティア人材バンク」の整備が、校長をはじめとして道徳教育推進教師を中心にすすめられる必要がある。

学習課題1　読み物資料「手品師」の教材解釈をめぐって、研究者の間で、否定的な立場をとる人と肯定的な立場をとる人がいる。その論争点を整理しなさい。また、そのことについての、あなたの見解を述べなさい。

学習課題2　あなたの身近にいる人の生き方を一つの事例として読み物資料を作成し、それが道徳の資料としての条件を十分にそなえているか、検討しなさい。

【引用・参考文献】
青木孝頼編著『道徳資料の活用類型』明治図書、1979年。
押谷慶昭『道徳の授業理論』教育開発研究所、1989年。
沢田慶輔・神保信一『道徳教育の研究』(改訂4版)国土社、1978年。
神保信一編著『小学校道徳授業の改造〔中学年〕』明治図書、1986年。
高橋進編著『小学校　道徳・新指導内容と授業を結ぶ』明治図書、1990年。
林忠幸・押谷由夫編『道徳教育の基礎と展開』コレール社、1998年。
林忠幸『体験的活動の理論と展開』東信堂、2001年。
林忠幸編『新世紀・道徳教育の創造』東信堂、2002年。
福岡教育大学・同附属福岡小学校共同研究誌『人間の学習』(『学習創造』第2号)1998年。

宮田丈夫・間瀬正次編著『道徳教材の類型と指導』明治図書、1964年。
村上敏治『道徳教育の構造』明治図書、1973年。
村上敏治編著『小学校道徳内容の研究と展開』明治図書、1983年。
村田昇編著『道徳の指導法』【第2版】玉川大学出版部、2009年。
文部科学省『小学校学習指導要領解説　道徳編』東洋館出版社、2008年。
文部科学省『中学校学習指導要領解説　道徳編』日本文教出版、2008年。

第8章　道徳の授業構成と指導技法

　道徳の時間は、学校の年間指導計画に基づき、「ねらい」に含まれる道徳的価値について、児童生徒が内面的な自覚を深めていくことができるように、資料や児童生徒の実態などに応じて授業(学習指導過程)を構成する。
　教師は、年間指導計画の主題をもとに、①「ねらい」の分析と決定、②学習者の実態把握、③資料の分析、④指導過程の構想、⑤指導方法の決定、⑥予想される学習者の反応の検討、⑦発問の工夫と板書計画、⑧学習指導案の作成のような順序で授業構成に取り組む。①から⑦までは、最終的には⑧の学習指導案の作成に集約される。①から③までは他の章で、⑧は次章で取り上げるので、本章は④から⑦までを「授業構成と指導技法」の観点から検討する。

1　道徳授業の構成

(1)　道徳授業のイメージづくり

　道徳の授業構成を考えるまえに、一つの事例をもとに、道徳授業の内容を考えてみよう。小学1年生の読み物資料『二羽のことり』を、中学生は次のように読んだ。

　　「心の優しいお調子者の行動」
　　　ミソサザイは、ヤマガラの家に行こうかウグイスの家に行こうか迷った。そして、みなと同じようにウグイスの家に行った。ところが、

ウグイスの家に来てヤマガラのことを考えると、居ても立ってもいられなくなった。ミソサザイはこっそりヤマガラの家に向った。

このことは私に当てはまる。自分中心に行動していても、ふと相手のことに気付いて激しく後悔する。心は優しいがお調子者の行動だ。

最近、誕生会があった。たくさんの友だちに祝ってもらって、私は舞い上がっていた。そのとき、そのなかに誕生日になにもしてやっていない友だちがいることに気づいた。用事があったわけではない。ただ気づかなかっただけだ。後悔した。私にはミソサザイの行動がよくわかる。

「ヤマガラの考えは甘い」

ヤマガラは小鳥たちを誘おうとする努力が足りない。はじめから誰も来ないと思っているなら誘わない方がよい。ヤマガラは最悪のことを考えて行動している。その方が本当に最悪なことが起こったとしてもショックが少ないからだ。このような消極的な考えでは来る小鳥たちも来ない。また、住んでいる場所でウグイスの方に行こうとするような小鳥たちを誘おうとするヤマガラには友だちを選ぶ目がない。もっと、ミソサザイのような友だちを見つけることだ。人間の世界でも言える。あまり努力もしないで結果が出ないとひがむ人がいる。

　　　　(資料『二羽のことり』の内容は上記の感想から推測できると思われるので省略する。)

① 「ヤマガラの考えは甘い」から、次のような展開が予想される。
- 友だち関係は一方的な依存関係ではなく対等な関係であるべきだ。ヤマガラはもっと行動すべきだ。
- 必要なときは助けてほしいと堂々と助けを求めるべきで、助けられるのを待つのは問題だ。友だちとはもっと遠慮のないものだと思う。
- ヤマガラがじっと待っていたのはヤマガラの弱さかもしれない。私たちにもそのようなときがある。待つことができるヤマガラの強さにも注目したい。
- 積極的な行動が取れないときがある私たちにとって、思いやること

も思いやられることも必要だと思う。自他ともにそのような弱さを
　　持っていることを自覚すべきだ。
　②「心の優しいお調子者の行動」から、次のような観察が予想される。
　　・これは私の問題なのだ。私もミソサザイさんのように気づくことは
　　　できた。しかし、ミソサザイさんのように直ちに行動することはで
　　　きない。私はミソサザイさんではなくウグイスさんたちと同じだ。
　　・気づいたことはよかった。気づかないことの方が多いのだ。なぜ気
　　　づいたのか、なぜ気づかなかったのかを考えてみたい。

　「ヤマガラの考えは甘い」から、自律や友情や思いやりの意味が問い直され、それぞれに新しい意味が加わる。「心の優しいお調子者の行動」から、日々の生活のなかにある自分を立ち止まらせ、自分を客観的にとらえ直す契機をつくる。
　一つの資料からいろいろな展開が可能である。そのためには、教師が資料をどのように読むかにかかっている。子どものための読み物資料として読んでしまうと、資料が提起している内容の深さを見失う。ねらいを決めて読んでしまうと、資料の内容を確認する読みに終わる。全体のテーマにこだわると、心に響く具体場面が見えてこない。教師はこれまでの経験や知識や想像力を総動員して、資料の具体場面について多様な思いを広げ、その思いを自分自身や子どもの生き方につなげて深めていくことが大切である。
　児童生徒に注目させたい場面が決まると、展開前段の基本発問の内容が決まる。子どもたちに注目させたい内容の吟味は、そこに内包されている生き方についての見方考え方を明らかにする。このとき明らかになる生き方についての見方考え方が授業のねらいと結びつく。
　人間の生き方としての価値内容とそれに関わる人間理解について、価値内容を基盤にした人間理解に取り組むとともに、人間理解を基盤にした価値内容に取り組むことによって、価値内容と人間理解は相互に関連し合いながらそれぞれを深めていく。この深め合いのプロセスが道徳授業である。

(2) ねらいの明確化

　道徳の授業は、主題のねらいを達成するためのものであるから、基本的には、指導過程の構成の段階で授業のねらいが具体的になっていなければならない。実際には、ねらいの決定と指導過程の決定は相互に関連し合っていて、いろいろな場合が考えられる。

　前項(1)の事例のように、一つの内容項目を分析すると複数の価値内容が含まれていることに気づく。資料についてもそれぞれの価値内容に関わる状況が多く存在していることに気づく。一つの内容項目の焦点化と資料内容の焦点化には複数の組み合わせが考えられる。基本的には、内容項目の内容を焦点化し、その結果をもとに資料で取り上げる場面を決めることであるが、授業が資料を中心に展開されることを考えると、資料で取り上げる場面を決めて内容項目の内容を焦点化することも考えられる。実際は、内容項目の内容を焦点化しながら資料を検討し、資料を焦点化しながら内容項目の内容を検討することを繰り返し、内容項目と資料の焦点化を同時に完成させることが多い。このようにして焦点化されるのが「ねらい」である。

　ねらいは一つの文章にまとめると抽象的な表現になってしまい易いので、授業の意図を明確にするために、ねらいを二つまたは三つに分けて平易な表現にすることが望ましい。さらに、道徳性を構成する道徳的心情、道徳的判断力、実践意欲・態度に着目して、「～しょうとする心情を育てる」「～についての判断力を養う」「～しょうとする態度(実践意欲)を養う」などと文末を表記することによって、ねらいの意図を明確にすることができる。

(3) 指導過程の基本型

　道徳の時間の指導過程は、資料と道徳的価値の内面的な自覚との関係について、二つの要件を中心に構成される。第一の要件は、子どもたちが、資料を通して、すでに獲得している価値を見直し深化させて、新たな価値内容として把握し直し受け入れることである。第二の要件は、新たな価値に照らして、いままでの自分はどうであったかと自分をみつめ、自分のものの見方、考え方、感じ方に目を向け、自分自身の在り方を追求することである。

小・中学校の道徳の時間は、この二つの要件を具体化するために、次のように4つの段階に分けて展開することが多い。これは、児童生徒が内面的な自覚を深める一般的な形式として「指導過程の基本型」と呼ばれている。

| 導　入 | 展開前段
(資料の活用) | 展開後段
(価値の一般化) | 終　末 |

　児童生徒をこのような基本型の展開に慣れさせることも大切である。特に小学校の1、2年生や中学校1年生については、基本型による展開に慣れさせる配慮が必要であろう。その上で、指導内容や資料内容、導入する指導方法や関連する学校行事等によって、4つの段階のなかのある段階に重点をおいた展開や、翌週につながる複数時間の展開等が考えられる。

2　指導過程の構成——導入・展開・終末の工夫

(1)　導入段階

　導入は、子どもの学習への意欲・関心を喚起し、主題が扱う問題の発見・意識化を図る段階である。どのような導入が適切であるかは、児童生徒の実態によって異なるが、大別して①ねらいに関連する児童生徒あるいは教師の経験を取り上げることによって、問題を意識化させる、②資料に関連する「登場人物」「ことがら」へと導入して、資料への興味を抱かせる等により、学習への共通のスタートラインを設定するものである。いずれにしても、1単位時間における導入としては、短時間(5～7分位)に展開へと結びつけていくことが必要となる。

(2)　展開段階

　展開の段階は、導入段階で喚起した学習内容への興味、問題意識から出発して、主題のねらいを達成するための実質的な学習活動が行われる段階である。この段階は、一般には以下のように展開前段と展開後段に区分される。

展開前段では、中心資料の活用によって、ねらいとする価値の追求、把握をさせる。資料中の中心人物の生き方に共感（あるいは批判）させたり、中心人物に託して子ども自身が感じたことを語らせたりする工夫がなされる段階である。

　展開後段では、これまで追求してきた価値を、資料から離れて、自分自身の問題として考えさせていこうとする。資料を出て価値の本質をつかむという点では「価値の一般化」をめざすと言えるし、自らの生き方に結びつけて考えるという点では「価値の主体的自覚」を図るとも言える。むろん子どもにとってこのような骨の折れる作業がこの段階に入っていきなりはじまると考えるのは誤りである。それは、適切な導入や展開前段の指導のなかで次第に強まる自我関与の結果である。

(3)　終末段階

　本時のしめくくりであり、ねらいとする道徳的価値についてまとめたり、子どもがその価値を主体的に受けとめ実践への意欲を高めるように動機づけたりする段階である。ここでは、板書を見ながら振り返る、教師の経験を語るなど、学習内容を教師が明確にまとめることのできるような方法がとられる。その際、教師から子どもへの押しつけにならないように注意を払うことが大切である。

3　道徳授業に必要な一般的技法

　「音読」と「書く活動」は、教科の授業と同様に道徳の授業においても日常的に使われる技法であるが、子どもたち一人ひとりの内面を活性化させる技法として見直されようとしている。

(1)　音　　読

　道徳資料の読ませ方は、一般的に、各自の黙読から始まり教師の範読や数人の子どもの音読で終わることが多い。ここで取り上げようとする音読は、限られた数人の子どもの音読ではなく、学級の子どもたち全員が思い

思いに大きな声で音読する活動である。一人で音読するだけでなく、ペアで音読したり、会話部分を音読したり、小節ごとに音読したりする活動である。

　このような音読によって、子どもたちは自分の目と耳を使って内容を理解し心情的な把握をする。内容把握ができると感情移入の読みも試みるようになる。子どもたちの感情移入の読みは期待することではあるが、教師の範読には教師の内容解釈がわかるようなメッセージ的な読みは避けた方がよい。音読は役割演技のような熟練を必要としないので、いつでもどこでも取り入れることができる活動である。

(2) 書く活動

　子どもたちは、その課題を自分の問題として書くという具体的な活動によって自己と向かい合う。子どもたちは、一人ひとり自分自身のものの見方、考え方、感じ方を明らかにし、それをまとめ記録しなければならない。消極的な活動ではなく主体的な活動が要求されるのである。文字化された自分のものを読むことによって、自分のものの見方、考え方、感じ方などを客観的に観察することができる。また、友だちの書いたものを読むことによって、他者のものの見方、考え方、感じ方を推し量ることができる。

　吹き出しに登場人物のつぶやきを書かせたり、登場人物の気持ちを20字でまとめさせたり、今日の授業の感想を原稿用紙に書かせたりする。子どもが書いたものがその子のすべてでないことには留意しなければならないが、子どもが書いたものは教師に多くの情報を与えてくれる。

4　道徳授業における指導技法

　道徳の時間に用いられる指導技法は、発問や応答のような基本的なものから体験活動を活かす展開のような、最近注目されてきた指導方法まで多様である。それぞれの指導方法について、児童生徒の発達段階を考慮して活用することが大切である。

(1) 発問と応答

1) 発　問

　教科の授業における発問の内容は、系統的な教材配列によって自動的に決まることが多い。道徳の授業における発問は、資料のどの内容を問題提起するかによって、さらに授業を受ける児童生徒の実態に応じて決められる。そのため、道徳授業の発問は学習内容と学習方法を決める重要な指導方法として、個々の教師に委ねられている。

　立原えりかの童話『あんず林のどろぼう』を資料にした中学生の道徳授業の発問を取り上げてみよう。

　展開前段の発問として、「どろぼうはなぜ泣いたのでしょう」や「このどろぼうはどんな人ですか」などが考えられる。本時のねらいは「人間は誰でも弱さをもっていることを自覚させる。人間は葛藤のなかで生きていて、その上で人間らしく前向きに生きようとしていることに気づかせる」である。「どろぼうはなぜ泣いたのでしょう」はねらいに直結する発問であり、「このどろぼうはどんな人ですか」はねらいには直結しないが、どろぼうの過去と現在についてのさまざまな観察を可能にする。どちらも泥棒が泣いたこと、泣けたこと、泣くことができたことの状況を観察させる問いであるが、どれを選択するかは教師に任されている。

　展開後段の発問として、「なにがどろぼうの心を変えたのだろう」や「どろぼうはどんな気持ちであんず林を去っていったのだろう」などが考えられる。さらに、「どろぼうの過去の行為の社会的責任をどのように考えればよいか」という発問もある。どの発問も、展開前段の特定の状況を一般的な状況に転換して観察させる問いである。価値の一般化の度合いは異なるが、どの発問も「人間がうちに弱さや醜さをもつと同時に、強さも気高さをも併せもっていることを理解する」ことをめざすものである。

　中学生は、過去の行為の社会的な責任についての関心が高い。教師は「人間がうちに弱さや醜さをもつと同時に、強さも気高さをも併せもっている」ことだけを取り上げて社会的な責任については別の問題と考えることができても、生徒は現実の問題としてこの問題を放置することはできない。生徒の問題意識を大切にして、人間の改心と社会的責任を正面から取り上

げることも考えられる。このように多様な扱いが考えられるのが道徳の時間の発問である。

　道徳の時間の発問は、児童生徒自らの問題意識や疑問を明らかにし、児童生徒の多様な感じ方や考え方を引き出すことをめざしている。そのために、児童生徒の意識の流れを予想し、それに沿った発問や、考える必然性や切実感のある発問、自由な思考を促す発問などを心がけることが大切である。導入段階の発問を「初発の発問」、展開前段の発問を「基本発問」、展開後段の発問を「中心発問」、終末の発問を「まとめの発問」のような呼び方をすることが多い。

2）応　答

　よい発問はよい応答を生むことから、発問と応答は一体的な指導方法として扱われることが多い。ところが、応答を成立させる要因は、発問内容だけでなく、さまざまな要因があることも事実である。応答という活動を発問とは独立した効果的な指導方法として、児童生徒の側から見直すことが求められている。

①応答は、一人ひとりに課せられる学習活動である。

　教師の発問に対して一人ひとりが応答するのであって、授業で数人の発言が取り上げられたとしても、そのことが応答のすべてではない。一人ひとりの応答がすべて取り上げられることがないにしても、学級の一人ひとりが取り組んでいる活動が応答活動なのである。

②応答は、一人ひとりに課せられる発信活動である。

　私たちは、考えたことや思ったことを言葉や文章で表すことによって、自分自身の内なるものを観察し見直すことができる。発信しないままのものは、自分自身の内なるものを観察し見直す機会をなくし消滅することが多い。応答は発信することによって成立する活動である。

③応答は、友だちの応答内容に触れて活性化する活動である。

　自分の見方考え方を見直し客観視できるのは、自分と同じ考えや異なる考えに出会うときである。友だちの多様な応答に触発されて自分の見方考え方を深める。道徳の時間では多様な応答の部分にのみ注目されて

きたが、個別の発信活動がその前提にあることを大切にしなければならない。

④ 一人で取り組む時間と活動を保障する。

応答という個別活動をどのように取り組ませるか工夫が必要である。発問された内容に一人で取り組む時間と、一人で取り組む時間を支える活動を確保してやることである。音読させたり、書かせたり、近くの友だちに説明させたり、グループで話し合わせたりする活動を通して応答の内容を次第に明らかにする。

⑤自分の考えをまとめ時間と活動を保障する。

応答の内容は、子ども自身でも明確にできないような、表現できないような、曖昧な内容であることが一般的である。この曖昧な部分があることを認めながら、自分の考えを他者にわかるようにまとめる支援をするのが教師の活動である。

⑥教師は、子どもの応答に共感し受容する。

子どもたちの応答は内容的にも時間的にも個人差がある。結論だけのものだったり、はじめとおわりの内容が矛盾したり、拡散的な発言だったりする。教師はそれぞれを理解し、補い、共感し、受け入れることによって子どもの応答は本来の機能を発揮する。

⑦応答内容を学級で共有する工夫が必要である。

多様な応答を取捨選択して学級のみんなの問題として取り上げるのは教師の仕事である。授業のねらいに直結する内容だけでなく、拡散的な内容についても取り上げることによって、ねらいが焦点化されることも多い。

教師のどのような発問にも直ちに応答できる子どもたちはいる。ゆっくり考えなければ応答できない子どもたちもいる。すべての子どもたちに必要な時間と道具を与えて、応答という活動にじっくり取り組ませることが授業を充実させる。

(2) 状況把握と状況分析

子どもたちは、発問と応答でさまざまな状況を把握し分析し、道徳的価値に基づいた人間としての生き方についての自覚を深める。このときの状

況把握や状況分析は子どもたちに道徳的価値を自覚させるための指導方法であり指導技法と考えられる。

　この状況把握や状況分析は、別の視点からとらえると、子どもたちの現状認識能力を育てるトレーニングの活動として位置づけることができる。実社会では、困難な問題に直面すると解決の方法を見つけることができなくて、短絡的で悲劇的な行為に走る事例は子どもだけでなく大人にも多い。現状を多角的に把握する力、現状を固定的でなく変化する実態として把握する力、長期的な展望をもって分析するゆとりがあれば、自他ともに生きる方法を見いだすことができたのではないだろうか。道徳の時間の発問と応答は、道徳的価値の自覚を目的にする大切な活動であると同時に、直面する状況を冷静に把握し分析するトレーニングの活動だと考えることができる。

(3) 話し合い活動

　一般に話し合い活動は学級を小グループに分けて子どもたちだけで取り組ませ、その結果を学級で発表させる場合が多い。小集団のなかでも一人ひとりが主体的な活動ができるような話し合わせ方について考えてみよう。

　「Aを選択する場合、Aを選択する理由をできるだけたくさんあげなさい」、「AもBもどちらも選択できない場合、選択できない理由をできるだけたくさんあげなさい」、「主人公の気持ちについて、予想されるものをできるだけ多くあげなさい」、「そのなかでもっとも強いと思われる気持ちを選び、その理由をできるだけ多くあげなさい」というような話し合わせ方は、個々の子どもの発言が生かされるとともに、グループの力を結集させる話し合わせ方になる。話し合いを最初から集約型の話し合いにしない工夫が必要ではないだろうか。

　なかえよしおの絵本『りんごがたべたいねずみくん』(上野紀子・絵)の授業で「ねずみくんってどんな人だと思うか」という中学1年生の話し合いで、「弱い人、小さい人、人の真似ばかりする人、特技のない人、がんばる人、諦めない人、自分の特技に気づかない人、人にやさしい人、人と協力できる人」と多様な意見が出た。いろいろな発言のなかから「自分の特技に気づ

かない人」のような新しい見方考え方が自然に生まれる。話し合いながら新しいものを創っていく。話し合いは、個別活動と全体活動との中間的活動で、それぞれの短所を補い長所を活かす活動である。

(4) 再現的動作化と役割演技

道徳の授業の方法として採用される役割演技は、子どもに役柄を与えて他の子どもの前で演技させるものである(教師がその演技に加わることもある)。資料のある場面の状況を設定し、自由に演じさせる技法である。これによって、ただ文章を平面的に読んだだけでは理解できない心情や心の動きをとらえさせることができる。また、演技者が自分の言葉と動作で即興的に表現するため、結果的には本人がこれまで気づいてこなかった自分の感じ方(心のあり方)に気づくということも期待される。

役割演技が演技のための演技に終わらず、真に道徳学習に位置づくようになるためには、やはりそれなりのトレーニングの積み重ねが必要である。具体的には、小学校低学年のうちから再現的動作化を導入し、徐々に言語的要素、創作的(自己表現的)要素を加味する。このようにすることで、登場人物に共感し、また自身の生き生きとした感情を出すということが可能になってくる。小学校高学年さらに中学校段階においても役割演技は道徳授業の方法として、また自己洞察や人間関係改善の方法として活用できるものである。

(5) 教師の説話

説話は、教師自身の体験や日常生活のできごと、時事的な話題を取り上げて、教師が子どもに話して聞かせる方法である。説話は、学級担任が心をこめて話すことで子どもに強い感銘を与えることができる。さらに、子どもの反応や理解の程度を確認しながら、強調したり繰り返したりすることができる。

説話は、指導過程のそれぞれの段階で、その意義をふまえて用いることができる。導入では、本時の学習に興味や関心を惹き起こすような、生活体験に結びついたもの。展開では、中心資料として用いる場合には、考え

る素材や問題を含み、ねらいを達成するのに適したもの。終末では、感銘を与え、実践への意欲を起こさせるものなどが代表的な用い方である。

(6) 体験活動を生かす工夫

子どもたちが日々体験をしている日常的な体験とともに、職場体験活動やボランティア活動、自然体験活動などの体験活動を、道徳の時間の学習に活かす工夫が考えられる。

学校が計画的に実施する体験活動によって児童生徒は体験を共有することができ、共通の関心をもとに問題意識を高めることができる。そのような体験活動のなかで感じたことや考えたことを道徳の時間の話し合いに生かすことで、指導の場をつなげ児童生徒の関心を深めることができる。

道徳の時間は、子どもたちの体験活動の経験を大切にしながら、子どもの内面に根ざした道徳性の育成を図るのである。道徳の時間に、体験活動そのものを直接取り扱うことではない。

5 授業構成と指導技法を支えるもの

(1) 時　間──活動するゆとり

授業構成や指導方法がそれに相応しい機能を発揮するには、それを可能にする前提があることに留意したい。その第一は、子どもたちが活動に取り組む時間が確保されているかどうかである。

指導方法や指導技法が機能しないのは、指導方法や指導技法それ自体に問題がある場合もあるが、活動に取り組む時間が子どもたち一人ひとりに確保されていないことが原因であることも多い。指導過程の基本型を大切にすることは、どの授業においても指導過程の各段階を等分に扱うことではない。資料内容や価値内容によって、展開前段を中心にした展開や展開後段を中心にした展開や自分の課題に直結した終末段階を中心にした展開等、弾力的な指導過程によって必要な時間を生み出すことが大切である。

(2) 道　具――活動のスキル

　授業構成や指導方法がそれに相応しい機能を発揮する第二の前提は、子どもたちがその方法や技法に慣れているかどうかである。それが、子どもたちの内面を活発にする道具として使えるようになっているかどうかである。

　導入、展開、終末といった指導過程の構成にも慣れて欲しいし、資料の読みにも、資料が提起している内容を自分の問題として受けとめることにも慣れが必要なのである。さらに、書いたり、討論したり、話し合ったり、役割演技をしたりすることにも慣れていることが大切である。教師は授業のねらいに集中するだけでなく、そのときに取り組ませる活動に子どもたちが慣れているかどうかを見極めることが大切である。中学1年生のときから「書く活動」に取り組んだ生徒たちは、3年生になると書く内容がそれぞれに個性的になり書くことを楽しむようになる。指導方法や指導技法が子どもたちの内面を活発にする道具として機能するために、息の長い取り組みが必要である。

(3) 空　間――受容的な雰囲気

　子どもたちにとって、自分の思いや自分の判断を友だちや教師がどのように判断し評価するかは大きな問題である。さらに、青年前期の子どもたちは、自分自身がこの問題をどのように考えているのか、真正面に自分自身に問うことを避けたり怖がったりする。そのような子どもたちに、自分の思いを学級の全体の場で発言させることは簡単ではない。子どもたちの学級空間がその鍵をもっている。子どもたち一人ひとりが自分の感じ方や考えを伸び伸びと表現することができる雰囲気が、学級の日常のルールとして、教師と子どもたちによって作られ得るかどうかにかかっている。

　金子みすゞの詩のような「みんなちがって　みんないい」という共感的な受容的な対応が新しい発見を産み出す。他者の発信を受け入れ理解しようとすることから学ぶことは多い。受容的な学級空間は、そのような体験をさせることができるのである。

> 学習課題1　ある学年の内容項目を一つ選び、そこに含まれる内容について、児童生徒の実態を想定しながら指導上の課題を具体的にまとめなさい。
> 学習課題2　道徳の時間における発問・応答活動について、これを教師が指導計画に位置づける際にはどのようなことに配慮すべきだと考えられか、各教科の授業における発問・応答活動と共通する部分と異なる部分という視点からまとめなさい。

【引用・参考文献】

新宮弘識・上杉賢士監修『あたらしいどうとく―ゆたかなこころ―』（小学校道徳副読本1学年）光文書院、平成21年。
品川利枝『中学校・道徳授業の新機軸』東信堂、2002年。
立原えりか・作、安田隆浩・絵『あんず林のどろぼう』岩崎書店、2004年。
なかえよしお・作、上野紀子・絵『りんごがたべたいねずみくん』ポプラ社　1989年。
日本道徳教育学会編『道徳教育入門』教育開発研究所、2008年。
林忠幸『新世紀・道徳教育の創造』東信堂、2002年。
村田昇編著『道徳の指導法』【第2版】玉川大学出版部、2009年。
山﨑英則・片山宗二編『教育用語辞典』ミネルヴァ書房、2003年。
文部科学省『小学校学習指導要領解説　道徳編』東洋舘出版社、2008年。
文部科学省『中学校学習指導要領解説　道徳編』日本文教出版、2008年。

第9章　道徳学習指導案の作成

　本章では、道徳の学習指導案の作成の方法について述べる。道徳授業にはさまざまな方法論が存在するが、いずれにしても、学習指導案は児童生徒の実態をふまえつつ、指導者の明確な意図のもとに具体的に計画されてはじめて意味をなす。ここでは、学習指導案の意義を明らかにするとともに、その一般的な作成過程を示す。これにより、読者に学習指導案作成のノウハウを身につけてもらうだけでなく、道徳教育のめざす「道徳性の育成」とはどんなことなのか、その本質に踏み込んだ理解と、授業者としての実践的意図を明確に自覚していただくことを期待するものである。

　学習指導案には「密案」と呼ばれているものと「略案」と呼ばれているものがある。通常指導案という場合には前者を意味するが、主題設定の理由等を省いて簡潔にしたものが「略案」と呼ばれる。略案は日常の授業実践で用いられる簡単な指導計画である。略案では、主題設定の理由(内容観、児童〈生徒〉観、指導観)等は省略するため、道徳的価値について詳しい説明をすることはないが、ねらいの設定のためには、必ず密案と同じ方法で分析・解釈しておく必要がある。また、学習活動や具体的な手だてを記述する際は、必ずその目的を明示することも忘れないようにする。これらのことが満たされた略案は、たとえその紙数が少なくても、授業イメージを明らかにすることができる。

1　学習指導案作成の意義と内容

(1)　指導案作成の意義

　道徳の時間における学習指導案について、『中学校学習指導要領解説　道徳編』には、次のように述べられている。

　　「道徳の時間の学習指導案とは、指導に当たる教師が道徳の時間に、学級の生徒を指導するために作成した具体的な指導計画案のことである。つまり、主題のねらいを達成するために、生徒がどのように学んでいくのかを十分に考慮して、何を、どのような順序で、どのような方法で指導し、評価し、更に指導に生かすのかなど、学習指導の構想を一定の形式にまとめたものである。」

　この学習指導案を作成することによって、授業のねらいや方法、またその根拠などが明示され、授業者の意図が具体的になる。さらに、授業研究において、授業研究者同士が共通の認識のもとに議論を交わすことができる。授業前の検討会や授業後の整理会では、指導案をもとにすることで、実際の授業を共通の観点で評価することができるのである。

(2)　学習指導案の内容

　学習指導案とは、主題のねらいを達成するために、児童生徒の実態を十分に考慮して、何を、どのような順序で、どんな方法を使って指導していくかといった学習指導の構想を、一定の形式に表現したものである。
　『小学校学習指導要領解説　道徳編』(以下『解説(道徳)』と略記)には、「学習指導案は、教師の指導の意図や構想が最も適切に表現されることが好ましく、各教師の創意工夫が期待される。したがって、その形式に特に決まった基準はないが、一般的には次のような事項が取り上げられている」として、「主題名」「ねらいと資料」「主題設定の理由」「学習指導過程」「他の教育活動などとの関連」、「その他」として、評価の観点や資料分析、板書等をあげ、説明している。

> ア　主題名
> イ　取り扱う内容項目と資料名
> ウ　主題設定の理由(内容観・児童〈生徒〉観・指導観)
> エ　計画及び本時(複数時間扱いの場合は本時の位置づけを明確に表す)
> オ　ねらい
> カ　学習指導過程(展開)
> キ　他の教育活動等との関連
> ク　その他(評価の観点、資料分析、板書計画、家庭や地域との連携等)

2　学習指導案作成の手順と方法

　ここでは、学習指導案(164-166頁)を事例として、前節でふれた内容をもとに、その作成の手順と方法を述べていくことにする。

(1)　主題の設定

　道徳の時間の主題は、指導を行うにあたって、何をねらいとし、どのように資料(生活経験を含む)を活用するかを構想する指導のまとまりを示すものであり、「ねらい」とそれを達成するための「資料」によって構成される。

1)　ねらいの検討

　学習指導案のなかで最も重要なのは「ねらい」である。教科等の学習指導案では、単元の目標や、1時間の主眼として表現されるところである。しかし、道徳の時間には教科等とは異なる次のような特性がある。それは、この1時間ですべての児童生徒の道徳性を一様に高めようとするのではなく、個々の実態に応じて、この時間を契機にして自己を見つめさせ、進んで自己の道徳性を高めさせることをねらうのである。そのために、本時で求める児童生徒の姿を「ねらい」という言葉で表現する。

　この「ねらい」を定めるためには、次のことを明確にしておかなければならない。

> ①取り扱う内容項目に関わる学習者の実態
> ②取り扱う内容項目に含まれる道徳的価値の意味とその解釈及び系統

　①については、小学校『解説(道徳)』の「道徳性の発達と道徳教育」を参考にしながら、学級の実態、児童生徒の個々の実態を日頃の観察や内容項目に照らしたアンケート調査等をもとに、具体的に示す。②については、同じく小学校『解説(道徳)』の「内容項目の指導の観点」を読み込み、また「心のノート」を参考にする。字義については、辞書や事典、その他参考書を活用する。

　例示した指導案には、ねらい1とねらい2として表現している。ねらい1は、道徳的価値の解釈から「同じ気持ち」をキーワードとして書いた、内容についてのねらいである。ねらい2は、学習をより具体的にイメージできるように手だてと学び方の面から書いた、方法についてのねらいである。ねらい1だけでも十分であるが、1時間の学習としてより明確に評価しようとするときは、ねらい2のような観点も有効である。

2) 資料の選択と吟味

　資料の内容について、道徳的価値がどのように含まれているか、児童生徒の実態に適合しているか、意欲を引き出すことができるかといった観点から検討する。こうして資料を分析することが、道徳的価値の解釈をさらに具体的にする。資料中の問題場面において、登場人物の行為や考え方、情景などが、道徳的価値の具体的な姿を提示してくれているからである。

　このような検討を加えたとき、資料に不十分な部分が見いだされることもある。その場合、改作をしたり、自作をしたりすることもある。その際は、さらに十分な内容の検討が必要になる。

3) 主題名の決定

　授業でねらう内容を児童生徒にも理解できる言葉で象徴的に表現する。指導案形式上では一番初めにあるが、ねらいが定まり、児童生徒の具体的な姿が明確になってきたところで、主題名を考えると、授業の内容をよく

表したものになる。

(2) 主題設定の理由

　学習指導案密案には、主題名の次に、主題設定の理由(内容観、児童〈生徒〉観、指導観)を書くことになっているが、授業者が指導案作成のときに一番頭を痛めるのは、この部分である。

　授業は一般に、教材を媒介とした児童生徒への教師の働きかけ(教授活動)とその働きかけに応答しながら、児童生徒が知識や技能や態度、あるいは生き方を習得していく過程(学習活動)、つまり教授＝学習過程としてとらえることができる。とすれば、児童生徒への理解、教材内容の十分な解釈、両者をふまえた指導のあり方の吟味、このことが十分になされていなければ、授業の成果は望めない。道徳の授業の場合、特に重要なのは、資料(教材内容)に内包されている道徳的価値についての解釈である。次に、少し長くなるが、小学校中学年2－(2)「思いやり・親切」を具体的に説明してみよう。

　「親切は大切である」ということは、誰にも分かっている。道徳の時間にねらうのは、親切とはいったいどういうことか、それを大切にするとはどうすることなのかを明らかにした上で、それを自分がどうとらえているのかを見直すことである。それでは、「親切」について明らかにするにはどのような方法が考えられるだろうか。

①辞書を引いてみる

　「親」という字を辞書で調べてみると「ちちはは、みうち」といった意味のほかに「いつくしむ、かわいがる」さらに「みずから、直接に」といった意味があることが分かる。

　「切」については、「きる、きりきざむ、みがく」といった意味のほかに、「まこと、ねんごろ」という意味がある。この意味に、切実、切迫といったときの「せまる、さしせまる」という意味を絡めてとらえてみると、「親切とは、直々に自分が何とかしようとする差し迫るまことの心」という意味が成り立つ。これは国語辞典には載っていないが、親切の行為、それを支える思いを大切にした解釈である。この解釈に基づいて授業をイメージすると、

困っている人を前にしたときの心の動きが明確になってくる。電車できつそうに立っているお年寄りを前にして、座っていられなくなるときの思いに着目できる。そうして、譲れたか譲れなかったかという行為レベルの授業から抜け出し、困っている相手と同じ気持ちになるという自分自身と向き合う授業へと深まっていくのである。

②解説書を読み込んでみる

小学校『解説(道徳)』には、親切に関して次のように書かれている。

> 低学年；幼い人や高齢者など身近にいる人に温かい心で接し、親切にする。
> 中学年；相手のことを思いやり、進んで親切にする。
> 高学年；だれに対しても思いやりの心をもち、相手の立場に立って親切にする。

ここで読み取らなければならないことは二つある。その一つは、学年が進むにつれて、「身近な人」から「だれに対しても」というように、親切にする対象が広がっているということである。もう一つは、思いの深まりである。

低学年では「温かい心」であり、中学年では「思いやり」となり、高学年で、「相手の立場に立つ」ということになっている。では、低学年でねらう「温かい心」とはどんな心だろうか。その意味をとらえるために、「冷たい心」という「温かい心」とは反対の意味をもつ言葉と比べながら考えてみる。「冷たい心」とは、拒絶したり、無視したり、いじめたりする心と考えられる。その反対の「温かい心」は、拒まず、無視をせず、いじめない心だといえる。そう解釈すると、学校においでになったお年寄りに「こんにちは」とあいさつすることは、礼儀正しいだけでなく、親切な行為だととらえることができる。なぜなら、その声は、お年寄りを安心させ、喜ばせているからである。

このように考えると低学年では、相手のことをあれこれ思い悩むよりも、元気に明るく対応する自分を見つけさせることが大切であるということがわかる。このことは、「思いやり・親切」のベースとなる考え方である。これがもとになって、中学年や高学年における「思いやり・親切」の解釈とな

る。このことを忘れてしまうと大変なことになる。
　たとえば、高学年の資料に、次のようなものがある。

> 　車いすに乗った女の子が目の前で倒れてしまう。思わず、助けようと手を出した主人公は、その後ろにいた車いすの女の子の母親から「ほっといて！」と強い口調で言われる。
> 　その女の子にとっては、今、自分で起き上がることが大切だったのである…

　この資料を使った授業で「親切もよく考えてしないと余計なお節介になる」ということでまとめてしまったらどうなるだろう。そのねらいが達成されたら、子どもたちはみんな、困っている人を目の前にして腕を組んで考え込んでしまうであろう。ここで大切なことはまず、思わず声をかけた、手を伸ばしたことをしっかりと認め、賞賛することである。ここに、親切の原点である「惻隠の情」がある。この点を押さえた上で、「ほっといて」と言われたときの主人公の気持ちを話し合う。そして、この場面で主人公に、「せっかく親切にしてやっているのに」という思いがなかったかどうかを考えさせる。そこから、「相手のために」という思いを引き出して深めていく。目の前で転んだ人に対して、無視をせず、声をかけ、手を出した温かい心をベースにして、「ほっといて」の声に「すみません」と謙虚になりながらも、次の場面では、また温かく見守ろうとする姿、それを支える思いを明らかにしていくのである。

③「心のノート」からキーワードを探る

「心のはいたつやさん」	「人の心を感じる力」
「心のあたたかさがあなたのセンサー」	「親切が親切を生む」

　上の言葉は、すべて「心のノート」のなかのものである。思いやる温かい心が、人から人へと伝わっていくということ、大切なのはその思いを感じ取る力であることなどを、簡単で、それでいて味わい深い言葉で表現している。
　「心のノート」は子どもも保護者も目にしている。その内容について熟知

し、価値の解釈を深めておくことは、授業者として大変重要なことである。

(3) 指導過程の構想

1) 学習活動の流れ

　ねらいにせまるために、学習者の意識の流れを想定しながら、学習活動を構成していく。このとき、導入で時間をとりすぎたり、資料のあらすじを追って時間をかけすぎたりすることがあるが、一番考えさせたいところに一番時間をかけるようにしたい。そのためには、考えさせる中心となるところから具体化し、そのためにどんな導入が必要か、この思考からどんな後段が必要かといった順序で考えてみるのも一つの方法である。

　ここで大切なのは、活動だけを記述するのではなく、その目的を明示することである。たとえば、例示した学習指導案にあるように、「〜について話し合う」とせずに「〜について話し合い、〜を明らかにさせる」という書き方にする。そうすることで、何のための話し合いなのか、その目的が明確になり、想定される児童生徒の応答がより具体的にイメージできるようになる。そのことで、どんな発問が必要か、どんな切り返しを用意しておけばよいかといったことを考えることができるようになるのである。

2) 具体的な手だて

　学習活動が明らかになったら、そこでの児童生徒の具体的な姿、つまり発言内容や思考内容を引き出すための手だてを考える。このとき、その場面でのねらいに合わせて手だてを設定することが大切である。たとえば、一つの場面の瞬間的な思いを表現させたいときは吹き出しが有効である。しかし、その気持ちの時間的な変容をつかませたいときは、吹き出しを重ねていくふくらみ図という方法が適している。例示した指導案では表情図を使っている。主人公とお年寄りの気持ちの微妙な違いは、言葉より絵で表現させた方が分かりやすいし、交流を通してその気持ちを明らかにしていくためには、絵の方が扱い易いと考えたからである。

　このように、具体的な手だてはそれぞれの特性を生かしながら、ねらいに応じて工夫していく。その際も、前述の学習活動と同様に、「〜させる」

という方法だけでなく「〜のために〜させる」あるいは「〜させて〜を明らかにさせる」といったように、必ずその目的を明示することが大切である。手だての目的を明らかにすることで、この手だてによる児童生徒の反応が明確にイメージされ、それに応じて手だてがより具体的に想定されることになる。

3) 展開の見直し

　発問と応答(TC)を想定していて、行き詰まったときは展開に問題がある場合がある。そのときは、「授業者の意図ばかりが先行して学習者の意識が伴っていないのではないか」、「具体的な手だてに無理がないか」等、もう一度ねらいに立ち返って見直すことが必要である。

　TCと展開の見直しを繰り返しながら、授業者は自分の意図を明確にしていくことができる。この段階で協力者がいれば、模擬授業を行うことも有効である。これは、児童生徒役になった教師を前にして、授業者が実際と同じように発問し、板書していく方法である。これによって、実際に近い形で授業の流れを確かめることができるし、その問題点を見いだすこともできる。

(4) 板書と発問の想定

　板書計画や発問計画は、授業前の準備として不可欠なことであり、授業を明確にイメージするのに最も役に立つ。

　板書計画をする際、黒板の右側(縦書きの場合)から順に考えていくと、多くの場合、資料のあらすじをたどるような板書になり、授業自体も話の展開を追うだけの流れになってしまう。それを避けるためには、一番考えさせたいところを黒板の真ん中に位置づけ、そこから構成していくとよい。この方法によると、単なる時系列での構成ではなく、内容の高まりや深まりを意識した構造的な板書にすることができる。

　発問は、板書に合わせて考えていくと主だったものがいくつか見えてくる。それを柱にして、児童生徒の反応を書き入れながら、うまく流れるように組み立てていく。この時、児童生徒の反応が想像できなかったり、発

問自体につながりがなかったりしたときは、もう一度展開の全体の流れを確かめてみる必要がある。

　(5)　準備するもの

　授業に必要なものを一つひとつ書き出すことで、授業の具体的なイメージがはっきりする。必要なものをそろえながら、その物がどんな状態であることが望ましいか、たとえば実物か写真か、読み物か紙芝居か、各個人宛か代表例かといったことまで想定していく。そうしていくなかで、授業イメージが明確になっていくとともに、こうして書き上げたものが授業前のチェック表として役に立つ。

3　ワークシートによる学習指導案の作成―学習課題に向けて

　前節で述べたことで、学習指導案の作成については大方理解されたのではないかと思う。しかし、児童生徒観とねらいがつながっていなかったり、ねらいと展開が異なる方向を向いていたり、また具体的な手立てが取ってつけたようなものであったりと、まるでいくつかの学習指導案を部分的に切り取ってつなぎ合わせたかのような学習指導案にしばしば出会うことがある。

　パソコン、ワープロの普及により、ほとんどの学習指導案が手書きの段階を通らずに活字となって表される。そのためか、「書きやすいところから書く」「書いたものをつなぎ合わせる」といった手順で学習指導案が作成されているのではないかと懸念される。「学習指導案はほとんどできた。あとはねらいだけだ。」といった、本末転倒なことを耳にすることも少なからずあるのが実情である。

　そこで、授業者の意図を明確にするとともに、本来最も大切にされるべき価値の解釈がねらいと学習活動に反映され、それが学習の中心に位置づけられた学習指導案を作成するために、167頁に示すワークシートの活用を勧めたい。

　書き上げたワークシートを学習指導案の形式に転記していけば、それで

学習指導案の原型ができあがる。本章では、内容項目の解釈、学習指導案の作成とこれにもとづく模擬授業を学習課題としているので、以下の手順でワークシートを利用した学習指導案づくりに取り組んでほしい。

1) 価値を解釈する

　前述の三つの方法、「辞書・事典」「解説書」「心のノート」を使って解釈を試みる。この段階では、整った文章にすることに力を入れるより、ひらめいたこと、思いついたことについてできるだけ多くの言葉を書き留めることが大切である。

2) 資料を読み込む

　改めて資料を読む。できれば声に出して読む。授業で大切にしたい場面を明らかにするためである。自分がこだわる場面には必ず何らかの強調が加えられる。声を強めるか、速度を落とすか、大きく間を開けるか…。逆をいえば、そのような強調のない読み方であるなら、授業者自身がまだ資料に惚れ込んでいないことになる。

3) 解釈を見直す

　資料を読み込んだ上でもう一度解釈を試みる。新しい言葉が加わるかもしれないし、前に書いたものを再認識するかもしれない。ここで浮かび上がった言葉のいくつかから、最もこだわりたいと思う言葉を選び出し、線を引く。

4) ねらいを定める

　線を引いた言葉を使ってねらいを文章化する。理解させることを前段に、めざす姿を後段に位置づけた「～ということを理解させるとともに、～する態度を育てる」といった文を、一つのパターンとしてイメージしておくと書き易い。

5) 中心場面を決める

　どの人物のどの場面のどの言動を考えさせるか、これが中心場面となる。「2)資料を読み込む」のところで、こだわった場面であることが多い。

6) 中心発問を考える⟷子どもの応答を予測する

　設定した中心場面でどう問いかけるか、その発問にどんな応答を期待するかを書き出す。応答が思いつかなかったり、一問一答になるようであれば、発問が悪いか、中心場面の設定が悪いかのどちらかである。

7) 具体的な手立てを決める⟷身につけている表現方法を洗い出す

　中心場面での中心発問によって展開される学習活動を具体化させたり促したりするために講じる策が具体的な手だてである。これまでに身につけているノートや役割演技等の心情表現の方法や交流の方法を複数書き出し、そのなかから最も適切なものを選ぶ(複数を組み合わせることもある)。

8) まとめの言葉を決める≒振り返りの発問を決める

　心情表現をし、それを交流して、たどり着くところを子どもの言葉で示す。これがまとめの言葉である。これは、4)のねらいの文章を子どもの言葉で表現することに等しい。この言葉が、そのまま振り返りの発問となる。たとえば、「お互いが笑顔になる親切」とまとめたならば、「した方もされた方もお互いが笑顔になるような親切をしたり、されたり、見たりしたことはありますか。」という具合である。

9) 中心発問を定める

　具体的な手だてを考え、そこでの活動を想定した上で、イメージ通り流れたら、改めてそこを問う言葉として吟味する。これが中心発問である。

10) 導入を考える

　授業の中心が明確になったところで、そこへ導くために最も効果的な導入を考える。生活の振り返りがいいのか、資料の背景への導入がいいのか、

直接資料に入るのがいいのかといったことを考える。

11) 終末を考える

授業の中心から導かれたまとめの言葉、それをもとにした振り返り、それらが心にすとんと落ち、余韻が残るような終末を考える。教師の感想がいいのか、教師の体験談がいいのか、座右の銘とするような言葉の紹介がいいのか、具体的にイメージする。

12) 流れを俯瞰する

仮に考えた導入、中心場面、終末を一連の流れのなかで全体的にイメージしてみる。具体的な授業シーンをうまくイメージできたら次に進むが、どこかで引っかかってしまったらその部分をもう一度考え直す。その引っかかりが立ち止まって考え合えるような場面であれば問題はない。むしろそこが授業のヤマ場となることがある。

13) 導入を定める

全体を俯瞰して納得できたら導入での活動を決める。さらに、より効果的にするために、アンケート結果を使うか、具体的な事象や事物を提示するかといったことも考え、具体化する。

14) 終末を定める

導入と同様に、全体を俯瞰して納得できたら終末での活動を決める。そこで、必要な物、たとえば手紙や写真、色紙といった物が想定されたらそれを仕組んだ活動を具体化する。

15) 板書計画をする

板書の秘訣は前述の通り時系列にこだわらないことである。中心場面での活動を真ん中に位置づけてそこから前後を考えてみるとよい。

16)　発問計画をする

　この板書のためにはこの発問といった具合に板書と連動させて発問を考える。しかし、逐一それで終始してしまったらヤマ場のない平坦な授業となる。中心場面での中心発問に十分な時間を配分し、問い直しや揺さぶりなど、豊富な補助発問を用意しておきたい。

17)　準備を整える

　授業で必要な物を考えることは授業をより具体的にイメージすることである。どの場面でどんな物がどれだけ必要か、できるだけ具体的に洗い出す。このとき、教師用なのか児童生徒用なのかの区別をしておくと準備の段階で便利である。

18)　シミュレーションをする

　導入から終末まで通して授業をイメージしてみる。このときただ頭のなかで思い描くだけでは効果は期待できない。できるなら仲間の協力を得て模擬授業をする。それが無理なら、一人で空授業をすることも授業のイメージをつかむのに効果的である。紙の上に、発問と応答を素早く書き上げていく「紙上シミュレーション」は是非行いたい。文字化しているので客観的に見ることができ、細部にわたって見直すために極めて有効である。

19)　準備を見直す

　シミュレーションしてみて、想定した準備物が有用であったかどうかを確認する。また、その物はそれでよいが、どのような状態でおいておくことがよいかといったところまで想定しておきたい。当日配付する読み物資料が列ごとの人数分重ねられてあったり、個人宛の手紙が一人ひとりに渡しやすい順番にそろえてあったりと、細かい点まで配慮したい。

20)　授業に臨む

　ここまできたら学習指導案作成のレベルとしては十分である。あとは、覚悟を決めて授業に臨む。そこで、20番目には、「腹をくくる」としてもよ

いし「あとは子どもと真剣勝負」としてもよいだろう。

　尊敬する先達は語る。ここまで考えた学習指導案ならすでに頭に入っていよう。授業は子どもと創り出すもの、指導案の細かい文言にとらわれて子どもの顔を見ないのは言語道断、「学習指導案は自宅の机においておく」ということだった。授業者として、肝に銘じておくべき言葉である。

　学習課題1　内容項目を一つ選んで、自分なりに解釈し、それをグループで交流してみよう。
　学習課題2　ワークシートを使って道徳の学習指導案を作成し、模擬授業を通してその成果を検討してみよう。

【引用・参考文献】
尾田幸雄・岩上薫『道徳教育の実践』学陽書房、1983年。
小寺正一・藤永芳純編『道徳教育を学ぶ人のために』世界思想社、1997年。
佐々木昭『授業研究の課題と実践』教育開発研究所、1997年。
柴原弘志編著『研究授業　中学校道徳』明治図書、2005年。
永田繁雄他編著『研究授業　小学校道徳』(低学年・中学年・高学年)明治図書、2004年。

第三学年一組　道徳学習指導案

指導者　○○　○○

主　題　最高のしんせつ　（2－(2)相手のことを思いやり、進んで親切にする。）

指導観
○本学級の子供たちは、バスや電車の中で、お年寄りや身体の不自由な方に席を譲らなければならないと考えることができる。また、困っている人に対したとき、自分に何ができるかと思いをめぐらし、「人のため」の観点から、その思いと行為を吟味することができるようになっている。そこで、他との関係の中で物事を見たり、考えたり、感じたりすることができるようになり、社会的な活動能力も広がってくるこの期に本主題を取り上げる。そして、相手と同じ気持ちになって、相手のことを考えた行為をすることの大切さをとらえさせる。このことは、自分の中にある自分や他者を大切にする心を再認識させると共に、人間らしい自己を磨く子供を育てる上からも意義深い。
○親切にするとは、相手の楽や心地よさ、喜びといった快のために、自分の時間や労力を費やす行為である。費やされるものは、一般的にさほど大きなものではなく、日常的であり、一過性のものであることが多いが、相手の様子に気付かなかったり、思いを行為に移すタイミングを逸したりすることも少なくない。思いやりとは、普段見落としがちな些細なことにも気持ちを傾け、相手の辛さや喜びが自分のものとして感じられるような、広くて深い心の発露である。この思いやりが裏付けにあって初めて、親切な行いは相手の心に届き、それがまた行為者自身の心を浄化し、繰り返し人々の心に発展していく。本主題に関しては、低学年において、身近にいる幼い人やお年寄りに温かい心で接することの大切さを学習した。このことを受けて本主題では、相手の気持ちを理解しながら、温かい心に加えて思いやりの心で親切にすることの大切さをとらえさせる。これは、高学年での相手の立場に立って親切にすることの大切さを追求する学習へと発展するものである。本主題で扱う資料「学校のとちゅうで」は、学校に遅刻しそうな主人公が、重そうな荷物をかかえるお年寄りと出会い、時間を気にしながらもできるだけ手伝おうとする話である。一旦通り過ぎて気になって戻ってくる場面や、相手の喜ぶ顔に自分もうれしくなる場面は、相手と同じ気持ちになることをとらえさせるのに適している。また、自分が遅刻しないようにあいさつしながら校門の前で相手に別れを告げる場面は、「自分」と

「人」の観点を導き、その観点で思いや行為を吟味するのに極めて有効であると考える。
○本主題の指導にあたっては、まず導入では、これまでに見たり聞いたり、実際にしたりしてきた親切な行いについて出し合い、その行為の裏にある心情に目を向けさせることで、本時学習の方向をつかませる。次に展開前段では、資料「学校のとちゅうで」を読み、校門まで荷物を持ってあげたみち子と、その時のおばあさんの気持ちについて話し合い、親切な行為にあるそれぞれの相手意識を明確にさせる。そして、この場面で考えられる最高の親切について話し合うことによって、独り善がりな親切と相手の気持ちを考えた親切の違いを明確にさせる。そして、話し合いの中ででてくる「笑顔」をキーワードとしながら、親切な行いを支える思いやりの心についての意味付けを深める。さらに展開後段では、キーワードの「笑顔」をもとに、これまでの生活を見直し、自分の中にある思いやりの心を再認識させる。そして終末では、電車の中でお年寄りに席を譲る際に躊躇したこと、それをのりこえて席を勧めたこと、思わず差し出した手が、思わぬ笑顔を生んだことの話をとおして、実践への思いをあたためさせたい。

計　画(1時間)
1　資料「学校のとちゅうで」をもとに、相手の気持ちになった親切について話し合わせる。───(1)本時

本　時　平成○○年○月○日　○曜日　第○校時　3年1組教室において

ねらい
1　本当の親切を行うには、相手の気持ちを感じ取ることができて初めて可能であることが分かり、相手の困っている気持ちや、喜んでいる気持ちと同じ気持ちになって、今の自分にできることを行おうとする態度を育てる。
2　「自分のため」と「人のため」を観点として、自分の考える親切が独り善がりな行いになっていないかどうかを吟味し、相手と同じ気持ちになる親切を追求しながら、自分の思いや行いを見直すことができるようにする。

準　備　資料「学校のとちゅうで」(改作)、場面絵、観点カード、
　　　　道徳学習ノート、心のノート

過程

段階	学習活動	指導上の留意点
導入	1 「親切な行い」について具体例を出し合い、本時学習の方向をつかむ。 ・バスの中でお年寄りや体の不自由な人に席を譲ること。 ・けがをした子を保健室に連れて行ってやること。 ・忘れ物をした友達に自分の物を貸してやること。 ・相手が困っているからすること、相手が喜ぶことをすること… 　相手のために親切にしようとする自分を見つけよう。	○具体例を出し合ったところで、「なぜするのか」を問うことで、行為の裏にある心情へと向かうめあてにつなぐ。
展開前段	2 資料「学校のとちゅうで」を読み、人物の思いや行いについて話し合いながら、本当の親切について明らかにする。 ○校門まで荷物を持ってやったときの、みち子とおばあさんの気持ちについて話し合い、親切の行為からくる双方の喜びを明確にする。 〈みち子〉思い切って声をかけて持ってあげてよかったな　〈おばあさん〉重くて大変だった　本当に助かったよ ○この場面における「最高の親切」について話し合い、親切な行いを支える相手意識を明確にする。 〈みち子〉おばあちゃんの家まで行って肩たたきまでする。これが最高！　〈おばあさん〉うれしいのだけれど学校は大丈夫かねぇ。心配だなぁ。 ・相手が喜んでくれると自分もうれしくなる！ ・相手の気持ちをどこまで考えられるかが大切なんだ… 　互いの気持ちが伝わり合って、相手も自分も笑顔になれるような親切。	○表情図と吹き出しを二人並べて書かせることにより、想像する二人の気持ちを具体的に表現させ、相手意識の明確化を促す。 ○表情図の微妙な違いに着目させた上で板書で「自分」と「人」の観点カードを使うことにより、相手の喜びを自分の喜びとする親切の本質を明らかにし、「ともに笑顔」をキーワード化する。
展開後段	3 これまでの生活を見直し、ともに笑顔になれるような親切の体験を想起し、自分の中にある相手を思いやる心を見出す。 ・帰りのバスの中で混んでいたとき、立っていたおばあさんに席を譲ったら、初めは断られたけどしばらくしてもう一度勧めたら、喜んで座ってくれた。うれしかった。その時二人とも笑顔だったと思う。 ・デパートで迷子になった子をお店の人のところに連れて行った。泣いていた子がお母さんに会えて喜んだとき、私もうれしかった。	○キーワードをもとに自分の生活を振り返らせることによって、思いやりに裏付けられた親切のとらえ直しを促し、新たな自分の発見につなぐ。
終末	4 教師の説話を聞き、本時学習をまとめ、自分の中の思いやりに支えられた親切への思いをあたためる。 ・目と声と手から伝える思いやりの話	○体験をもとにした話で受容的雰囲気を高めることで、実践への意欲につなぐ。

道徳授業学習指導案作成ワークシート

価値の解釈(1)(3)	
ねらい(4)	
中心場面(5)	
中心発問(6)(9)	子どもの反応(6)
具体的な手立て(7)	
まとめの言葉(8)	振り返りの発問(8)
導入(10)(13)	終末(11)(14)
板書計画(15)	発問計画(16)
準備(17)(19)	

第10章　道徳授業の具体的展開

　本章では、道徳の授業計画として下記の7事例を掲載している。

　事例の1～4は、小学校の低・中・高学年および中学校という学年・学校段階に対応している。道徳の時間の基本を大切にしつつ、児童生徒の発達の段階や特性等を生かした指導を構想する上で参考にしていただきたい。また、事例の5～7は、今後さらに多様な学習指導を展開していくための、資料の特質を生かす工夫、体験を生かす工夫、各教科等と関連をもたせる工夫などを紹介している。

　これらは、授業づくりのヒントとしてだけでなく、他の章の実践編として相互に参照することにより、その意味をより深く理解することができるであろう。なお、各事例の末尾に示す「考察」は、堺と小林が担当した。

1　自分のよさを実感させる小学校低学年の道徳授業
2　規範意識を高める小学校中学年の道徳授業
3　判断・根拠のちがいを交流する小学校高学年の道徳授業
4　中学生の発達的特質を考慮した道徳授業
5　ジレンマ資料を用いた道徳学習の展開
6　体験活動と関連づけた道徳学習の展開
7　総合単元的な道徳学習の展開

1 自分のよさを実感させる小学校低学年の道徳授業

主題名
わたしにもあるね！やさしい心(2-(2))【資料名「ぐみの木と小鳥」】

主題設定の理由
　本主題のねらいは、幼い人や高齢者など身近にいる困っている人に対して放っておけないという気持ちをもとに、温かい心で接していこうとする態度を養うものである。本主題は、低学年の2-(2)の内容である。
　人は、困っている人を見れば、放っておけないという心が働く。その思いやりの心の動きに基づいて行われる具体的な行為が親切である。親切にしようとするときに生じる阻害要因(利害損得等)を乗り越え、相手の身になって考え、親切にしていくことがよりよい人間関係を築く上で必要である。
　本学級の子どもたちは、泣いている友だちがいたら優しくなぐさめることができる。しかし、相手があまり親しくない場合は積極的に行為に移せないときもある。これらは、恥ずかしさが先に立ったり、相手のおかれている状況を十分把握していなかったりして、相手の気持ちや願いを推し量ることが十分にできないからであると考える。そこで、幼児期の自己中心性はかなり残っているが、他人の立場を認めたり、理解したりする能力も徐々に発達してくるこの時期に本主題を設定する。
　本主題の指導にあたっては、「ぐみの木と小鳥」を共感的に活用し、書く活動や役割演技、表情図を操作する活動を通して、困っている人を放っておけないという心に支えられて親切にしようとすることができるようにする。
　本資料は、ぐみの木から実を分けてもらった小鳥が、嵐を前に病気で寝ているりすにぐみの実を届けようか迷うが、嵐のなか、りすのもとに向けて懸命に飛んで行くという話である。
　まず、導入段階では、2枚の絵(親切にしている絵とできていない絵)を提示して生活場面を想起させ、思いやり・親切についての気がかりをもたせる。展開前段では、資料「ぐみの木と小鳥」をもとに書く活動や役割演技を通して、嵐を前に迷う小鳥の迷う気持ちや親切にした後の爽快感に共感させる

ことによって、思いやり・親切の価値の大切さを感得させる。展開後段では、『心のノート』に事前に記述したことをもとに自己を振り返り、自分にも主人公のような心があることを自覚させる。終末段階では、教師の説話をもとに感得した価値(思いやり・親切)を振り返らせ、実践意欲を高める。

ねらい

○資料「ぐみの木と小鳥」を通して、困っている人を放っておけないという心に支えられて親切にしようとする態度を養う。
○役割演技やふきだしに書く活動、表情図を操作する活動を通して、「今でなくてもいい」「自分がしなくてもいい」などという自己中心的な心を乗り越えて親切にする心が自分のなかにもあることに気づかせる。

過 程

段階	学習活動	指導上の留意点
導入	1 『心のノート』の絵をもとに自分の日常の生活について、人にやさしくしているかどうか話し合う。 ―めあて― 困っている人に対して、どんな心が大切か考えよう。	※『心のノート』の2枚の絵(人にやさしくしている絵とやさしくできない絵)から思いやり・親切についての気がかりをもたせる。
展開前段	2 資料「ぐみの木と小鳥」をもとに、思いやり・親切の大切さについて話し合う。 (1) 嵐を前にりすのもとに向かおうかどうか迷う小鳥の心情について話し合う。 　○嵐が怖い(恐怖)、自分の命が大切(生命尊重)などから、主人公の心の弱さに共感すること 　　・嵐がこわい。 　　・明日でもいい。 　　・約束した。 　　・りすさんが心配。 　　・ぐみの木さんの思いを届けたい。 　　・りすさんをこのまま放っておけない。 (2) 嵐のなか、飛び立った小鳥を支えた心について話し合う。 　・りすさんが心配 　・行けるのは、ぼくだけ 　・りすさんを放っておけない 　　　　⇩ 　放っておけない、そうせずにおれない 　　○相手のことを放っておけないという親切の本義に基づく親切であることに気づくこと (3) りすにぐみの実を届けた小鳥の心情について話し合う。 　○親切にする快さを感得すること	※迷う主人公の小鳥の心情に共感させるために、表情図(喜怒哀楽を表現)を操作させた後、ふきだしに、「でも」という言葉で記述するように指示する。 ※嵐のなか、飛び立つ小鳥の役割演技をもとに、そのときの心情を表現させる。 ※「今日行かなくても、りすさんはわかってくれるのでは?」等ゆさぶりの発問をし、親切の本義にふれる発言を引き出す。 ※小鳥がりすにぐみの実を届けた場面において、小鳥とりすの役割演技を通して、人に優しくする快さについて感得させる。

展開後段	(4)『心のノート』で主人公と同じように親切にできていた自分を探し紹介する。 　○自分とのかかわりで道徳的価値をとらえること	※『心のノート』の思いやり・親切の記述をもとに、子どもの親切な行為を意味づける。
終末	3　教師の説話をもとに思いやり・親切の価値の大切さについて話し合い、なりたい自己像を明らかにする。 　○教師の説話をもとに、感得した価値の実現をめざして生きていこうとする実践意欲を高めること	※自己の親切の傾向性から、なりたい自分の姿（思いやり・親切）について記述するよう助言する。

低学年の発達的特質と授業づくりのポイント

　低学年における道徳の時間のポイントは、資料と表現活動を結ぶことである。低学年の授業では主人公になりきって、心情を推し量り表現していく。そのためには、①資料の主人公になりきって表現すること（共感）、②友だちどうしで多様な価値観を交流することが大切である。そうすることで、「ああ！わたしのなかにも、小鳥さん（主人公）と同じ心があったよ！」というように道徳的価値を自分とのかかわりで自覚させることができる。

　低学年という時期は、自分の視点から物事を考えていく時期である。この時期の子どもには、体験を通して心情を追求するのが有効である。幼児期の自己中心性はかなり残っているが、他人の立場を認めたり、理解したりする能力も徐々に発達してくるこの時期において、主人公になりきってその心情を追求していくために役割演技が適している。

　また、自己の内面を表出する教具も必要である。低学年は他者の表情をもとに相手の心情を推し量っていく。そのため、自己の内面を表出させる表情図（喜怒哀楽を表現）などが大変有効である。表情の微妙な違いが交流の必然性を生む。「どうしてそんな顔をしているの？」など、その表情の理由を教師が尋ねていくことで、子どもの心情を深めることができるのである。

考　察

　想像力豊かな小学校低学年の児童は、資料中の場面を思い浮かべて、登場人物の心情を推し量ることに長けている。しかし、それを話し言葉や書き言葉だけで表現することは難しく、また、その表現能力の個人差も大きい。そのため、表情図や役割演技など、身体を使って表現

させる方法が有効である。その際、教師に求められる役割は、子どもの身体の動きや表情、描いた絵やその色合いを豊かに読み取り、適切に言葉におきかえていくこと、それを他の子どもたちにも適切に伝えていくことである。

　小学校低学年の道徳授業の指導過程を見ると、多くの場合、展開前段の最後には主人公の快感情に共感させるケースが多い。展開後段においてポジティブな自己評価やこれからの自分への展望を導き出すためにも、資料中でも道徳的行為が自他にとって快いことを確認する意義は大きい。

2　規範意識を高める小学校中学年の道徳授業

主題名
　心のルール(4-(1))【資料名「雨のバス停りゅう所で」】

主題設定の理由
　本学級の子どもたちは、みんなで使うものを大切にしなければならないことや、学校や学級の約束やきまりを守らなければならないことは知っている。また、日常の生活において、トイレのスリッパ並べや静かな廊下歩行などの行為のよさを賞賛することで、みんなのことを考えた行動ができるようになってきている。そこで、社会的な活動能力が広がり、集団の規則や遊びのきまりの意義を理解して、集団目標の達成に主体的にかかわったり、自分たちできまりをつくり守ろうとしたりすることができるようになるなど、子どもの自主性が増してくるこの期に本主題を取り上げる。
　公徳とは、社会生活を営んでいく上で守らなければならないモラルであり、それを重んじる精神が公徳心である。これは、単に社会の規則を守ることや他人に迷惑をかけないことばかりではなく、社会の一員としての自覚をもって、広く社会の人々への思いやりの心としての公徳心を育てることが大切である。そこで、お互いの暗黙の了解のもとに存在する社会のルールを大切にすることが、自他ともによりよく生きることに通じるよさに気づかせ、社会や集団とのかかわりのなかで、進んで公徳を大切にしようとする心情を育てることは、重要であると考える。
　本主題の指導にあたっては、資料「雨のバス停りゅう所で」を共感的に活用し、社会のきまりを守り、進んで公徳を大切にしようとする心情を育てる。そのために、まず「導入段階」では、学級の約束について話し合い、本時学習の方向をつかませる。次に「展開前段」では、資料をもとに、役割演技を通して、割り込みをした時のよし子の自分本位の考えと、周りの人たちの不愉快な気持ちに共感させる。その後、厳しい表情の母を見た時のよし子の気持ちを交流することで、社会のルールの大切さと、それを守るこ

とでお互いが気持ちよく生活できるというよさをとらえさせる。そして「展開後段」では、これまでの自分の類似体験を振り返り、よさと不十分さを見出し、新たな生き方をつくり出させる。さらに「終末段階」では、公徳心にかかわる教師の説話を聞かせ、今後の生活への実践意欲を高める。

ねらい

見えないルールは個人の良心に委ねられて成立し、それらを守ることが互いによりよい生活を営むことにつながるというよさをとらえ、社会の約束やきまりを守り、進んで公徳を大切にしようとする心情を育てる。

過　程

段階	学習活動	指導上の留意点
導入	1　「学級の約束」の存在や遵守の現状について、自分の考えを出し合い、本時学習のめあてをつかむ。 ・学級の約束がないと、みんなが困ることになる。 ・大事だとは思うけれど、つい忘れてできないことがある。 　　みんなのルールの大切なひみつを見つけよう。	○「学級の約束」を提示し、その存在に対する感想や実際の生活での遵守の様子について考えを交流し、意識と行動にはズレがあることをとらえさせ、本時のめあてをつかませる。
展開前段	2　資料「雨のバス停りゅう所で」をもとに、人物の行為や心情を話し合い、公徳心の価値を明らかにする。 ○資料の中心場面を焦点化し、雨の中バスを待つ「よし子」や周りの人たちの気持ちを話し合い、場面の状況をとらえる。 　・どうしてお母さんは、よし子を連れもどしたのか。 　・よし子が自分のしたことを考え始めたのはどうしてか。 　　【よし子】←共通→【周りの人たち】 　・早くバスが来ないかな。 　・服が濡れて嫌だな。 ○割り込んだ「よし子」を連れ戻す母の気持ちを話し合い、行為を支える公徳への思いを明らかにする。 　　【よし子】←対立→【お母さん】 　・どうして戻るの？　・並んでいるのよ。 　・早い者勝ちよ。　　・みんなに迷惑よ。 　・もう座れなくなる。・順番は守るべき。 ○母親の横顔を見て、自分がしたことを考え始める「よし子」の気持ちを話し合い、公徳心についての価値を明らかにする。 　　【よし子】←共有→【お母さん】	○自分がこだわりたい場面について考えを出し合い、中心場面に焦点化させる。そして、挿絵や効果音、バス停等の具体物の提示によって場の状況をとらえやすくし、よし子と周りの人たちの雨に対する嫌悪感や、早くバスに乗りたいという共通する思いに共感させる。 ○連れ戻す場面の母親の気持ちをノートに書かせ、それをもとに「よし子」役、「母親」役の立場で役割演技をさせることで公徳を大切にしようとする母親の思いと、自分本位の考えで反発する「よし子」の気持ちに共感させる。 ○「よし子」の気持ちの変容を加えて、再度、母親が連れ戻す場面の役割演技を仕組み、お母さんの思いに納得させ、お互いの暗

展開後段		・自分のことしか考えていなかった。 ・嫌な気持ちにさせてしまって…。 ・みんなに謝りたい。	・よい所に気がついたね。 ・ルールは大切ね。 ・周りの人のことも考えていこうね。	黙の了解のもとに存在する社会のルールの大切さと、それらを守ることがお互いの気持ちのよい生活につながるというよさをとらえさせる。
		人の心に任されている見えないルールのおかげで、お互いに気持ちよく生活することができる。		
	3	これまでの自分自身の生活を振り返り、今後の生き方をつくり出す。 ・廊下は静かに歩かなければならないのに、つい走ってしまうことが多かったな。周りの人に迷惑をかけないという気持ちをもっと意識しなければいけないな。		○公徳心のキーワードをもとに、日記や心のノートを生かして、これまでの自分の類似する体験を振り返らせ、道徳ノートに自分のよさと不十分さを明らかにし、よりよい生き方をつくり出させる。
終末	4	教師の説話を聞き、本時学習のまとめをする。 ・雨の中のやさしいドライバー		○公徳心に関わる教師の説話を聞かせて、今後の生活への実践意欲を高める。

中学年の発達特性と授業づくりのポイント

1) 中学年の発達特性について

　この時期の子どもたちは、快活さと興味の拡大から周りの人々のことを考えずに自己中心的な行動をしてしまう傾向がある。そこで、自主性を尊重しつつ、自分を内省できる力を身につけ、自分の特徴を自覚し、そのよい所を伸ばそうとする意識を高めることが大切である。特に相手の立場に立って考えることの大切さを自覚させながら、社会規範や生活規範の意義について指導することが求められる段階である。

2) 中学年の授業づくりのポイント

①価値の解釈について　公徳とは、一般的に「社会生活を営んでいく上で守らなければならないモラル」と言われている。これを中学年段階でとらえていくと、見えないルールを守るという判断は決して外からの規制を受けるわけではなく、その後の事態をイメージ力を発揮させることで、最終的にはその人の良心に委ねられているということをとらえさせたいと考える。

②資料の選定について　資料「雨のバス停りゅう所で」は、土砂降りのなか、母と外出したよし子が、軒下で雨宿りをしながらバスを待つ人たちの順番を無視してバス停の先頭に割り込みをする。しかし、母親に最後尾に連れ戻され、母親のいつもとは違う厳しい表情を見て、自分のしたことを考え

始めるという話である。子どもたちにとって、目に見えないルールである公徳の価値をつかませるには有効な資料であると考える。

> **考 察**
>
> 　小学校中学年の児童は、実際に見えるものだけでなく、目に見えないものの存在を理解し考えることができるようになる。道徳授業に関して言えば、ある場面での行為や考えに限らず、その行動に至る背景や根拠、予測されうる展開などについても、一連の流れのなかでとらえられるのである。
>
> 　規範意識とは、社会への帰属意識や当事者意識を意味するものでもある。皆が気持ちよく生活できるのは、目に見えないルールや他者を尊重する気持ちが働いているからであり、それを支えるのは自分たちであることを、この段階で納得しておく必要があろう。

3 判断・根拠のちがいを交流する小学校高学年の道徳授業

主題名

明るく生きる(1-(4)) 【資料名「手品師」】

主題設定の理由

　誠実とは自己の心の動きに素直に従い、嘘偽りのないようにすることである。そうすることによって、たとえ日々の生活において挫折することがあろうとも、くじけたりこだわり続けることなく未来に希望をもち、積極的に自己の向上をめざそうと明るい心で楽しく生活することができる。誠実の素晴らしさを感得するためには、①自分の誠実さあるいは不誠実さによってもたらされる他者の心情を共感的に把握する力、②人間らしく正直に晴ればれとした気持ちで生きたいという願い、③自他の行為の是非を正直さや誠実さに照らして判断する力等が必要である。

　中学年段階では、自己の正直さや誠実さが他者に与える影響を客観的に見つめる学習をしている。したがってここでは、自分自身への誠実さを求め、心の中で対話内省しつつ努力していくことの大切さを感じる学習へと発展させる必要がある。高学年の子どもは、人間は自分の過ちを認めて謝ることが大切であること、言と行を一致させなければならないこと、そうしないと人の信頼を失うだけでなく自分も不愉快になるといったことは知っている。さまざまな学習や生活の経験から、不誠実さが原因で信頼を失うことや、自分を偽ることの後味の悪さをとらえている子どもは多い。しかし、実際の生活においてはどうしても自分の都合、不都合を優先させてしまい、その結果、相手によって正直に行動したりしなかったりといった矛盾が生じる。また、不都合なことが生じた場合に責任を他人に転嫁するのも、自分の利害損得にとらわれているからである。不誠実な行為をとってはいけないことは分かっているが必ずしも生活に結びついていかないのである。これは、自分の誠実さと他者からの信頼とがつながっていることや、不誠実と不快な感情との関係が実感をもって分かる段階までに高まっていない

ためである。したがって、人間としての自分の生き方を意識し自らの行動や心情を内省し始めるこの時期に本主題を取り上げ、自分に忠実で他人に誠実であってこそはじめて安定した心の明るさが生まれることや、そのような心の働きが自分にもあるといったことを自覚させることが大切である。

ねらい

どのような情況にあっても自他に対して正直で誠実に行動し、明るい生活をしようとする心情や意欲をもつことができるようにする。

過程

段階	学習活動	指導上の留意点
導入	1 友だちとの約束を果たせなかった体験を想起し、本時学習のめあてについて話し合う。 約束は守るべきだと分かっているけれど、自分が損をするのはなかなか耐えられないな。いつでも約束を守れる人の心って？ ─めあて─ 約束を守ることはなぜ大切なのか、「手品師」をもとに話し合おう。	※事前の実態調査を活用して学級の傾向性を知らせる。
展開前段	2 資料「手品師」を読んで話し合う。 (1) 手品師はどうするのがよいと思うか、根拠を明らかにしながら自分の考えを学習ノートに書き込む。 A　手品師は少年の所に行くべきだと思う。理由は… B　手品師は大劇場に行くべきだと思う。理由は… (2) 友だちと自分の判断・根拠を比べ、見方、考え方、感じ方の類似点や差異点を話し合う。 ○大劇場に行くべき理由 ・有名になるという夢を実現したい。 ・大勢の人を喜ばせることの方が価値がある。 ・自分の夢を実現することは立派なことだから優先してよい。 ・友人の親切に応えることは友情を大切にすること。 ・友の願いに応え夢を実現することこそ人間らしい姿。 ○少年のもとに行くべき理由 ・少年に恨まれたくない。 ・後悔の気持ちが残る。 ・友人は自分の気持ちを理解し怒りはしないだろう。 ・先に約束したのは少年、約束は約束なのだから絶対に守るべき。 ・少年をさらに傷つけ不幸にはしたくない。 ・相手からの信頼を大切にし約束を守ることが人間として一番大切だ。	※心情グラフを用いて、手品師の心の揺れや迷いを表現させ、自分の判断とその根拠を明らかにさせる。 ※根拠を観点別に分けた板書や名札マグネットを用いて、判断の根拠に違いがあることを明確にする。

展開後段		(3) 少年との約束を選んだのは、手品師にどんな気持ちがあったからなのか話し合う。 ・もし少年との約束を守らなかったら ・少年はどんな気持ちになるだろう。 ・自分はどんな気持ちになるだろう。	※相手を思う心と、自分を大切にする心(規範意識や自分への誠実さ)の両方が判断の根底にあることを整理する。
		(4) 自分の生活を振り返り、正直誠実な生き方ができた体験を話し合う。	※事前の実態調査をもとに意図的指名を行い、類似体験を発表させる。
終末	3	教師の話を聞き、本時学習のまとめをノートに書く。	※江橋照雄氏の「手品師への手紙」を紹介し価値の大切さを納得させる。

高学年の発達的特質と授業づくりのポイント

　資料「手品師」は多くの副読本が取り上げる資料だが、出版社によって指導計画上の5・6年への位置づけ方に違いが見られる。さまざまな学校・学級で授業を試みたが、発達段階や学級の風土によって子どもの根拠づけの傾向性が大きく異なり実に興味深い。たとえば、ある5年の学級では、「約束は約束なのだから、自分の気持ちに関係なく守らなくてはならない」とする紋切り型の価値理解に基づく発言が多かった。かと思えばある6年の学級では、「自分の夢を実現するために努力することは他の何よりも優先して大切だ」とする意見が多数見られた。自己本位的な意見にも聞こえるが、自らの理想や希望を強く意識し始める時期だからこそこのような傾向が生じたのだとも考えられる。このように子どもの根拠づけは常にその時々に子どもが抱いている価値観を反映する。したがって授業にあたっては、子どもがどのような水準での根拠づけを行うのか、事前の実態調査などを踏まえて実態を把握しておくことが必要である[1]。その上で、自他両方に対して偽りのない心で生きることが誠実さにつながることを、手品師の判断や行為から感じ取らせることが大切である。そのために2(3)の学習活動がある。なお「手品師」をめぐってはさまざまな立場からの論争がある。授業をどう流すかということではなく、「道徳の時間とは何か」を考える上でも一読をお勧めする[2]。

【注】
(1) 根拠づけの水準についてはコールバーグの研究に詳しい。
(2) 代表的なものに宇佐美寛氏の道徳教育批判がある。これに対して作者である江橋氏は「手品師への手紙」で反論している。本時の終末時に用いたのは、これを子ども向きにやさしく書き直したものである。

考　察

　小学校高学年になると、自らの考えを言葉で表現するだけでなく、言葉を通して他者の考えを理解し、相違点や共通点を整理することもできる。
　人間は、何らかの判断を迫られたとき、その場の状況やそれに至る背景、予想される結果など、さまざまな要素を検討した上で決定する。実際の生活場面における判断は、これまでの生活経験をふまえて無意識のうちに行われることも多々あるだろう。しかしながら、自分だけでなく、まわりの人々も皆、多様なことを考え、選択しており、それぞれの事情を抱えながら生きている。こうした人間理解を深めることにより、人間としての生き方についての自覚を深める中学校段階での学習に結びつけていくことが可能になる。

4　中学生の発達的特質を考慮した道徳授業

主題名

　目に見えない宝物(1-(1))　【資料名「古びた目覚まし時計」】

主題設定の理由

　中学生の時期は、自分自身の生き方について強い関心をもち、自分をより高めていこうとして意欲的に活動する時期である。反面、生活経験の浅さや人間関係の未熟さから、節度を欠いたり、感覚的に欲望や衝動にひかれて健康を損ねたりすることもある。保護者会等で飛び出す話題も生活習慣にかかわる内容が多い。つまり、身体は大きく成長しているが、まだ自分にふさわしい生活リズムを意識できておらず、節度と調和のある生活習慣を身につけるには至っていないという傾向がある。したがって、今一度、時間を有効に使い、節度をもって生活することについてじっくり考えさせたい。

　現代社会においては人間の欲望や衝動を刺激するものも多く、節度をもって自分で自分をコントロールすることが容易ではない。したがって、この先の人格形成にも深くかかわる「望ましい生活習慣」を身につけ、節度をもって調和のある生活を送る、ということの大切さを中学生のこの時期に考えさせることは意義深いと考える。習慣はいったん身についてしまうと、いちいちその行為一つひとつの善し悪しまでは考えにくくなるだけに、何げなく行っている生活習慣も、意外に自分の生活にうるおいをもたらしていることに気づかせたり、自覚させたりする必要がある。

　本資料「古びた目覚まし時計」は、生徒の日常生活に起こりがちな「遅刻」の問題を通して、規則正しい生活を自らの意志で確立していくことの大切さを取り上げている。筆者の父が、小学校時代に祖母から毎朝起こしてもらっていた生活から、中学生になって自ら自覚して生活規律を確立していく過程を息子に語って聞かせるといった形式で描かれている。資料中の筆者の父「昭夫」や両親の言動に視点をあて、生徒自身の問題との比較によっ

て考えさせることで、不規則になりがちな自分の生活を振り返り、時間を有効に活用した充実した生き方を考える上で適切な資料と言える。また補助資料「自分の時間」(アーノルド・ベネット)を提示することで、生活全体にわたる時間の使い方を自分自身で考える機会にする。また、「心のノート」(18-21頁)も併用し、この時間に考えたことと関連するものがあれば記入させる。

ねらい

「昭夫」の具体的な行動に視点をあて、自分と比較しながら考えさせることによって、日々の生活のなかで時間を大切にし、他人に頼らずに、節度のある生活を築くことは大切であるということに気づかせる。

過　程

段階	学習活動	指導上の留意点
導入	1　「礼を正し、場を清め、時を守る」の意味を再度考える。 ○自分の生活のなかでこの言葉のどれか一つが欠けていたら、どうなると思いますか。 ・礼儀を意識せずに過ごしていたら、相手に対しても失礼だ。 ・身の回りをきれいにできなかったら、すっきりしない。 ・約束の時間にいつも遅れたら、信用を失う。	○「もし～がなかったら」という形で答えさせ、人が生活していく上で起こりうるマイナス面の事柄を自由に発言させる。 ○教師はどの発言に対しても変わらない受け答えをする。
展開前段	2　資料を読み、昭夫や両親の言動について考える。 ○昭夫が約束したにもかかわらず、何度も部屋の前に行ったお母さんはどのような思いだったでしょう。 ・お父さんと約束しているから、起こしたくても起こせないつらい気持ち。 ・いつまでも人に頼っていると昭夫のためにならないと思う気持ち。 ・父にしかられるかもという不安な気持ち。 ・今日、遅刻させたくないという気持ち。 ○目覚まし時計は壊れているのに、お父さんのような行動ができるのは、どうしてだろう。 ・意志が強いから。 ・中学生の時に時間のことで忘れられない体験をしたから。 ・時間の大切さがよくわかっているから。 ・時間にルーズだと会社などで自分の信用に関わるから。	○場面に至るまでの昭夫の言動は教師の側から状況確認しておくことで、生徒が昭夫に対する気持ちを交えながら発言できるように雰囲気作りをしておく。 ○発言の内容によっては、もう一歩踏み込んだ理由(自身の体験など)を尋ねる。 ○時間を粗末にすることが、ひいては人間関係や将来の人生にまで大きく関わっていくことに気づかせる。
展開後段	3　「心のベル」について考える。 ○あなたたちのなかにある「心のベル」とは、どのようなものですか。 ・寝坊しないという、強い気持ち。	○一人ひとりの発言をできるだけ丁寧にとらえ、キーワードを板書したり、わかりや

		・自分で自分にブレーキをかけること。 ・自分の今の生活を点検したり振り返ったりすること。 ・自分のことは自分でするという気持ち。 ・時間を大切にする気持ち。	すい言葉で言い換えたりすることで、生徒が今の自分の生活にとって欠けていることなどを想起しやすいようにする。
終末	4	アーノルド・ベネットの言葉と教師の話を聞く。 「朝目覚める。すると、不思議なことに、あなたの財布にはまっさらな24時間がぎっしり詰まっているのだ。そして、それはすべてあなたのものなのだ。これこそ最も貴重な財産である。それに、その与えられ方も不思議といえば実に不思議である。誰も時間をあなたから取り上げることはできないし、盗むこともできない。そして、あなたより多く与えられている者も、少なく与えられている者もいないのだ。」 (アーノルド・ベネット)	○「あなたたちに与えられた、まっさらな24時間をこれからどう使っていくか、それはあなたたち次第だね、でもそれを使っていく途中には、どこかできっと心のベルを鳴らさなければならないときもあるだろうね」というつぶやきを入れる。 ○主題「目に見えない宝物」を提示する。

中学生の発達的特質と授業づくりのポイント

　中学生の時期は心身の発達が著しく、これに伴って生徒一人ひとりの道徳性の発達にも大きな差異が見られる。とりわけ現代社会では多様な価値観が尊重されており、同一の事象に関しても各自の経験を背景に多様な受け止め方や考え方をする生徒がいる。そのため、導入では、教師は生徒の発言をすべて共感的に受け止め、どの発言に対しても変わらない受け答えをするよう努めている。教師がめあてを与えるというよりは、生徒を自己探求へと向かわせるのである。終末において、「説話」ではなく「つぶやき」で感じ取らせるようにしているのも、同様の意図がある。

　中学生は、小学生に比べると丁寧に資料の流れを追わなくても内容を理解し、また教師の促しに応じて自分なりの考えをもち、自分の生活と関連づけることができる。したがって、本時では、導入段階において教室に掲示している言葉のもつ意味や、このことを常に意識して行動している自分と、意識しなくても自然にできる自分がいることに気づかせるようにした。展開前段では、状況を多面的に理解するとともに、ときには「主人公の言動についてどう思うか」などの補助発問を投げかけて自分と照らし合わせて考えていけるようにし、展開後段における中心発問との関連を図るようにしている。さらに、帰りの学活の時間に「心のノート」を用いて、自分の振り返りをしたり、少しでも改善しようという意欲を自覚したりするのを援助している。

考　察

　これまで中学校における道徳授業のあり方については、小学校の延長線上で考えられることが多かった。たしかに小学校からの連続性を考慮し維持する意義は大きいが、中学生の現実に照らして、授業構成や指導方法を見直すことも必要であろう。

　本実践において、そうした配慮は、たとえば資料との距離の取り方の工夫に看取できる。具体的には、展開前段において資料の世界に入り込むのではなく、資料中の言葉や登場人物の心情を、生徒がどのように解釈するかを問うたり、展開後段において資料中のキーワードを活用したりしている。

　また、多様な価値観をもちはじめる中学生に対しては、教師自身の生き方や人生観を語りかけることも有意義である。

5 ジレンマ資料を用いた道徳学習の展開（小学校第5学年）

主題名

相手の立場に立った思いやり（2－(2)）【資料名「ぜったいひみつ」】

主題設定の理由

　小学校の内容項目2－(2)のキーワードは低学年は「温かい心」、中学年は「相手の気持ちを深く理解した思いやり」、高学年は「相手の立場に立った思いやり」ととらえる。「温かい心」とは人間が本来もつ困っている人や立場の弱い人に対する愛情あふれる思いのことである。「相手の気持ちを理解する」とは、相手の表情や言動などから相手が今どんな気持ちでいるかを感じ取るということである。楽しそうだ、嬉しそうだ、悲しそうだといった気持ちを感じ取り、共有することである。「相手の立場に立つ」とは、相手を主体とするもので、自分を相手におきかえて考えることであり、「人間関係の深さの違いや意見の相違などを乗り越え」[1]てまで相手のことを考えることである。このように考えると高学年における思いやりとは、自分の一方的な思いから生まれる感情レベルでの思いやりではなく、相手の気持ちや立場を理解した上で生まれる認知レベルでの思いやりということになる。

　本資料「ぜったいひみつ」[2]には、転校するのり子のために、のり子には内緒という約束でお別れ会の準備を進めている親友のあゆみとクラスの友だちの様子が描かれている。内緒にするあまり、のり子はクラスの誰からもよそよそしく振る舞われ、転校を前に孤独感を感じてしまう。相談をもちかけられたあゆみであるが、みんなとの約束を守ってのり子には黙っておくべきか、みんなの対応に悲しい思いをしているのり子にお別れ会のことを言うべきかで悩んでしまうという内容である。本資料は、ジレンマ資料であり、お別れ会のことを黙っておくか教えてあげるか、そしてその理由はどうしてかということで活発な話し合いが期待できる資料である。さらに、どちらの立場ものり子のことを思うからこそという考えがもとに

なっているということに気づかせることによって、「のり子の気持ちや立場を考えたら」という視点で考えさせられる資料でもある。つまり、思いやりを「自分からの一方的な思い」から、「相手の気持ちや立場を理解した思い」へと気づかせるのに適した資料であるといえる。

ねらい

○自分の思いだけでなく、相手の気持ちを考え、相手の立場に立った思いやりの心情を育てる。
○友だちとの多様な考えをもとにした話し合いを通して、自らの考えを振り返り、道徳的判断力を育てる。

過　程

段階	学習活動	指導上の留意点
導入	1　資料のあらすじを振り返る。	○資料は事前に読ませておき、児童の考えを一覧表にまとめておく。
展開	2　主人公の葛藤状況を確認し、話し合う。 　あゆみはどんなことで悩んでいるのですか。 　○お別れ会のことは黙っておく。 　　・クラスのみんなから責められるから 　　・みんなとの約束だから 　　・のり子の驚きを大きくしたいから 　　・お別れ会の時にのり子に謝れば許してくれると思うから 　○お別れ会のことを教えてあげる。 　　・のり子がかわいそうだから 　　・お別れ会だけが思い出ではなく、残された2日間の方が大事だから 　　・のり子にとってみんなと話すことや遊ぶことの方が何より嬉しいことだから 3　論点を焦点化し、話し合う。 （予想される発問例A） 　のり子に教えたら、クラスのみんなはどう思うでしょう。 　　・約束を破ったあゆみのことを責める。 　　・のり子を思ってのことだから、許してあげる。 （予想される発問例B） 　このままみんなが話をしてくれないままだとのり子はどう思うでしょう。 　　・悩んで落ち込んでしまう。 　　・お別れ会をしてくれても嬉しくない。	○板書、一覧表などで全員の立場や考えを明確にした上で話し合わせる。 ○納得のいかない考えに対しての質問や意見を出し合いながら話し合いを進める。 ○相手を言い負かすのではなく、納得させるように話し合いを進めさせる。 ○必要に応じて、教師が介入し、論点の軌道修正をする。 ○ここまでの話し合いの進み方で発問を調整し、のり子の気持ちや立場に気づかせるように工夫する。 ○発問Aを通して、「のり子のことを思って教えた」ということに気づかせたい。 ○発問Bを通して、のり子の立場に立ったとき、どう思うのかを考えさせたい。

	どちらの立場の人にも共通する思いがありますね。どんな思いでしょう。	○どちらの立場も根底にあるのはのり子を思う気持ちであることに気づかせる。
	・のり子のことを考えてあげていること	
	のり子の立場に立って今の思いを考えるなら、一番大切にしなければならないことはどんなことですか。	○大事なことは今ののり子の思いであり、その思いをもとに考えられるように、のり子の立場に立たせて考えさせる。
	・驚かせることより、残された日々を気持ちよく過ごせるようにしてあげること。 ・気持ちのいい思い出をたくさん作ってもらうこと。	
	4 あゆみはどうするべきか、その理由は何か、本時を通しての自分の考えをまとめる。	○初めの自分の考えに固執することなく、本時の話し合いをもとに最終的にどのような理由でどう判断するのかをまとめさせる。
終末	5 教師の説話を聞く。	○相手の立場に立った思いやりに触れた教師の経験や児童の作文、日記などを紹介する。

ジレンマ資料を生かした授業づくりのポイント

○本時は1時間扱いであるが、2時間扱いにして1時間目に資料を十分読ませ、内容を理解させた上で、立場を決めさせておくことも有効である。

○話し合いは相手を言い負かすのではなく、相手を納得させるように進める必要がある。また、特定児童だけの発言で授業が進まぬようしなければならない。それらのことを意識させるような話し合いのルールづくりを事前にしておくとよい。併せて、教師による介入や意図的指名も必要である。

話し合いのルールの一例

相手を納得させるために	……必ず理由を言おう
人間関係などに左右されず必ず相手を受け入れるために	
	……平等に話し合おう
学級として納得のいく考えを導くために	……みんなで考えを出そう

○道徳の時間は、児童の道徳的実践力を高めることを目標としているので、無理にどちらかの立場に結論を持っていこうとせず、一人ひとりの判断理由の変化を大事にしたい。そのためにも事前、事後の判断理由を必ず書かせることが大切である。

【注】
(1) 文部科学省『小学校学習指導要領解説　道徳編』東洋館出版社、2008年、56頁。
(2) 荒木紀幸編『モラルジレンマ資料と授業展開　小学校編』明治図書、1990年、43-44頁。

考　察

　本事例で用いられている資料は、コールバーグの道徳性発達理論（第2章参照）に依拠して展開されてきたモラルジレンマ授業の取り組みのなかで開発されたものである。ただし、本事例は典型的なモラルジレンマ授業とは異なり、必ずしもオープン・エンドであることにこだわっていない。児童の意識は、むしろ全員が納得できる根拠をもった考えを作り出すことに向かっている。教師はその過程で、「自分からの一方的な思い」よりも「相手の気持ちや立場を理解した思い」を大切にする心情を養い、どちらが本当の思いやりになるのかという判断ができるようにすることをめざすのである。

　本事例のもう一つの特徴は、授業に際して「話し合いのルール」をつねに確認させていることである。これは道徳授業に限らず、学級の規範づくりの取り組みとしても評価できる。

6　体験活動と関連づけた道徳学習の展開（小学校第6学年）

主題名

望ましい集団(4−(3))　【資料名「班長になったら」】

主題設定の理由

　本学級の児童は、学級だけでなく、委員会活動やクラブ活動など、さまざまな集団に属し活動している。また、夏季休業中に行った異学年での長期宿泊体験活動においては、各グループの中心的存在として共同生活や山登りなどを経験している。これまでの集団での活動において、上級生としての責任を感じ積極的に活動する姿は見られたものの、成員と意見がぶつかりトラブルになったり、身勝手な言動に苦慮したりして、やる気を失いかけている児童が見られる。また、集団のなかで発言することもなく、ただ傍観している児童もみられる。これらは、自己が果たすべき役割についての理解が浅く、打算的な考えにとどまっていたり、成員相互のかかわりの大切さや集団で目標を達成することのよさを感得することができていなかったりすることが考えられる。

　「望ましい集団」とは、その集団の成員間に一体感があり、共通の目標をもち、一定の規範を守りながら、役割を分担しているまとまりのことである。望ましい集団となるためには、まず集団に属する一人ひとりが、集団の活動に積極的に参加し、そのなかでの自己の役割を自覚し、主体的に責任を果たすことが重要である。今回、本学級児童の実態をふまえると、自分の損得感情にとらわれず、同じ方向を向いて互いに支え合う集団をつくることが自己の役割であると気づくことに重点をおく必要があると考える。以上のことから本主題を設定し、自己の役割を自覚し主体的に責任を果たそうとする態度を育てることは、今後の望ましい集団づくりに向けての実践力を育む上で大変意義深いと考える。

　本主題の指導にあたっては、中心資料「班長になって」の主人公である「ぼく」の心情に共感しながら、ねらいとする道徳的価値の追求および道徳的価値の主体的な自覚を図ることをめざす。

ねらい

自分の損得にこだわらず、成員が同じ方向を向いて互いに支え合うことの大切さに気づき、望ましい集団づくりに向けての自己の役割を自覚し、主体的に責任を果たそうとする態度を育てる。

過　程

段階	学習活動	指導上の留意点
導入	1　集団で活動した時の気持ちについて発表し合う。	○事前に行った意識調査をもとに、望ましい集団づくりに向けての課題意識を喚起し、ねらいとする道徳的価値への方向づけを図る。
展開前段	2　中心資料「班長になったら」の範読を聞き、話し合う。 (1) メンバーの言動に対してため息をついた時の「ぼく」の気持ちについて考える。 　○ぼくがもらしたため息にはどんな気持ちがこもっていたのでしょう。 　・腹が立つなあ。(怒り) 　・僕は頑張っているのに。(自己中心) 　・班長なんてするんじゃなかった。(退行) 　・仕方ないなあ。(諦め) (2) 七海さんたちを探している時の「ぼく」の心の中をイメージする。 　◎七海さんたちを探しているとき、ぼくはどんな気持ちでいたでしょう。 　・七海さんたちに申し訳ない。 　・班長が一番に頂上につかなければと思っていた自分が間違っていた。 　・みんなが協力してくれて有難い。 　・心がつながった。 ［これまでの集団のイメージ図例／イメージ図例その1／イメージ図例その2］	○本資料については、児童の生活経験と重ね合わせながら共感的に活用する。 ○自己の役割に対する理解が浅く打算的な考えに留まっている主人公に共感できるように、これまでの集団での活動が想起できるような補助発問を行う。 ○メンバーを探し出そうと協力している主人公の気持ちを深くみつめることができように、心の中をイメージ図に表し、考えを交流する活動を位置づける。 ○イメージ図を出し合っての比較検討がしやすいように、「ぼく」「班員」などのカードをあらかじめ準備するなど、イメージ図に用いる要素を提示する。 ○集団のなかでの役割を見出していく主人公の姿に共感できるように、以下の視点をもとに話し合う。 　　ア　班長の立場(位置) 　　イ　班員の意識の方向 　　ウ　目標の有無

展開後段	【予想される反応】 ・班長は、メンバーを支えていく立場でいるのが大切なのだな。 ・全員が同じ方向を向いた時、集団での活動はうまくいくのだな。 (3) メンバー全員で頂上にたどり着いた時の「ぼく」の気持ちについて考える。 　○全員で頂上に到達できた時、ぼくの心にどんな気持ちがわいてきたでしょう。 ・みんなそろって頂上にたどりつけて、本当にうれしい。 ・これからも、グループのみんなと協力したい。 3　これまでの集団での活動で見出した望ましい集団の姿について見つめ直す。	○成員相互のかかわりの大切さや集団で目標を達成することのよさを感得することができるように、成員全員で頂上にたどり着いた時の気持ちについて話し合う。 ○それぞれの経験を見つめ直すことができるように、集団宿泊活動での感想やエピソードを提示する。
終末	4　学習のまとめをする。	○今後の集団での活動に向けての実践意欲をあたためることができように、下級生からの声や、活動時の画像などを視聴させる。

体験活動と関連した授業づくりのポイント

①年間指導計画をもとにした計画的・発展的指導

　体験活動で育まれた道徳性を道徳の時間において補充・深化・統合するためには、年度当初に年間指導計画に位置づけ、計画的・発展的に指導することが不可欠である。

②体験活動での指導内容の明確化

　体験活動の指導の際には、その後に行う道徳の時間での指導内容項目を意識し、事前や事中、事後において活動に対する方向づけや価値づけを適切に行っておく必要がある。

③資料選定および分析

　資料選定については、体験活動と関連しやすい生活資料を用いることが望ましい。また、分析の際には、児童生徒が体験したことと重ねて考えることのできる場面を洗い出しておく。

④補助発問の効果的な位置づけ

　授業では、導入や展開後段における体験想起だけでなく、展開前段における価値追求においても、体験活動での様子などと重ねて考えることのできる補助発問を行うことが、ねらいとする道徳的価値の主体

的な自覚を図ることにつながる。
⑤実践意欲を高めるための工夫(終末の工夫)

　終末に、体験活動に携わった方(指導者や他学年)からのメッセージなどを視聴すると、今後の活動に対する実践意欲を高めることができる。

考　察

　学習指導要領では、集団宿泊活動をはじめとする体験活動を積極的に取り入れるよう求めている。体験活動それ自体の道徳教育上の意義も大きいが、道徳的価値の大切さを自覚し、人間としての在り方や生き方の視点から体験活動の意味を考えられるように道徳の時間を工夫することも大切である。本事例では、直接的には展開後段において体験活動の感想やエピソードを提示することが「望ましい集団の姿」について見つめ直す支援となっているが、展開前段で主人公の気持ちを考えるために子どもの体験が生きるようにした補助発問も、道徳的価値を自分との関わりでとらえさせる上で有効である。

7 総合単元的な道徳学習の展開（小学校第6学年）

総合単元名
　今、そしてこれからの役割（4−(3)）(4−(4)）

主題名
　役割を果たすということ（4−(3)）【資料名「森の絵」】

主題設定の理由
　本主題は、総合的な学習の時間：単元名「つくろう！わたしの『夢実現プラン』」および道徳：主題名「働くことの意義」4−(4)との関連を重視して構想した総合単元「今、そしてこれからの役割」の最終段階に位置づけたものである。総合単元の最終段階（最終時間）に位置づけることにより、総合的な学習の時間における全ての学習活動（職場見学、中学校見学、学校・家庭実践等）において考え・感じた体験を根拠として、"役割に関する自己の生き方についての考え"を深めることができると考える。
　集団生活の向上とは、自分の属する集団の存在意義を十分に理解し、各人がその成員としての役割と責任を自覚し、自分勝手な考えや行動を自制することにより、集団の目的を達成するとともに集団内の人間関係をよりよいものにしていくことである。集団生活を向上させることが、集団をつくっている一人ひとり（個）の生活を向上させることであり、それぞれの生きる喜びにつながるのである。
　6年生の児童は、最上級生として学校内外の活動において集団生活のリーダー体験をもっている。そこで、児童が所属している集団や社会における自分の役割や責任などについての自覚が深まっていくこの期に、本主題（本総合単元において）を設定することは、"社会的役割の自覚"の価値を感得させるとともに道徳的実践力を育成する上でも意義がある。
　本資料「森の絵」は、学習発表会の劇で希望する役になれずに活動に身が入らなかった主人公が、役割を自覚して努力している友だちの姿に接し、積極的に自分の役割を果たそうと変わっていった様子が描かれている。指導にあたっては、資料を共感的に活用し、主人公になりかわって価値を追求・把握させる。具体的には、総合的な学習の時間に作成した「夢実現プラン」をもとに、職場見学、中学校見学、学校・家庭実践等の活動で"役割"について考えたり感じたりした体験を根拠としながら、主人公の気持ちや考えを主体的に推しはかることができるようにする。

ねらい

　自分の役割を自覚して責任を果たすことにより集団生活が向上することが分かり、集団の活動に積極的に参加し主体的に協力して役立とうとする態度を育てる。

過　程

段階	学習活動と内容	指導上の留意点
導入	1　集団生活における体験をほりおこし、学習の方向について話し合う。 ・役割を避けようとしたことがある。 ・自分の希望ではない役割には消極的だったことがある。 ・役割の大切さを考え積極的に活動したことがある。 　→　集団の中で活動するときに大切な心がありそうだ。 《めあて》 集団の中で活動するときに大切な心は何だろう	◎職場見学、中学校見学における体験を想起させるために「夢実現プラン」を振り返らせる。
展開前段	2　資料「森の絵」を通して、登場人物の気持ちや考えについて話し合う。 ○資料の状況について話し合う。 　・場面の状況　・登場人物　・行為　・行為の結果等 ○鉛筆をもつ手に力が入らない「えり子」の気持ちや考えについて話し合う。 　頑張って描こう　←　・自分が女王をやりたかったのに。 　↓　　　　　　　　・絵を上手に描いてもしょうがない。 　（役割の自覚）　　※役割の無自覚、無責任 ○いきいきとポスターカラーを皿にときはじめた「えり子」の気持ちや考えについて話し合う。 　・劇の成功みんなの願いだ。　→集団の目的 　・絵を描くことが自分の役割だ。　→役割の自覚 　・最後までやり遂げることが大切だ。　→責任の自覚 　・劇が映えるように絵を仕上げよう。→行為の決意 　・目的を達成しよう。 　・協力して学級生活を高めよう（集団生活の向上） ○森の絵が完成したときの「えり子」の気持ちや考えについて話し合う。 　・本当にやり遂げてよかった。 　・これできっと劇もうまくいき学級も高まるだろう。 　⇒自分自身の充足感と集団生活の向上	○状況を的確に把握させるために資料分析図を提示する。 ○心の弱さへの共感を深めさせるために、心のノートに記述させた「役割を遂行できなかった体験」を振り返らせる。 ◎ねらいとする価値を深めさせるために、職場見学、中学校見学において学んだ「役割・職業」への考え方や信念を振り返らせる。 ○行為後の快感情を実感させるために「心情カード」を提示する。
展開後段	3　自分が属する集団において役割と責任を自覚し最後までやり遂げた経験について話し合う。 　・自分の役割の重要性に気付いた。 　・自分自身が大きな充足感を感じた。 　・集団のみんなの仲間意識が強くなった。	○価値の主体的自覚を深めるために学校生活、家庭生活における実践を心のノートをもとに振り返らせる。
終末	4　教師の説話を聞き、自己の生き方を見つめ直す。 　・今までの自分は……。 　・これからの自分は……。	○実践への意欲を高めるためにGT（中学校教師）が説話を行う。

第10章　道徳授業の具体的展開

総合単元の構想（総合単元名「今、そしてこれからの役割」）

意識の流れ	道徳の時間	総合的な学習の時間	家庭地域との連携
		単元名：つくろう！わたしの「夢実現プラン」 （30時間＋課外） 1　今の自分と将来の自分とのつながりから学習課題を設定する。	○事業所や中学校との事前打合せ（何を、どのように、どこまで等）
・自分の得意なことをいかして、将来こんな職業に就きたいな。 ・夢を実現できた秘密は何だろう。		(1)20年後の姿を考える。 (2)自分の特長と20年後の姿をもとに予想年表を作成する。 (3)夢を実現させた人を知り夢を実現できた理由を予想する。	○家庭における将来について考える話し合い
・働くことや学ぶことについて、「夢実現プラン」を作って考えていこう。		(4)交流を通して、予想年表との共通点や相違点から学習課題を立てる。 (5)これからの課題をプランにまとめる。	
・この仕事に就くには、多くのことを学ばなければいけないんだな。		2　職場見学を通して「働く」ときに大切なことを明らかにする。	○見学する職場への最終確認
・働く人は、どんなことを考えて努力をしているのだろう。 ・「働く」ことには、その人の強い思いや信念が必要なんだ。		(1)夢として思い描いている職業について調べる。 (2)職場見学の計画を立てる。 (3)課題をもって、職場見学に行く。 (4)働く人の考え方や行動について交流し合い、「働く」ときに大切なことを整理する。	◎職場見学
・働く楽しさは、自分の充実感と多くの人の喜びから得られるのだな。	主題名：働くことの意義　（4－(4)） 資料名：働くって楽しい？ 　　　　光村図書 ※総合2(5)の後に実施	(5)職場見学と交流活動を通して学んだことを夢実現プランにまとめる。 3　中学校見学を通して「学ぶ・働く」ときに大切なことを明らかにする。	※道徳の時間におけるGTとしての招聘 ○見学する中学校への最終確認
・中学生は、どんな学校生活をしているのかな。 ・中学生は、目的をしっかりともって学んだり役割を果たしたりしているんだな。		(1)「学ぶ・働く」時に大切なことを明らかにする見通しをもつ。 (2)中学校見学の計画を立てる。 (3)課題をもって、中学校見学に行く。 (4)中学生の考え方や行動について交流し合い、「学ぶ・働く」ときに大切なことを明らかにする。 (5)中学校見学と交流活動を通して学んだことを夢実現プランにまとめる。	◎中学校見学
・職場で出会った人や中学生との交流で多くのことを学んだな。 ・今、自分がやらなければならないことを確認して「学習や生活」を努力して行こう。	主題名：役割を果たすということ 　　　　（4－(3)） 資料名：森の絵 　　　　学習研究社	4　今すべきことを実践し、夢実現プランを作り上げる。 (1)日常実践の計画を立てる。 (2)実践を振り返り、自分に大切なことを整理する。 (3)日常実践と交流活動を通した学びを夢実現プランにまとめる。	○家庭における保護者へのプラン紹介
・職場の人や中学生の考え方は、主人公が「役割と責任を自覚」する姿と共通するな。	※総合終了後に実施	(4)夢実現プランをつなぎ、自分の変容を確かめ、これからの自分の生き方を考える。	※道徳の時間におけるGTとしての招聘

※総合的な学習の時間の単元構成は、平成20年度福岡県教育センター原尾宏志長期研修員による。

総合単元的道徳学習における授業づくりのポイント

　総合単元的道徳学習を構想するときに最も大切なことは、"児童生徒の意識が無理なく連続するか"ということである。以下、意識の連続を大切にした構想の手順に即してポイントを整理する。
　①各教科、外国語活動、総合的な学習の時間および特別活動の単元等における学習活動を分析し、道徳の内容を明確にする。
　②明確にした道徳の内容を補充・深化・統合するために、道徳の年間指導計画から道徳の時間の主題を選定する。
　③児童生徒の意識の流れを予測し、指導の順序（道徳の時間をどの段階に位置づけるか）を決定する。
　④家庭・地域との連携、日常活動、学習環境等を位置づけて総合単元構想図に表す。（前ページ参照）
　⑤構想した教科等の学習内容や活動との関連を考慮して、道徳の時間の学習指導過程を構成し学習活動を位置づける。

　以上の五つのポイントを大切にして総合単元を構想するわけであるが、決して内容を欲張らないことを留意していただきたい。学習の主体者は、あくまでも児童生徒である。①教科等および道徳の時間において意識の連続は可能であるか。②総合単元の全期間での意識の連続は可能であるか。
　常に、児童生徒の側に立った総合単元的道徳学習でありたいものである。

考　察

　総合単元的道徳学習とは、子どもの道徳学習が本来、学校教育における教科・領域の区分を越え、また家庭・地域社会を含む全生活圏において行われるものであるとの認識に立脚し、そこで子どもの主体的な道徳学習を実現することを目指して提唱された理論である。この理論の特徴は、道徳の時間が学校教育全体を通じて行われる道徳教育を補充・深化・統合するものであるという教育課程上の意義がそこに端的に形となって表われていることである。また、今日要請される道徳の複数時間プログラムの一形態でもある。本実践では意識の連続を重視し、総合的な学習の時間の「考えたり感じたりした体験」を生かし

ながら、道徳の時間においては道徳的な価値の自覚を深めるという、それぞれの特質を生かした計画となっている。

第11章　道徳授業研究の方法

　道徳の時間の指導を行う以上は、それを成功させたいと考えるが、そのためには何が重要なのか。そしてどのようにすれば授業力は向上するのか。このような問いをもち続けて授業観察や授業研究に主体的に取り組むことが、この問いへの解答をもたらしてくれるであろう。

　なお、本章は主として教員養成段階の学生を対象としている。そのため、以下に述べる道徳授業観察および道徳授業研究の視点も、現職教員の校内研修や研究発表会における公開授業の場合とは異なる点があることを、あらかじめお断りしておく。さらに、最終節では福岡教育大学における道徳授業実践研究を中心とする臨床的学習支援の取り組みを紹介しているので参考にしていただきたい。

1　道徳授業観察の視点と方法

　養成段階にある学生にとって、授業の実践的研究は観察からはじまる。授業観察の視点をしっかり身につけることが、自身の授業を向上させることにつながる。そのため、教育実習においても観察の比重が高まっているのである。

　観察の視点としては、①学校の全体像の体系的・構造的理解に関する観察、②学級の実態把握に関する観察、③学習指導に関する観察をあげることができる。とくに学習指導に関する観察には、①指導案の記載事項の理解、②指導過程の各段階の意義に関する観察、③発問およびこれに対する

児童生徒の応答と教師の対応、あるいは板書等、観察項目にしたがって行う観察がある。参加者はこれらの点について整理した上で、授業検討会に臨むことになる。

(1) 学校全体の実情理解に関する観察

　教育実習は、まず実習校を理解することからはじまる。本実習に先だって行われる観察参加は、実習校を詳しく知る上でよい機会である。この機会に実習校の学校としての全体像を体系的・構造的に把握し、その実情や特徴を理解しておくことが望ましい。一般的には学校の教育目標、学校の沿革、現在の児童生徒数、学級編成、教職員組織、校務分掌、学校の地域性などである。これらのことについて事前に資料が得られる場合には、よく調べて読んでおくことが望ましい。

　道徳教育に関して言えば、本来、道徳教育は学校の教育活動全体を通して行われるものであり、1単位時間の枠で実施されることの多い道徳の授業も、さまざまな教育活動と有機的な関連をもっている。道徳の時間はそれらの「かなめ」ともいえる時間であり、その成否は単にその時間の指導技術にのみかかっているわけではない。当該学校における道徳教育の全体計画、さらにはそのもとに作成される道徳の時間の年間指導計画によって、その意義づけも効果も変わりうる。観察する授業がどのような計画に基づいて行われるのかを知っておけば、授業のねらいもよりよく理解できるだろう。

　道徳教育の全体計画や道徳の時間の年間指導計画を見る機会があれば、①学校としての道徳教育への取り組みの重点は何か、②教科や総合的な学習の時間や特別活動と道徳の時間との関連をどのように図っているか、③家庭や地域との連携をどのように位置づけているか、なども読み取ってみよう。

(2) 学級の実態把握に関する観察

　道徳の時間の指導は、原則として学級担任の教師によって行われることになっている。それだけに、道徳の授業には日頃の学級経営が大きく反映

することになる。児童生徒にとっての学級生活のリズム(1日のリズム、1週間のリズム—時間割—)を知ると同時に、学級で掲げる教育目標、学習集団としての規範、そのなかで醸し出される雰囲気なども観察の対象としてゆく。これらは授業時間中のみならず授業開始のチャイムが鳴る前の休み時間、昼食時間や清掃時間に観察されることも多い。

さらに、個への対応(支援)をどのように考え実際に配慮しているか、同学年の担任教師との連携をどのように図っているか、さらには学級における指導方針が保護者に対してどのように説明されているかということも、重要な視点である。

しかしながら、これらについては、観察参加という条件のもとではさまざまな制約もあり、十分にはなされないであろう。その場合には、教育実習期間中の観察で生かしてもらいたい。

(3) 学習指導に関する観察

1)「指導案」の読み方

「(学習)指導案」は授業の計画書であり、そこには本時の指導目標(ねらい)や1時間の指導過程の計画が記されている。授業者はこの指導案を事前に作成し、これに基づいて授業を実施するわけである。授業観察にあたる側にとっては、本時が何をめざしてどのように進められようとしているのかを理解する上で重要な手がかりとなるものであり、授業開始前によく目を通しておく必要がある。

指導案に書かれている事項を以下に掲げる。その形式は学校によって若干の相違はあるものの、その構成要素はほぼ同じである。

ア 主題名

　授業で取り上げるテーマである。資料名で表されている場合もある。これはすでに年間指導計画に掲げられている。

イ 主題設定の理由

　ここには三つの観点が掲げられる。

・内容観……ねらいとする道徳的価値についての指導者の考えおよび各学年段階での扱い方の系統性など。

- 児童(生徒)観……ねらいに関する児童生徒の実態および本主題での学習の必要性など。
- 指導観……選定した資料の特徴や資料提示の方法、指導過程の各段階での工夫など、指導する側の姿勢や着眼点。

ウ　ねらい

　本時の目標が簡潔に表現されている。人間一人ひとりがもつ人格的特性としての道徳性は、様相(形式)の面とこれに内容を充当する価値の面から考えることができる。そのため、授業のねらいはその両面を考慮して、「……しようとする心情(あるいは態度)を育てる」、「……についての判断力を養う」などと表現することが多い。

エ　指導過程

　本時の展開の大要が見て取れるように記してある。教科の授業と同様に「導入」「展開」「終末」の段階を設け、(児童生徒の)「学習活動」と(教師の)「指導上の留意点」から記述してあるが、道徳の授業の場合は、この過程がねらいとする道徳的価値の自覚を深めさせるためのものになっているのである。これについては項を改めて説明することにする。

2)　「道徳」学習の指導過程を理解する

　道徳の時間の意義は、児童生徒の道徳的実践力を育成するところにある。道徳的実践力を育成するとは、道徳的実践を可能にするような内面的資質を身につけさせるということであり、そのためには児童生徒が道徳的価値の自覚と(人間としての)自己の生き方についての考えを深めることが必要である。道徳の時間の指導過程とは、このような道徳の目標達成のための手順を示した、その構想である。

　各段階の意義と観察の視点については、次のようにまとめることができる。

ア　導入段階

　学習への関心や意欲を喚起し、主題が扱う問題の発見・意識化を図る段階である。資料への関心を抱かせたり問題を意識化させたりすることによって、ねらいとする価値へ方向づけることができたか、また次の展

開へとつないでゆくことができたかを観察する。
イ　展開段階
　　導入段階で喚起した学習内容への興味、問題意識から出発して、主題のねらいを達成するための実質的な学習活動が行われる段階である。この段階はさらに前段・後段に区分して考えられる。
　　展開前段では、中心資料の活用によって、ねらいとする価値の追求、把握をめざす。資料の提示の仕方は適切か、主人公の生き方に共感(あるいは批判)させながら子どもたちの多様な考えを引き出せたかを観察する。
　　展開後段では、追求してきた価値を、資料から離れて、自分自身の問題として考えさせていこうとする。子どもに自分の生き方を振り返らせるためにどのような発問を用意したか、一人ひとりの応答をきちんと受けとめていたかを観察する。
ウ　終末段階
　　本時のしめくくりであり、ねらいとする道徳的価値についてまとめたり、子どもの実践への意欲が高まるように動機づけたりする段階である。学習内容をふまえた適切な説話が用意されていたか、感銘を与えるものであったか、逆に説教や個人的体験からくる結論の押しつけになっていないかを観察する。

3)　授業の何を観察するか
　実際の授業は演劇の「場」「幕」のような明確な区切りをもたない。また、ねらいに応じてさまざまな指導過程が構成され、そこにまたさまざまな指導方法が用いられている。それらも結局は「ねらいの達成」という視点から観察し、評価してゆけばよい。授業観察にあたって観察項目を整理しておくことは、少ないチャンスを生かすために有効である。
ア　授業前
　・教室環境、児童生徒の入室、着席の様子、挨拶の仕方など。
イ　資料
　・ねらいにあった資料か。

・提示の仕方は適切か。
ウ　発問
・発問の意図が明確か。発問の意味が児童生徒に理解されたか。
・授業展開の推進力となったか(基本発問)。
・ねらいに迫るための決め手となったか(中心発問)。
・基本発問、中心発問の効果を高めるために、確認、説明の要求、別の観点からの問い直しなどの工夫があったか(補助発問)。
エ　児童生徒の反応と指導者の対応
・主題に対する積極的な取り組みが見られたか。意欲、関心を持って授業に参加していたか。
・一人ひとりの発表をしっかり受け止めていたか。考える余裕を与えていたか。
・指名の仕方は適切か。
・机間指導をするなど、個に応じた指導を心がけていたか。
オ　板書
・学習内容がわかるように整理されていたか。
・見やすい板書か(文字の大きさ、板書量)。
カ　教育機器の利用
・視聴覚教材の使用に際して効果があったか。
キ　指導計画と実際の授業の流れ
　　指導案と実際に行われた授業の流れを照らし合わせて検討する。「授業の失敗」は「指導計画の失敗」であることも多い。もう一度、主題設定の理由、ねらい、指導過程を見直してみる。
・学習のねらいがはっきりしているか。
・ねらいにかかわる児童生徒の実態を把握し、課題を意識しているか。
・指導過程の構成はよいか。時間配分はよいか。

4)　観察記録のとり方
　上記の点について整理した上で授業検討会に臨むことになるが、短時間のうちにまとめるためには、各自であらかじめ記録カードを作っておくと

よい。それは後日提出することになるレポートの作成にも役立つはずである。記入項目はあまり細かく設定しない方が記入しやすいだろう。なお、板書は別紙に写し取っておくのがよい。

　また、授業検討会がセットされていれば積極的に参加し、不明な点は質しながら各自の観察結果を検証する。なお、その際に授業者に対して敬意を払うことは非常に重要なエチケットである。

2　道徳授業研究の課題と方法

　前述のように授業観察の視点が授業を評価する際の材料を提供してくれることは確かであるが、授業改善のためには、さらなる継続的な研究のための「授業研究の視点」が必要である。ここではまず、道徳授業の妥当性を吟味する際の三つの視点を簡潔に提示しておきたい。

(1)　道徳授業研究の課題

1)　学校の教育計画および社会における道徳との整合性

　「学校における教育活動全体を通じて行う道徳教育」との関連、すなわちそれらを「補充、深化、統合」するという位置づけの問題である。学校における道徳教育の全体計画、道徳の時間の年間指導計画、学級における指導計画のもとに道徳授業が成り立っているとすれば、その授業の意義はより大きな計画のなかでの位置づけを考慮しないことには確定できない。また、このことを意識することによって、具体的、客観的事実に基づいた授業評価が逆に学校における教育計画の評価に結びつくことも期待されるのである。

　また、学校における道徳教育の内容は、社会における道徳を反映したものである。実際、道徳授業の指導者も指導計画を立てるに際しては主題の社会的意義を考慮しており、道徳授業の評価においても重要な観点であるといえる。たとえば、自作資料を用いた授業では、教師自身の価値観が教材開発や資料分析に反映するだけでなく、そこから生まれた実践に関して文字通りの合法性、社会常識からみての妥当性が問われることもある。資

料の感動性にひきずられて事実判断をおろそかにすると、結果として通常の人間にはとうてい引き受けることのできない高尚な道徳を説くことになりかねない。「これは使える」というひらめきは大切だが、それがほんとうに「使える」かどうかよく吟味することが、教材開発や資料分析にかかわる授業研究の視点であるといえよう。

2) 児童生徒の実態への即応性

この視点では、とりわけ児童生徒の発達段階、生活経験からみた妥当性が問題になる。児童生徒は幼児的な他律的道徳から、相互性の原理を学びつつ自律的道徳に至る途上にある。その発達的特性が、そもそも学校における道徳教育を必要とする根拠なのであって、こんにち道徳の時間の指導において発達の段階を考慮した計画的・発展的指導が重視される理由でもある。

児童生徒は生活経験のなかからすでに本人なりの価値観を身につけている。道徳の時間のねらいとする価値についての見方、考え方、感じ方などである。これらを診断的評価として事前に把握し、授業に生かされていることが重要である。それによって授業は具体性をもち、児童生徒にとってもこれを自分自身のこととして受けとめ、問題の追求や解決に向けて取り組むことができるようになるのである。

3) 指導理論からみた妥当性

道徳授業に関してもさまざまな指導理論が唱えられてきた。たとえば、資料の活用に関する理論、指導過程に関する理論、体験活動との関連に関する理論などである。理論が実践の一般化されたものであるとすれば、実践的研究はこれまでの実践のなかにどう位置づけられるのか、そしてどのような新しい視点が加わったのかを、それらの理論に基づいて明らかにしていかねばならない。そうすることで、授業実践の意味が指導者以外の人々にも理解され、授業改善に向けての研究討議も有意義なものとなるのである。

ある理論を擁護するために実践が存在するわけではないが、私たちの共

有財産としての理論をふまえた新しい提案こそが現状の改善に結びつきうるものとなることを強調しておきたい。

(2) 道徳授業研究の手順

「授業研究」は日本の学校教師によって作り上げられてきた実践的研究のスタイルである。したがって学校における道徳授業研究は、道徳教育上の問題のうち、授業改善を必要とするものをテーマに掲げてとりかかる。「授業研究」とは「授業分析」を中核としながらもその前後の過程を含むより広い概念である。その点をふまえて、先にも触れた〈授業設計〉→〈授業実施〉→〈授業評価〉のサイクルを生かした授業研究について略述していきたい。なお、授業研究の流れの全体は、全体として次頁のように表すことができる。

1) 授業設計の段階

この段階では、年間指導計画から1時間の道徳の授業までの一連の計画において、児童生徒の実態に応じて、指導の目標(ねらい)を設定し、目標の達成に適した指導過程、資料、評価方法を選択し、授業展開の状況を試行・修正しつつ、指導案にまで具体化する。何もないところに目標は見いだされず、プランもたたない。児童生徒の実態把握という意味での先行的評価(診断的評価)がまずあるはずである。そうしてはじめて「何のため」の指導かが共通に理解されることになる。学校としての研究主題、研究仮説を掲げての授業研究の場合でも、何が授業改善を必要とする問題なのかを把握するために、これは不可欠の作業である。

実態把握の結果をうけて設定された目標は、さらに地域や家庭などの実態、児童生徒の経験などの実態を考慮しながら精選され、重点化される。「めざす児童生徒像」は実態との関連において明らかにされ、道徳の目標や内容との関連が明確になってくる。どのような道徳的資質を育てるかという目標分析の過程において、それにふさわしい支援の方策、評価基準なども次第に意識されてくるであろう。それらを意識的に関連づけていったものが授業仮説となる。狭義の指導計画、すなわち本時の授業設計はここからスタートするといってよい。

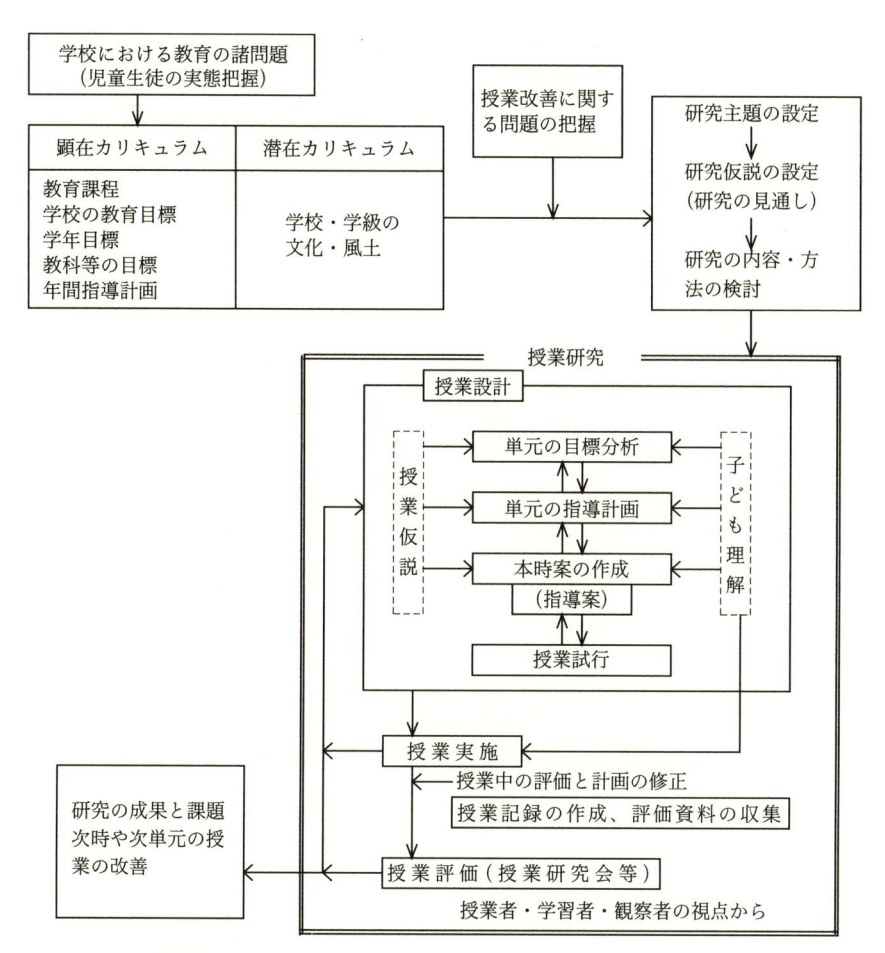

図11-1 授業研究の流れ
　　（出典：群馬県教育研究所連盟編著『実践的研究のすすめ方』東洋館出版社1994年92頁）

2) 授業実施の段階

　この段階では、実際に用いられた指導過程、資料内容、資料の取り扱い、教師の発問と児童生徒の話し合いや発言内容の変容、指導上の手だてなどが問題になる。授業研究は、授業実施の段階での授業を検証の対象とする。これは後述するように、一般には検証授業とか分析授業として取り組まれているものである。したがって、その授業がどのように行われたかを事実に基づいて検討しなければならない。そのためにも授業記録は重要な役割

を果たすことになる。授業記録の方法としては、逐語記録、抽出児の行動記録、ビデオやテープレコーダーによる記録などがある。これらを研究の目標、授業仮説の検証に役立つような形で提示するのである。このほか、教師による観察、児童生徒の学習記録(道徳ノート等)を加味して授業がどのように行われたかを確定することになる。

3) 授業評価の段階

　この段階では、授業と児童生徒の変容についての評価がなされる。これは授業研究会などの場で行われることが多いのであるが、授業者、観察者、そして間接的にではあるが学習者による評価が問題となる。指導計画(目標を含む)、指導過程、指導方法(雰囲気作り、資料の提示、話し合い活動、板書など)について検討し、見直し、これを次の時間や関連する主題の指導に生かすことになる。私見ではあるが、評価の深まりという視点から分類すれば、以下の4種類が考えられる。

ア　「授業が成功した」「授業が成立していない」といった全体的印象。
イ　「……しようとする実践意欲の高まりがみられた」といった「ねらい」に即した評価。
ウ　実際の具体的指導の適否を「ねらい」の達成という観点から論ずる評価。
エ　授業が基づく仮説(学習・指導理論)の検証に関わる評価。

　アのような直感的な評価も、各自の授業観に基づくという点で検討の入り口としては意味があるが、通常の授業検討会においてはイとウの間を往復しながら協議を深めてゆくことになる。
　評価は、それ自体を目的としてなされるわけではない。授業評価は授業設計そして授業実施の段階へとフィードバックし、改善の段階へと結びつけるために行うものである。今日、そのための多様な評価の技法が活用されているが、特に授業評価にあたっては、上記のように観察者だけでなく、授業者自身、そして学習者による評価をも含めた総合的な評価を行うよう

になってきている。

　学校運営全体が計画(Plan)→実施(Do)→評価(Check)→改善(Action)のサイクルでその質を高めていくように、教師の授業もこのサイクルを意識することで向上が確保される。とくに近年は、道徳の時間における評価に対する関心が高まっており、指導案にあらかじめ評価の視点および検証の方法を盛り込んだ形式のものも活用されている。

3　教員養成段階における道徳授業実践研究の意義

(1)　「道徳の指導法」に関する科目の開設状況

　1958年からの道徳の時間の実施を受けて、1959年に教育職員免許法施行規則が一部改正され、小学校または中学校教員免許状取得に要する単位として「道徳教育の研究」2単位が必修となった。これにより福岡教育大学でも「道徳教育の研究」が開設されたが、現在の教育職員免許法の下での「道徳の指導法」に該当する科目としては、長らく「道徳教育の研究」1科目しか開設されていなかった。一種免許状取得のための最低基準は満たすものの、学生がそれ以上の知識や技能を習得しようとしてもできないカリキュラムであった。平成11年度の改革で、「道徳教育特論」(Ⅴ期・2単位・講義・選択)を隔年開講科目として開設し、ようやく最低基準に上積みすることが可能となった。「道徳教育特論」では道徳の内容観を深め、読み物資料を吟味したうえで自作資料の作成を行うことを各自の課題としている。そしてさらに平成17年度に「道徳授業実践研究」(Ⅴ期・演習・1単位・選択)を新設し、道徳の授業技術を向上させることをめざすことになった。

　契機となったのは、平成16年度より文部科学省の委嘱を受けて「道徳教育の充実のための教員養成学部等との連携研究事業」を実施したことである。この事業は、福岡教育大学と福岡県教育委員会および実践協力校が連携して、県内の小中学校における道徳教育実施上の課題を明らかにするとともに、大学の「道徳の指導法」に関する科目の授業で使用するビデオ教材およびこれと対応したハンドブックを作成、教師をめざす学生に道徳授業の基本について教える効果的な方法を開発し、実践的指導力のある教員の

養成に結びつけることをめざしたものである。

(2) 「道徳授業実践研究」の実際

「道徳授業実践研究」は、道徳教育に関する基礎的な知識や技術を応用し、道徳授業について実践的に考えていくことを目標とした科目である。

本科目のシラバスには、以下のとおり授業の目標および概要を記している。

> Ⅳ期の「道徳教育の研究」の学習内容をふまえた発展的科目として、道徳の時間の指導方法についていっそう理解を深めるとともに、模擬授業を通して事実に即した検討を行う。
>
> なお、道徳授業の基本的事項を理解させるために、「道徳教育の充実のための教員養成学部等との連携研究事業」で作成した「道徳授業ハンドブック〈増補版〉」とビデオ教材を使用する。また、教員養成実地指導講師を招き、批評および示範授業を実施する。

授業の1回目には、授業の趣旨説明、指導案作成についての説明、グループ編成等を行う。

2～4回目には、必修科目「道徳教育の研究」の内容をふまえ、児童生徒の発達をふまえたねらいと資料、道徳の時間の指導過程と指導方法等について、「道徳教育の充実のための教員養成学部等との連携研究事業」で作成したビデオ教材ならびに「道徳授業ハンドブック〈増補版〉」を活用しつつ講義を行う。

5～8回目には、マイクロティーチングを行う。マイクロティーチングとは、小グループの学習者を対象とし、限られた教材を用いながら、5～15分程度の模擬指導を行い、その後、観察結果および評価について協議することにより、授業の基礎的指導力を訓練する方法である。学生たちは「導入グループ」、「展開前段①(資料提示)グループ」、「展開前段②(発問、話し合いなど)グループ」、「展開後段・終末グループ」に分かれ、教師用指導書を参考にしつつ、発問、予想される子どもの反応、板書計画などを考え、指導案を作成する。それをもとに、毎回、グループの代表者が担当部分の模

擬指導を行う。直後の検討会では、担当箇所の指導案を配布し、授業者が自評を述べた後、全員で協議する。模擬指導の様子はビデオに収録しているので、再生して細かい言葉づかいや机間指導のしかたなどをふりかえることもできる。授業者が工夫した点、授業を受ける側として答えにくかった発問などについて活発に話し合うとともに、さらによい授業にするにはどうすればよいかとアイデアを出し合い、違う方法でもう一度、模擬指導を試みることもある。このようなマイクロティーチングを通じて、各指導過程の指導方法を身につけたり、理解を深めたりすることができる。なお、本科目を共同担当している2名の教員は、模擬指導ならびに検討会の進め方について、適宜、批評および助言を与える。

9回目以降は、45分（あるいは50分）の模擬授業と授業検討会を行う。各グループは授業時間外に資料を選択、分析し、指導案を作成して、模擬授業に臨む。この期間に一度、教員養成実地指導講師として県教育委員会指導主事あるいは学校で道徳教育のリーダーとなっている教員を招き、模擬授業についての批評ならびに示範授業を実施している。

毎年、模擬指導・模擬授業を行うなかで、基本的な指導技術（机間指導、発問、子どもの発言に対する接し方など）についての理解が深まり、それにつれて検討会で全員が積極的に意見を述べるようになるとともに、発言も質的な高まりを見せる。教員養成段階のこうした臨床的学習で身につく力量は、教育実習において遺憾なく発揮されるのみならず、卒業・採用後の教職生活においても有意義なものとなるであろう。

学習課題　本書の第10章に紹介した授業事例に基づいて、補助発問を含む詳細な発問計画を作成し、模擬指導と検討会を試みよう。

【引用・参考文献】
堺正之・小林万里子「教員養成段階における道徳授業実践研究の意義―『道徳教育の充実のための教員養成学部等との連携研究事業』の取り組みを中心に―」日本道徳教育方法学会『道徳教育方法研究』第11号、2006年。

関連資料

教育基本法

(平成18年12月22日法律第120号)

　我々日本国民は、たゆまぬ努力によって築いてきた民主的で文化的な国家を更に発展させるとともに、世界の平和と人類の福祉の向上に貢献することを願うものである。我々は、この理想を実現するため、個人の尊厳を重んじ、真理と正義を希求し、公共の精神を尊び、豊かな人間性と創造性を備えた人間の育成を期するとともに、伝統を継承し、新しい文化の創造を目指す教育を推進する。ここに、我々は、日本国憲法の精神にのっとり、我が国の未来を切り拓く教育の基本を確立し、その振興を図るため、この法律を制定する。

第1章　教育の目的及び理念

第1条(教育の目的)　教育は、人格の完成を目指し、平和で民主的な国家及び社会の形成者として必要な資質を備えた心身ともに健康な国民の育成を期して行われなければならない。

第2条(教育の目標)　教育は、その目的を実現するため、学問の自由を尊重しつつ、次に掲げる目標を達成するよう行われるものとする。

1　幅広い知識と教養を身に付け、真理を求める態度を養い、豊かな情操と道徳心を培うとともに、健やかな身体を養うこと。
2　個人の価値を尊重して、その能力を伸ばし、創造性を培い、自主及び自律の精神を養うとともに、職業及び生活との関連を重視し、勤労を重んずる態度を養うこと。
3　正義と責任、男女の平等、自他の敬愛と協力を重んずるとともに、公共

の精神に基づき、主体的に社会の形成に参画し、その発展に寄与する態度を養うこと。
4　生命を尊び、自然を大切にし、環境の保全に寄与する態度を養うこと。
5　伝統と文化を尊重し、それらをはぐくんできた我が国と郷土を愛するとともに、他国を尊重し、国際社会の平和と発展に寄与する態度を養うこと。

第3条（生涯学習の理念）　国民一人ひとりが、自己の人格を磨き、豊かな人生を送ることができるよう、その生涯にわたって、あらゆる機会に、あらゆる場所において学習することができ、その成果を適切に生かすことのできる社会の実現が図られなければならない。

第4条（教育の機会均等）　すべて国民は、ひとしく、その能力に応じた教育を受ける機会を与えられなければならず、人種、信条、性別、社会的身分、経済的地位又は門地によって、教育上差別されない。
2　国及び地方公共団体は、障害のある者が、その障害の状態に応じ、十分な教育を受けられるよう、教育上必要な支援を講じなければならない。
3　国及び地方公共団体は、能力があるにもかかわらず、経済的理由によって修学が困難な者に対して、奨学の措置を講じなければならない。

　第2章　教育の実施に関する基本

第5条（義務教育）　国民は、その保護する子に、別に法律で定めるところにより、普通教育を受けさせる義務を負う。
2　義務教育として行われる普通教育は、各個人の有する能力を伸ばしつつ社会において自立的に生きる基礎を培い、また、国家及び社会の形成者として必要とされる基本的な資質を養うことを目的として行われるものとする。
3　国及び地方公共団体は、義務教育の機会を保障し、その水準を確保するため、適切な役割分担及び相互の協力の下、その実施に責任を負う。
4　国又は地方公共団体の設置する学校における義務教育については、授業料を徴収しない。

第6条（学校教育）　法律に定める学校は、公の性質を有するものであって、国、地方公共団体及び法律に定める法人のみが、これを設置することができる。
2　前項の学校においては、教育の目標が達成されるよう、教育を受ける者の心身の発達に応じて、体系的な教育が組織的に行われなければならない。この場合において、教育を受ける者が、学校生活を営む上で必要な規律を重んずるとともに、自ら進んで学習に取り組む意欲を高めることを重視し

て行われなければならない。

第7条（大学）　大学は、学術の中心として、高い教養と専門的能力を培うとともに、深く真理を探究して新たな知見を創造し、これらの成果を広く社会に提供することにより、社会の発展に寄与するものとする。

2　大学については、自主性、自律性その他の大学における教育及び研究の特性が尊重されなければならない。

第8条（私立学校）　私立学校の有する公の性質及び学校教育において果たす重要な役割にかんがみ、国及び地方公共団体は、その自主性を尊重しつつ、助成その他の適当な方法によって私立学校教育の振興に努めなければならない。

第9条（教員）　法律に定める学校の教員は、自己の崇高な使命を深く自覚し、絶えず研究と修養に励み、その職責の遂行に努めなければならない。

2　前項の教員については、その使命と職責の重要性にかんがみ、その身分は尊重され、待遇の適正が期せられるとともに、養成と研修の充実が図られなければならない。

第10条（家庭教育）　父母その他の保護者は、子の教育について第一義的責任を有するものであって、生活のために必要な習慣を身に付けさせるとともに、自立心を育成し、心身の調和のとれた発達を図るよう努めるものとする。

2　国及び地方公共団体は、家庭教育の自主性を尊重しつつ、保護者に対する学習の機会及び情報の提供その他の家庭教育を支援するために必要な施策を講ずるよう努めなければならない。

第11条（幼児期の教育）　幼児期の教育は、生涯にわたる人格形成の基礎を培う重要なものであることにかんがみ、国及び地方公共団体は、幼児の健やかな成長に資する良好な環境の整備その他適当な方法によって、その振興に努めなければならない。

第12条（社会教育）　個人の要望や社会の要請にこたえ、社会において行われる教育は、国及び地方公共団体によって奨励されなければならない。

2　国及び地方公共団体は、図書館、博物館、公民館その他の社会教育施設の設置、学校の施設の利用、学習の機会及び情報の提供その他の適当な方法によって社会教育の振興に努めなければならない。

第13条（学校、家庭及び地域住民等の相互の連携協力）　学校、家庭及び地域住民その他の関係者は、教育におけるそれぞれの役割と責任を自覚するとともに、相互の連携及び協力に努めるものとする。

第14条(政治教育)　良識ある公民として必要な政治的教養は、教育上尊重されなければならない。
2　法律に定める学校は、特定の政党を支持し、又はこれに反対するための政治教育その他政治的活動をしてはならない。
第15条(宗教教育)　宗教に関する寛容の態度、宗教に関する一般的な教養及び宗教の社会生活における地位は、教育上尊重されなければならない。
2　国及び地方公共団体が設置する学校は、特定の宗教のための宗教教育その他宗教的活動をしてはならない。

第3章　教育行政

第16条(教育行政)　教育は、不当な支配に服することなく、この法律及び他の法律の定めるところにより行われるべきものであり、教育行政は、国と地方公共団体との適切な役割分担及び相互の協力の下、公正かつ適正に行われなければならない。
2　国は、全国的な教育の機会均等と教育水準の維持向上を図るため、教育に関する施策を総合的に策定し、実施しなければならない。
3　地方公共団体は、その地域における教育の振興を図るため、その実情に応じた教育に関する施策を策定し、実施しなければならない。
4　国及び地方公共団体は、教育が円滑かつ継続的に実施されるよう、必要な財政上の措置を講じなければならない。
第17条(教育振興基本計画)　政府は、教育の振興に関する施策の総合的かつ計画的な推進を図るため、教育の振興に関する施策についての基本的な方針及び講ずべき施策その他必要な事項について、基本的な計画を定め、これを国会に報告するとともに、公表しなければならない。
2　地方公共団体は、前項の計画を参酌し、その地域の実情に応じ、当該地方公共団体における教育の振興のための施策に関する基本的な計画を定めるよう努めなければならない。

第4章　法令の制定

第18条　この法律に規定する諸条項を実施するため、必要な法令が制定されなければならない。

学校教育法（抄）

(昭和22年3月31日法律第26号)
(一部改正：平成19年6月27日法律第96号)

第1章　総　則

第1条　この法律で、学校とは、幼稚園、小学校、中学校、高等学校、中等教育学校、特別支援学校、大学及び高等専門学校とする。

第2条　学校は、国(国立大学法人法(平成15年法律第112号)第2条第1項に規定する国立大学法人及び独立行政法人国立高等専門学校機構を含む。以下同じ。)、地方公共団体(地方独立行政法人法(平成15年法律第118号)第68条第1項に規定する公立大学法人を含む。次項において同じ。)及び私立学校法第3条に規定する学校法人(以下学校法人と称する。)のみが、これを設置することができる。

②　この法律で、国立学校とは、国の設置する学校を、公立学校とは、地方公共団体の設置する学校を、私立学校とは、学校法人の設置する学校をいう。

第3条　学校を設置しようとする者は、学校の種類に応じ、文部科学大臣の定める設備、編制その他に関する設置基準に従い、これを設置しなければならない。

第4条　国立学校、この法律によつて設置義務を負う者の設置する学校及び都道府県の設置する学校(大学及び高等専門学校を除く。)のほか、学校(高等学校(中等教育学校の後期課程を含む。)の通常の課程(以下「全日制の課程」という。)、夜間その他特別の時間又は時期において授業を行う課程(以下「定時制の課程」という。)及び通信による教育を行う課程(以下「通信制の課程」という。)、大学の学部、大学院及び大学院の研究科並びに第108条第2項の大学の学科についても同様とする。)の設置廃止、設置者の変更その他政令で定める事項は、次の各号に掲げる学校の区分に応じ、それぞれ当該各号に定める者の認可を受けなければならない。

一　公立又は私立の大学及び高等専門学校　文部科学大臣

二　市町村の設置する幼稚園、高等学校、中等教育学校及び特別支援学校　都道府県の教育委員会

三　私立の幼稚園、小学校、中学校、高等学校、中等教育学校及び特別支援学校　都道府県知事

② 前項の規定にかかわらず、同項第1号に掲げる学校を設置する者は、次に掲げる事項を行うときは、同項の認可を受けることを要しない。この場合において、当該学校を設置する者は、文部科学大臣の定めるところにより、あらかじめ、文部科学大臣に届け出なければならない。
　一　大学の学部若しくは大学院の研究科又は第108条第2項の大学の学科の設置であつて、当該大学が授与する学位の種類及び分野の変更を伴わないもの
　二　大学の学部若しくは大学院の研究科又は第108条第2項の大学の学科の廃止
　三　前2号に掲げるもののほか、政令で定める事項
③ 文部科学大臣は、前項の届出があつた場合において、その届出に係る事項が、設備、授業その他の事項に関する法令の規定に適合しないと認めるときは、その届出をした者に対し、必要な措置をとるべきことを命ずることができる。
④ 地方自治法(昭和22年法律第67号)第252条の19第1項の指定都市の設置する幼稚園については、第1項の規定は、適用しない。この場合において、当該幼稚園を設置する者は、同項に規定する事項を行おうとするときは、あらかじめ、都道府県の教育委員会に届け出なければならない。
⑤ 第2項第1号の学位の種類及び分野の変更に関する基準は、文部科学大臣が、これを定める。
第5条　学校の設置者は、その設置する学校を管理し、法令に特別の定のある場合を除いては、その学校の経費を負担する。
第6条　学校においては、授業料を徴収することができる。ただし、国立又は公立の小学校及び中学校、中等教育学校の前期課程又は特別支援学校の小学部及び中学部における義務教育については、これを徴収することができない。
第7条　学校には、校長及び相当数の教員を置かなければならない。
第8条　校長及び教員(教育職員免許法(昭和24年法律第147号)の適用を受ける者を除く。)の資格に関する事項は、別に法律で定めるもののほか、文部科学大臣がこれを定める。
第9条　次の各号のいずれかに該当する者は、校長又は教員となることができない。
　一　成年被後見人又は被保佐人

二　禁錮以上の刑に処せられた者

三　教育職員免許法第10条第1項第2号又は第3号に該当することにより免許状がその効力を失い、当該失効の日から3年を経過しない者

四　教育職員免許法第11条第1項から第3項までの規定により免許状取上げの処分を受け、3年を経過しない者

五　日本国憲法施行の日以後において、日本国憲法又はその下に成立した政府を暴力で破壊することを主張する政党その他の団体を結成し、又はこれに加入した者

第10条　私立学校は、校長を定め、大学及び高等専門学校にあつては文部科学大臣に、大学及び高等専門学校以外の学校にあつては都道府県知事に届け出なければならない。

第11条　校長及び教員は、教育上必要があると認めるときは、文部科学大臣の定めるところにより、児童、生徒及び学生に懲戒を加えることができる。ただし、体罰を加えることはできない。

第12条　学校においては、別に法律で定めるところにより、幼児、児童、生徒及び学生並びに職員の健康の保持増進を図るため、健康診断を行い、その他その保健に必要な措置を講じなければならない。

第13条　第4条第1項各号に掲げる学校が次の各号のいずれかに該当する場合においては、それぞれ同項各号に定める者は、当該学校の閉鎖を命ずることができる。

一　法令の規定に故意に違反したとき

二　法令の規定によりその者がした命令に違反したとき

三　6箇月以上授業を行わなかつたとき

第14条　大学及び高等専門学校以外の市町村の設置する学校については都道府県の教育委員会、大学及び高等専門学校以外の私立学校については都道府県知事は、当該学校が、設備、授業その他の事項について、法令の規定又は都道府県の教育委員会若しくは都道府県知事の定める規程に違反したときは、その変更を命ずることができる。

第15条　文部科学大臣は、公立又は私立の大学及び高等専門学校が、設備、授業その他の事項について、法令の規定に違反していると認めるときは、当該学校に対し、必要な措置をとるべきことを勧告することができる。

②　文部科学大臣は、前項の規定による勧告によつてもなお当該勧告に係る事項(次項において「勧告事項」という。)が改善されない場合には、当該学校

に対し、その変更を命ずることができる。
③　文部科学大臣は、前項の規定による命令によつてもなお勧告事項が改善されない場合には、当該学校に対し、当該勧告事項に係る組織の廃止を命ずることができる。
④　文部科学大臣は、第1項の規定による勧告又は第2項若しくは前項の規定による命令を行うために必要があると認めるときは、当該学校に対し、報告又は資料の提出を求めることができる。

第2章　義務教育

第16条　保護者(子に対して親権を行う者(親権を行う者のないときは、未成年後見人)をいう。以下同じ。)は、次条に定めるところにより、子に9年の普通教育を受けさせる義務を負う。

第17条　保護者は、子の満6歳に達した日の翌日以後における最初の学年の初めから、満12歳に達した日の属する学年の終わりまで、これを小学校又は特別支援学校の小学部に就学させる義務を負う。ただし、子が、満12歳に達した日の属する学年の終わりまでに小学校又は特別支援学校の小学部の課程を修了しないときは、満15歳に達した日の属する学年の終わり(それまでの間において当該課程を修了したときは、その修了した日の属する学年の終わり)までとする。

②　保護者は、子が小学校又は特別支援学校の小学部の課程を修了した日の翌日以後における最初の学年の初めから、満15歳に達した日の属する学年の終わりまで、これを中学校、中等教育学校の前期課程又は特別支援学校の中学部に就学させる義務を負う。

③　前2項の義務の履行の督促その他これらの義務の履行に関し必要な事項は、政令で定める。

第18条　前条第1項又は第2項の規定によつて、保護者が就学させなければならない子(以下それぞれ「学齢児童」又は「学齢生徒」という。)で、病弱、発育不完全その他やむを得ない事由のため、就学困難と認められる者の保護者に対しては、市町村の教育委員会は、文部科学大臣の定めるところにより、同条第1項又は第2項の義務を猶予又は免除することができる。

第19条　経済的理由によつて、就学困難と認められる学齢児童又は学齢生徒の保護者に対しては、市町村は、必要な援助を与えなければならない。

第20条　学齢児童又は学齢生徒を使用する者は、その使用によつて、当該学

齢児童又は学齢生徒が、義務教育を受けることを妨げてはならない。

第21条　義務教育として行われる普通教育は、教育基本法（平成18年法律第120号）第5条第2項に規定する目的を実現するため、次に掲げる目標を達成するよう行われるものとする。

一　学校内外における社会的活動を促進し、自主、自律及び協同の精神、規範意識、公正な判断力並びに公共の精神に基づき主体的に社会の形成に参画し、その発展に寄与する態度を養うこと。

二　学校内外における自然体験活動を促進し、生命及び自然を尊重する精神並びに環境の保全に寄与する態度を養うこと。

三　我が国と郷土の現状と歴史について、正しい理解に導き、伝統と文化を尊重し、それらをはぐくんできた我が国と郷土を愛する態度を養うとともに、進んで外国の文化の理解を通じて、他国を尊重し、国際社会の平和と発展に寄与する態度を養うこと。

四　家族と家庭の役割、生活に必要な衣、食、住、情報、産業その他の事項について基礎的な理解と技能を養うこと。

五　読書に親しませ、生活に必要な国語を正しく理解し、使用する基礎的な能力を養うこと。

六　生活に必要な数量的な関係を正しく理解し、処理する基礎的な能力を養うこと。

七　生活にかかわる自然現象について、観察及び実験を通じて、科学的に理解し、処理する基礎的な能力を養うこと。

八　健康、安全で幸福な生活のために必要な習慣を養うとともに、運動を通じて体力を養い、心身の調和的発達を図ること。

九　生活を明るく豊かにする音楽、美術、文芸その他の芸術について基礎的な理解と技能を養うこと。

十　職業についての基礎的な知識と技能、勤労を重んずる態度及び個性に応じて将来の進路を選択する能力を養うこと。

第3章　幼稚園

第22条　幼稚園は、義務教育及びその後の教育の基礎を培うものとして、幼児を保育し、幼児の健やかな成長のために適当な環境を与えて、その心身の発達を助長することを目的とする。

第23条　幼稚園における教育は、前条に規定する目的を実現するため、次に

掲げる目標を達成するよう行われるものとする。
一　健康、安全で幸福な生活のために必要な基本的な習慣を養い、身体諸機能の調和的発達を図ること。
二　集団生活を通じて、喜んでこれに参加する態度を養うとともに家族や身近な人への信頼感を深め、自主、自律及び協同の精神並びに規範意識の芽生えを養うこと。
三　身近な社会生活、生命及び自然に対する興味を養い、それらに対する正しい理解と態度及び思考力の芽生えを養うこと。
四　日常の会話や、絵本、童話等に親しむことを通じて、言葉の使い方を正しく導くとともに、相手の話を理解しようとする態度を養うこと。
五　音楽、身体による表現、造形等に親しむことを通じて、豊かな感性と表現力の芽生えを養うこと。

第24条　幼稚園においては、第22条に規定する目的を実現するための教育を行うほか、幼児期の教育に関する各般の問題につき、保護者及び地域住民その他の関係者からの相談に応じ、必要な情報の提供及び助言を行うなど、家庭及び地域における幼児期の教育の支援に努めるものとする。

第25条　幼稚園の教育課程その他の保育内容に関する事項は、第22条及び第23条の規定に従い、文部科学大臣が定める。

第26条　幼稚園に入園することのできる者は、満3歳から、小学校就学の始期に達するまでの幼児とする。

第27条　幼稚園には、園長、教頭及び教諭を置かなければならない
②　幼稚園には、前項に規定するもののほか、副園長、主幹教諭、指導教諭、養護教諭、栄養教諭、事務職員、養護助教諭その他必要な職員を置くことができる。
③　第1項の規定にかかわらず、副園長を置くときその他特別の事情のあるときは、教頭を置かないことができる。
④　園長は、園務をつかさどり、所属職員を監督する。
⑤　副園長は、園長を助け、命を受けて園務をつかさどる。
⑥　教頭は、園長(副園長を置く幼稚園にあつては、園長及び副園長)を助け、園務を整理し、及び必要に応じ幼児の保育をつかさどる。
⑦　主幹教諭は、園長(副園長を置く幼稚園にあつては、園長及び副園長)及び教頭を助け、命を受けて園務の一部を整理し、並びに幼児の保育をつかさどる。

⑧　指導教諭は、幼児の保育をつかさどり、並びに教諭その他の職員に対して、保育の改善及び充実のために必要な指導及び助言を行う。
⑨　教諭は、幼児の保育をつかさどる。
⑩　特別の事情のあるときは、第1項の規定にかかわらず、教諭に代えて助教諭又は講師を置くことができる。
⑪　学校の実情に照らし必要があると認めるときは、第7項の規定にかかわらず、園長(副園長を置く幼稚園にあつては、園長及び副園長)及び教頭を助け、命を受けて園務の一部を整理し、並びに幼児の養護又は栄養の指導及び管理をつかさどる主幹教諭を置くことができる。

第28条　第37条第6項、第8項及び第12項から第17項まで並びに第42条から第44条までの規定は、幼稚園に準用する。

第4章　小学校

第29条　小学校は、心身の発達に応じて、義務教育として行われる普通教育のうち基礎的なものを施すことを目的とする。

第30条　小学校における教育は、前条に規定する目的を実現するために必要な程度において第21条各号に掲げる目標を達成するよう行われるものとする。

②　前項の場合においては、生涯にわたり学習する基盤が培われるよう、基礎的な知識及び技能を習得させるとともに、これらを活用して課題を解決するために必要な思考力、判断力、表現力その他の能力をはぐくみ、主体的に学習に取り組む態度を養うことに、特に意を用いなければならない。

第31条　小学校においては、前条第1項の規定による目標の達成に資するよう、教育指導を行うに当たり、児童の体験的な学習活動、特にボランティア活動など社会奉仕体験活動、自然体験活動その他の体験活動の充実に努めるものとする。この場合において、社会教育関係団体その他の関係団体及び関係機関との連携に十分配慮しなければならない。

第32条　小学校の修業年限は、6年とする。

第33条　小学校の教育課程に関する事項は、第29条及び第30条の規定に従い、文部科学大臣が定める。

第34条　小学校においては、文部科学大臣の検定を経た教科用図書又は文部科学省が著作の名義を有する教科用図書を使用しなければならない。

②　前項の教科用図書以外の図書その他の教材で、有益適切なものは、これ

を使用することができる。
③　第1項の検定の申請に係る教科用図書に関し調査審議させるための審議会等(国家行政組織法(昭和23年法律第120号)第8条に規定する機関をいう。以下同じ。)については、政令で定める。

第35条　市町村の教育委員会は、次に掲げる行為の1又は2以上を繰り返し行う等性行不良であつて他の児童の教育に妨げがあると認める児童があるときは、その保護者に対して、児童の出席停止を命ずることができる。
　一　他の児童に傷害、心身の苦痛又は財産上の損失を与える行為
　二　職員に傷害又は心身の苦痛を与える行為
　三　施設又は設備を損壊する行為
　四　授業その他の教育活動の実施を妨げる行為
②　市町村の教育委員会は、前項の規定により出席停止を命ずる場合には、あらかじめ保護者の意見を聴取するとともに、理由及び期間を記載した文書を交付しなければならない。
③　前項に規定するもののほか、出席停止の命令の手続に関し必要な事項は、教育委員会規則で定めるものとする。
④　市町村の教育委員会は、出席停止の命令に係る児童の出席停止の期間における学習に対する支援その他の教育上必要な措置を講ずるものとする。

第36条　学齢に達しない子は、小学校に入学させることができない。

第37条　小学校には、校長、教頭、教諭、養護教諭及び事務職員を置かなければならない。
②　小学校には、前項に規定するもののほか、副校長、主幹教諭、指導教諭、栄養教諭その他必要な職員を置くことができる。
③　第1項の規定にかかわらず、副校長を置くときその他特別の事情のあるときは教頭を、養護をつかさどる主幹教諭を置くときは養護教諭を、特別の事情のあるときは事務職員を、それぞれ置かないことができる。
④　校長は、校務をつかさどり、所属職員を監督する。
⑤　副校長は、校長を助け、命を受けて校務をつかさどる。
⑥　副校長は、校長に事故があるときはその職務を代理し、校長が欠けたときはその職務を行う。この場合において、副校長が2人以上あるときは、あらかじめ校長が定めた順序で、その職務を代理し、又は行う。
⑦　教頭は、校長(副校長を置く小学校にあつては、校長及び副校長)を助け、校務を整理し、及び必要に応じ児童の教育をつかさどる。

⑧　教頭は、校長(副校長を置く小学校にあつては、校長及び副校長)に事故があるときは校長の職務を代理し、校長(副校長を置く小学校にあつては、校長及び副校長)が欠けたときは校長の職務を行う。この場合において、教頭が2人以上あるときは、あらかじめ校長が定めた順序で、校長の職務を代理し、又は行う。

⑨　主幹教諭は、校長(副校長を置く小学校にあつては、校長及び副校長)及び教頭を助け、命を受けて校務の一部を整理し、並びに児童の教育をつかさどる。

⑩　指導教諭は、児童の教育をつかさどり、並びに教諭その他の職員に対して、教育指導の改善及び充実のために必要な指導及び助言を行う。

⑪　教諭は、児童の教育をつかさどる。

⑫　養護教諭は、児童の養護をつかさどる。

⑬　栄養教諭は、児童の栄養の指導及び管理をつかさどる。

⑭　事務職員は、事務に従事する。

⑮　助教諭は、教諭の職務を助ける。

⑯　講師は、教諭又は助教諭に準ずる職務に従事する。

⑰　養護助教諭は、養護教諭の職務を助ける。

⑱　特別の事情のあるときは、第1項の規定にかかわらず、教諭に代えて助教諭又は講師を、養護教諭に代えて養護助教諭を置くことができる。

⑲　学校の実情に照らし必要があると認めるときは、第9項の規定にかかわらず、校長(副校長を置く小学校にあつては、校長及び副校長)及び教頭を助け、命を受けて校務の一部を整理し、並びに児童の養護又は栄養の指導及び管理をつかさどる主幹教諭を置くことができる。

第38条　市町村は、その区域内にある学齢児童を就学させるに必要な小学校を設置しなければならない。

第39条　市町村は、適当と認めるときは、前条の規定による事務の全部又は一部を処理するため、市町村の組合を設けることができる。

第40条　市町村は、前2条の規定によることを不可能又は不適当と認めるときは、小学校の設置に代え、学齢児童の全部又は一部の教育事務を、他の市町村又は前条の市町村の組合に委託することができる。

②　前項の場合においては、地方自治法第252条の14第3項において準用する同法第252条の2第2項中「都道府県知事」とあるのは、「都道府県知事及び都道府県の教育委員会」と読み替えるものとする。

第41条　町村が、前2条の規定による負担に堪えないと都道府県の教育委員会が認めるときは、都道府県は、その町村に対して、必要な補助を与えなければならない。

第42条　小学校は、文部科学大臣の定めるところにより当該小学校の教育活動その他の学校運営の状況について評価を行い、その結果に基づき学校運営の改善を図るため必要な措置を講ずることにより、その教育水準の向上に努めなければならない。

第43条　小学校は、当該小学校に関する保護者及び地域住民その他の関係者の理解を深めるとともに、これらの者との連携及び協力の推進に資するため、当該小学校の教育活動その他の学校運営の状況に関する情報を積極的に提供するものとする。

第44条　私立の小学校は、都道府県知事の所管に属する。

第5章　中学校

第45条　中学校は、小学校における教育の基礎の上に、心身の発達に応じて、義務教育として行われる普通教育を施すことを目的とする。

第46条　中学校における教育は、前条に規定する目的を実現するため、第21条各号に掲げる目標を達成するよう行われるものとする。

第47条　中学校の修業年限は、3年とする。

第48条　中学校の教育課程に関する事項は、第45条及び第46条の規定並びに次条において読み替えて準用する第30条第2項の規定に従い、文部科学大臣が定める。

第49条　第30条第2項、第31条、第34条、第35条及び第37条から第44条までの規定は、中学校に準用する。この場合において、第30条第2項中「前項」とあるのは「第46条」と、第31条中「前条第1項」とあるのは「第46条」と読み替えるものとする。

学校教育法施行規則（抄）

（昭和22年5月23日文部省令第11号）
（一部改正：平成20年3月28日文部科学省令第5号）

第3章　幼稚園

第37条　幼稚園の毎学年の教育週数は、特別の事情のある場合を除き、39週を下つてはならない。

第38条　幼稚園の教育課程その他の保育内容については、この章に定めるもののほか、教育課程その他の保育内容の基準として文部科学大臣が別に公示する幼稚園教育要領によるものとする。

第39条　第48条、第49条、第54条、第59条から第68条までの規定は、幼稚園に準用する。

第4章　小学校

第2節　教育課程

第50条　小学校の教育課程は、国語、社会、算数、理科、生活、音楽、図画工作、家庭及び体育の各教科（以下本節中「各教科」という。）、道徳、外国語活動、総合的な学習の時間並びに特別活動によつて編成するものとする。

2　私立の小学校の教育課程を編成する場合は、前項の規定にかかわらず、宗教を加えることができる。この場合においては、宗教をもつて前項の道徳に代えることができる。

第51条　小学校の各学年における各教科、道徳、外国語活動、総合的な学習の時間及び特別活動のそれぞれの授業時数並びに各学年におけるこれらの総授業時数は、別表第一に定める授業時数を標準とする。

第52条　小学校の教育課程については、この節に定めるもののほか、教育課程の基準として文部科学大臣が別に公示する小学校学習指導要領によるものとする。

第53条　小学校においては、必要がある場合には、一部の各教科について、これらを合わせて授業を行うことができる。

第54条　児童が心身の状況によつて履修することが困難な各教科は、その児童の心身の状況に適合するように課さなければならない。

第55条　小学校の教育課程に関し、その改善に資する研究を行うため特に必要があり、かつ、児童の教育上適切な配慮がなされていると文部科学大臣が認める場合においては、文部科学大臣が別に定めるところにより、第50条第1項、第51条又は第52条の規定によらないことができる。

第55条の2　文部科学大臣が、小学校において、当該小学校又は当該小学校が設置されている地域の実態に照らし、より効果的な教育を実施するため、当該小学校又は当該地域の特色を生かした特別の教育課程を編成して教育を実施する必要があり、かつ、当該特別の教育課程について、教育基本法(平成18年法律第120号)及び学校教育法第30条第1項の規定等に照らして適切であり、児童の教育上適切な配慮がなされているものとして文部科学大臣が定める基準を満たしていると認める場合においては、文部科学大臣が別に定めるところにより、第50条第1項、第51条又は第52条の規定の全部又は一部によらないことができる。

第56条　小学校において、学校生活への適応が困難であるため相当の期間小学校を欠席していると認められる児童を対象として、その実態に配慮した特別の教育課程を編成して教育を実施する必要があると文部科学大臣が認める場合においては、文部科学大臣が別に定めるところにより、第50条第1項、第51条又は第52条の規定によらないことができる。

第5章　中学校

第72条　中学校の教育課程は、国語、社会、数学、理科、音楽、美術、保健体育、技術・家庭及び外国語の各教科(以下本章及び第7章中「各教科」という。)、道徳、総合的な学習の時間並びに特別活動によつて編成するものとする。

第73条　中学校(併設型中学校及び第75条第2項に規定する連携型中学校を除く。)の各学年における各教科、道徳、総合的な学習の時間及び特別活動のそれぞれの授業時数並びに各学年におけるこれらの総授業時数は、別表第二に定める授業時数を標準とする。

第74条　中学校の教育課程については、この章に定めるもののほか、教育課程の基準として文部科学大臣が別に公示する中学校学習指導要領によるものとする。

第79条　第41条から第49条まで、第50条第2項、第54条から第68条までの規定は、中学校に準用する。この場合において、第42条中「5学級」とあるのは「2

学級」と、第55条から第56条までの規定中「第50条第1項、第51条又は第52条」とあるのは「第72条、第73条(併設型中学校にあつては第117条において準用する第107条、連携型中学校にあつては第76条)又は第74条」と、第55条の2中「第30条第1項」とあるのは「第46条」と読み替えるものとする。

別表第一(第51条関係)

区分		第1学年	第2学年	第3学年	第4学年	第5学年	第6学年
各教科の授業時数	国語	306	315	245	245	175	175
	社会			70	90	100	105
	算数	136	175	175	175	175	175
	理科			90	105	105	105
	生活	102	105				
	音楽	68	70	60	60	50	50
	図画工作	68	70	60	60	50	50
	家庭					60	55
	体育	102	105	105	105	90	90
道徳の授業時数		34	35	35	35	35	35
外国語活動の授業時数						35	35
総合的な学習の時間の授業時数				70	70	70	70
特別活動の授業時数		34	35	35	35	35	35
総授業時数		850	910	945	980	980	980

別表第二(第73条関係)

区分		第1学年	第2学年	第3学年
各教科の授業時数	国語	140	140	105
	社会	105	105	140
	数学	140	105	140
	理科	105	140	140
	音楽	45	35	35
	美術	45	35	35
	保健体育	105	105	105
	技術・家庭	70	70	35
	外国語	140	140	140
道徳の授業時数		35	35	35
総合的な学習の時間の授業時数		50	70	70
特別活動の授業時数		35	35	35
総授業時数		1015	1015	1015

幼稚園教育要領（抄）

第1章　総　則

第1　幼稚園教育の基本

　幼児期における教育は、生涯にわたる人格形成の基礎を培う重要なものであり、幼稚園教育は、学校教育法第22条に規定する目的を達成するため、幼児期の特性を踏まえ、環境を通して行うものであることを基本とする。

　このため、教師は幼児との信頼関係を十分に築き、幼児と共によりよい教育環境を創造するように努めるものとする。これらを踏まえ、次に示す事項を重視して教育を行わなければならない。

1. 幼児は安定した情緒の下で自己を十分に発揮することにより発達に必要な体験を得ていくものであることを考慮して、幼児の主体的な活動を促し、幼児期にふさわしい生活が展開されるようにすること。
2. 幼児の自発的な活動としての遊びは、心身の調和のとれた発達の基礎を培う重要な学習であることを考慮して、遊びを通しての指導を中心として第2章に示すねらいが総合的に達成されるようにすること。
3. 幼児の発達は、心身の諸側面が相互に関連し合い、多様な経過をたどって成し遂げられていくものであること、また、幼児の生活経験がそれぞれ異なることなどを考慮して、幼児一人ひとりの特性に応じ、発達の課題に即した指導を行うようにすること。

　その際、教師は、幼児の主体的な活動が確保されるよう幼児一人ひとりの行動の理解と予想に基づき、計画的に環境を構成しなければならない。この場合において、教師は、幼児と人やものとのかかわりが重要であることを踏まえ、物的・空間的環境を構成しなければならない。また、教師は、幼児一人ひとりの活動の場面に応じて、様々な役割を果たし、その活動を豊かにしなければならない。

第2　教育課程の編成

　幼稚園は、家庭との連携を図りながら、この章の第1に示す幼稚園教育の基本に基づいて展開される幼稚園生活を通して、生きる力の基礎を育成するよう学校教育法第23条に規定する幼稚園教育の目標の達成に努めなければなら

ない。幼稚園は、このことにより、義務教育及びその後の教育の基礎を培うものとする。

これらを踏まえ、各幼稚園においては、教育基本法及び学校教育法その他の法令並びにこの幼稚園教育要領の示すところに従い、創意工夫を生かし、幼児の心身の発達と幼稚園及び地域の実態に即応した適切な教育課程を編成するものとする。

1. 幼稚園生活の全体を通して第2章に示すねらいが総合的に達成されるよう、教育課程に係る教育期間や幼児の生活経験や発達の過程などを考慮して具体的なねらいと内容を組織しなければならないこと。この場合においては、特に、自我が芽生え、他者の存在を意識し、自己を抑制しようとする気持ちが生まれる幼児期の発達の特性を踏まえ、入園から修了に至るまでの長期的な視野をもって充実した生活が展開できるように配慮しなければならないこと。
2. 幼稚園の毎学年の教育課程に係る教育週数は、特別の事情のある場合を除き、39週を下ってはならないこと。
3. 幼稚園の1日の教育課程に係る教育時間は、4時間を標準とすること。ただし、幼児の心身の発達の程度や季節などに適切に配慮すること。

第3　教育課程に係る教育時間の終了後等に行う教育活動など

幼稚園は、地域の実態や保護者の要請により教育課程に係る教育時間の終了後等に希望する者を対象に行う教育活動について、学校教育法第22条及び第23条並びにこの章の第1に示す幼稚園教育の基本を踏まえ実施すること。また、幼稚園の目的の達成に資するため、幼児の生活全体が豊かなものとなるよう家庭や地域における幼児期の教育の支援に努めること。

小学校学習指導要領（抄）

第1章　総　則
第1　教育課程編成の一般方針

1　各学校においては、教育基本法及び学校教育法その他の法令並びにこの章以下に示すところに従い、児童の人間として調和のとれた育成を目指し、地域や学校の実態及び児童の心身の発達の段階や特性を十分考慮して、適切な教育課程を編成するものとし、これらに掲げる目標を達成するよう教育を行うものとする。

　学校の教育活動を進めるに当たっては、各学校において、児童に生きる力をはぐくむことを目指し、創意工夫を生かした特色ある教育活動を展開する中で、基礎的・基本的な知識及び技能を確実に習得させ、これらを活用して課題を解決するために必要な思考力、判断力、表現力その他の能力をはぐくむとともに、主体的に学習に取り組む態度を養い、個性を生かす教育の充実に努めなければならない。その際、児童の発達の段階を考慮して、児童の言語活動を充実するとともに、家庭との連携を図りながら、児童の学習習慣が確立するよう配慮しなければならない。

2　学校における道徳教育は、道徳の時間を要（かなめ）として学校の教育活動全体を通じて行うものであり、道徳の時間はもとより、各教科、外国語活動、総合的な学習の時間及び特別活動のそれぞれの特質に応じて、児童の発達の段階を考慮して、適切な指導を行わなければならない。

　道徳教育は、教育基本法及び学校教育法に定められた教育の根本精神に基づき、人間尊重の精神と生命に対する畏（い）敬の念を家庭、学校、その他社会における具体的な生活の中に生かし、豊かな心をもち、伝統と文化を尊重し、それらをはぐくんできた我が国と郷土を愛し、個性豊かな文化の創造を図るとともに、公共の精神を尊び、民主的な社会及び国家の発展に努め、他国を尊重し、国際社会の平和と発展や環境の保全に貢献し未来を拓（ひら）く主体性のある日本人を育成するため、その基盤としての道徳性を養うことを目標とする。

　道徳教育を進めるに当たっては、教師と児童及び児童相互の人間関係を深めるとともに、児童が自己の生き方についての考えを深め、家庭や地域

社会との連携を図りながら、集団宿泊活動やボランティア活動、自然体験活動などの豊かな体験を通して児童の内面に根ざした道徳性の育成が図られるよう配慮しなければならない。その際、特に児童が基本的な生活習慣、社会生活上のきまりを身に付け、善悪を判断し、人間としてしてはならないことをしないようにすることなどに配慮しなければならない。

3 学校における体育・健康に関する指導は、児童の発達の段階を考慮して、学校の教育活動全体を通じて適切に行うものとする。特に、学校における食育の推進並びに体力の向上に関する指導、安全に関する指導及び心身の健康の保持増進に関する指導については、体育科の時間はもとより、家庭科、特別活動などにおいてもそれぞれの特質に応じて適切に行うよう努めることとする。また、それらの指導を通して、家庭や地域社会との連携を図りながら、日常生活において適切な体育・健康に関する活動の実践を促し、生涯を通じて健康・安全で活力ある生活を送るための基礎が培われるよう配慮しなければならない。

第2 内容等の取扱いに関する共通的事項

1 第2章以下に示す各教科、道徳、外国語活動及び特別活動の内容に関する事項は、特に示す場合を除き、いずれの学校においても取り扱わなければならない。

2 学校において特に必要がある場合には、第2章以下に示していない内容を加えて指導することができる。また、第2章以下に示す内容の取扱いのうち内容の範囲や程度等を示す事項は、すべての児童に対して指導するものとする内容の範囲や程度等を示したものであり、学校において特に必要がある場合には、この事項にかかわらず指導することができる。ただし、これらの場合には、第2章以下に示す各教科、道徳、外国語活動及び特別活動並びに各学年の目標や内容の趣旨を逸脱したり、児童の負担過重となったりすることのないようにしなければならない。

3 第2章以下に示す各教科、道徳、外国語活動及び特別活動並びに各学年の内容に掲げる事項の順序は、特に示す場合を除き、指導の順序を示すものではないので、学校においては、その取扱いについて適切な工夫を加えるものとする。

4 学年の目標及び内容を2学年まとめて示した教科及び外国語活動の内容は、2学年間かけて指導する事項を示したものである。各学校においては、これ

らの事項を地域や学校及び児童の実態に応じ、2学年間を見通して計画的に指導することとし、特に示す場合を除き、いずれかの学年に分けて、又はいずれの学年においても指導するものとする。
5 学校において2以上の学年の児童で編制する学級について特に必要がある場合には、各教科、道徳及び外国語活動の目標の達成に支障のない範囲内で、各教科、道徳及び外国語活動の目標及び内容について学年別の順序によらないことができる。

第3 授業時数等の取扱い
1 各教科、道徳、外国語活動、総合的な学習の時間及び特別活動(以下「各教科等」という。ただし、1及び3において、特別活動については学級活動(学校給食に係るものを除く。)に限る。)の授業は、年間35週(第1学年については34週)以上にわたって行うよう計画し、週当たりの授業時数が児童の負担過重にならないようにするものとする。ただし、各教科等や学習活動の特質に応じ効果的な場合には、夏季、冬季、学年末等の休業日の期間に授業日を設定する場合を含め、これらの授業を特定の期間に行うことができる。なお、給食、休憩などの時間については、学校において工夫を加え、適切に定めるものとする。
2 特別活動の授業のうち、児童会活動、クラブ活動及び学校行事については、それらの内容に応じ、年間、学期ごと、月ごとなどに適切な授業時数を充てるものとする。
3 各教科等のそれぞれの授業の1単位時間は、各学校において、各教科等の年間授業時数を確保しつつ、児童の発達の段階及び各教科等や学習活動の特質を考慮して適切に定めるものとする。
4 各学校においては、地域や学校及び児童の実態、各教科等や学習活動の特質等に応じて、創意工夫を生かし時間割を弾力的に編成することができる。
5 総合的な学習の時間における学習活動により、特別活動の学校行事に掲げる各行事の実施と同様の成果が期待できる場合においては、総合的な学習の時間における学習活動をもって相当する特別活動の学校行事に掲げる各行事の実施に替えることができる。

第4 指導計画の作成等に当たって配慮すべき事項
1 各学校においては、次の事項に配慮しながら、学校の創意工夫を生かし、

全体として、調和のとれた具体的な指導計画を作成するものとする。
(1) 各教科等及び各学年相互間の関連を図り、系統的、発展的な指導ができるようにすること。
(2) 学年の目標及び内容を2学年まとめて示した教科及び外国語活動については、当該学年間を見通して、地域や学校及び児童の実態に応じ、児童の発達の段階を考慮しつつ、効果的、段階的に指導するようにすること。
(3) 各教科の各学年の指導内容については、そのまとめ方や重点の置き方に適切な工夫を加え、効果的な指導ができるようにすること。
(4) 児童の実態等を考慮し、指導の効果を高めるため、合科的・関連的な指導を進めること。

2 以上のほか、次の事項に配慮するものとする。
(1) 各教科等の指導に当たっては、児童の思考力、判断力、表現力等をはぐくむ観点から、基礎的・基本的な知識及び技能の活用を図る学習活動を重視するとともに、言語に対する関心や理解を深め、言語に関する能力の育成を図る上で必要な言語環境を整え、児童の言語活動を充実すること。
(2) 各教科等の指導に当たっては、体験的な学習や基礎的・基本的な知識及び技能を活用した問題解決的な学習を重視するとともに、児童の興味・関心を生かし、自主的、自発的な学習が促されるよう工夫すること。
(3) 日ごろから学級経営の充実を図り、教師と児童の信頼関係及び児童相互の好ましい人間関係を育てるとともに児童理解を深め、生徒指導の充実を図ること。
(4) 各教科等の指導に当たっては、児童が学習の見通しを立てたり学習したことを振り返ったりする活動を計画的に取り入れるよう工夫すること。
(5) 各教科等の指導に当たっては、児童が学習課題や活動を選択したり、自らの将来について考えたりする機会を設けるなど工夫すること。
(6) 各教科等の指導に当たっては、児童が学習内容を確実に身に付けることができるよう、学校や児童の実態に応じ、個別指導やグループ別指導、繰り返し指導、学習内容の習熟の程度に応じた指導、児童の興味・関心等に応じた課題学習、補充的な学習や発展的な学習などの学習活動を取り入れた指導、教師間の協力的な指導など指導方法や指導体制を工夫改善し、個に応じた指導の充実を図ること。
(7) 障害のある児童などについては、特別支援学校等の助言又は援助を活

用しつつ、例えば指導についての計画又は家庭や医療、福祉等の業務を行う関係機関と連携した支援のための計画を個別に作成することなどにより、個々の児童の障害の状態等に応じた指導内容や指導方法の工夫を計画的、組織的に行うこと。特に、特別支援学級又は通級による指導については、教師間の連携に努め、効果的な指導を行うこと。
(8) 海外から帰国した児童などについては、学校生活への適応を図るとともに、外国における生活経験を生かすなどの適切な指導を行うこと。
(9) 各教科等の指導に当たっては、児童がコンピュータや情報通信ネットワークなどの情報手段に慣れ親しみ、コンピュータで文字を入力するなどの基本的な操作や情報モラルを身に付け、適切に活用できるようにするための学習活動を充実するとともに、これらの情報手段に加え視聴覚教材や教育機器などの教材・教具の適切な活用を図ること。
(10) 学校図書館を計画的に利用しその機能の活用を図り、児童の主体的、意欲的な学習活動や読書活動を充実すること。
(11) 児童のよい点や進歩の状況などを積極的に評価するとともに、指導の過程や成果を評価し、指導の改善を行い学習意欲の向上に生かすようにすること。
(12) 学校がその目的を達成するため、地域や学校の実態等に応じ、家庭や地域の人々の協力を得るなど家庭や地域社会との連携を深めること。また、小学校間、幼稚園や保育所、中学校及び特別支援学校などとの間の連携や交流を図るとともに、障害のある幼児児童生徒との交流及び共同学習や高齢者などとの交流の機会を設けること。

第3章 道　徳

第1 目　標

　道徳教育の目標は、第1章総則の第1の2に示すところにより、学校の教育活動全体を通じて、道徳的な心情、判断力、実践意欲と態度などの道徳性を養うこととする。
　道徳の時間においては、以上の道徳教育の目標に基づき、各教科、外国語活動、総合的な学習の時間及び特別活動における道徳教育と密接な関連を図りながら、計画的、発展的な指導によってこれを補充、深化、統合し、道徳的価値の自覚及び自己の生き方についての考えを深め、道徳的実践力を育成するものとする。

第2 内 容

　道徳の時間を要(かなめ)として学校の教育活動全体を通じて行う道徳教育の内容は、次のとおりとする。

〔第1学年及び第2学年〕

1　主として自分自身に関すること。
　(1)　健康や安全に気を付け、物や金銭を大切にし、身の回りを整え、わがままをしないで、規則正しい生活をする。
　(2)　自分がやらなければならない勉強や仕事は、しっかりと行う。
　(3)　よいことと悪いことの区別をし、よいと思うことを進んで行う。
　(4)　うそをついたりごまかしをしたりしないで、素直に伸び伸びと生活する。

2　主として他の人とのかかわりに関すること。
　(1)　気持ちのよいあいさつ、言葉遣い、動作などに心掛けて、明るく接する。
　(2)　幼い人や高齢者など身近にいる人に温かい心で接し、親切にする。
　(3)　友達と仲よくし、助け合う。
　(4)　日ごろ世話になっている人々に感謝する。

3　主として自然や崇高なものとのかかわりに関すること。
　(1)　生きることを喜び、生命を大切にする心をもつ。
　(2)　身近な自然に親しみ、動植物に優しい心で接する。
　(3)　美しいものに触れ、すがすがしい心をもつ。

4　主として集団や社会とのかかわりに関すること。
　(1)　約束やきまりを守り、みんなが使う物を大切にする。
　(2)　働くことのよさを感じて、みんなのために働く。
　(3)　父母、祖父母を敬愛し、進んで家の手伝いなどをして、家族の役に立つ喜びを知る。
　(4)　先生を敬愛し、学校の人々に親しんで、学級や学校の生活を楽しくする。
　(5)　郷土の文化や生活に親しみ、愛着をもつ。

〔第3学年及び第4学年〕

1　主として自分自身に関すること。
　(1)　自分でできることは自分でやり、よく考えて行動し、節度のある生活をする。
　(2)　自分でやろうと決めたことは、粘り強くやり遂げる。
　(3)　正しいと判断したことは、勇気をもって行う。

(4)　過ちは素直に改め、正直に明るい心で元気よく生活する。
　(5)　自分の特徴に気付き、よい所を伸ばす。
2　主として他の人とのかかわりに関すること。
　(1)　礼儀の大切さを知り、だれに対しても真心をもって接する。
　(2)　相手のことを思いやり、進んで親切にする。
　(3)　友達と互いに理解し、信頼し、助け合う。
　(4)　生活を支えている人々や高齢者に、尊敬と感謝の気持ちをもって接する。
3　主として自然や崇高なものとのかかわりに関すること。
　(1)　生命の尊さを感じ取り、生命あるものを大切にする。
　(2)　自然のすばらしさや不思議さに感動し、自然や動植物を大切にする。
　(3)　美しいものや気高いものに感動する心をもつ。
4　主として集団や社会とのかかわりに関すること。
　(1)　約束や社会のきまりを守り、公徳心をもつ。
　(2)　働くことの大切さを知り、進んでみんなのために働く。
　(3)　父母、祖父母を敬愛し、家族みんなで協力し合って楽しい家庭をつくる。
　(4)　先生や学校の人々を敬愛し、みんなで協力し合って楽しい学級をつくる。
　(5)　郷土の伝統と文化を大切にし、郷土を愛する心をもつ。
　(6)　我が国の伝統と文化に親しみ、国を愛する心をもつとともに、外国の人々や文化に関心をもつ。

〔第5学年及び第6学年〕
1　主として自分自身に関すること。
　(1)　生活習慣の大切さを知り、自分の生活を見直し、節度を守り節制に心掛ける。
　(2)　より高い目標を立て、希望と勇気をもってくじけないで努力する。
　(3)　自由を大切にし、自律的で責任のある行動をする。
　(4)　誠実に、明るい心で楽しく生活する。
　(5)　真理を大切にし、進んで新しいものを求め、工夫して生活をよりよくする。
　(6)　自分の特徴を知って、悪い所を改めよい所を積極的に伸ばす。
2　主として他の人とのかかわりに関すること。
　(1)　時と場をわきまえて、礼儀正しく真心をもって接する。

(2) だれに対しても思いやりの心をもち、相手の立場に立って親切にする。
   (3) 互いに信頼し、学び合って友情を深め、男女仲よく協力し助け合う。
   (4) 謙虚な心をもち、広い心で自分と異なる意見や立場を大切にする。
   (5) 日々の生活が人々の支え合いや助け合いで成り立っていることに感謝し、それにこたえる。
3 主として自然や崇高なものとのかかわりに関すること。
   (1) 生命がかけがえのないものであることを知り、自他の生命を尊重する。
   (2) 自然の偉大さを知り、自然環境を大切にする。
   (3) 美しいものに感動する心や人間の力を超えたものに対する畏(い)敬の念をもつ。
4 主として集団や社会とのかかわりに関すること。
   (1) 公徳心をもって法やきまりを守り、自他の権利を大切にし進んで義務を果たす。
   (2) だれに対しても差別をすることや偏見をもつことなく公正、公平にし、正義の実現に努める。
   (3) 身近な集団に進んで参加し、自分の役割を自覚し、協力して主体的に責任を果たす。
   (4) 働くことの意義を理解し、社会に奉仕する喜びを知って公共のために役に立つことをする。
   (5) 父母、祖父母を敬愛し、家族の幸せを求めて、進んで役に立つことをする。
   (6) 先生や学校の人々への敬愛を深め、みんなで協力し合いよりよい校風をつくる。
   (7) 郷土や我が国の伝統と文化を大切にし、先人の努力を知り、郷土や国を愛する心をもつ。
   (8) 外国の人々や文化を大切にする心をもち、日本人としての自覚をもって世界の人々と親善に努める。

第3 指導計画の作成と内容の取扱い
1 各学校においては、校長の方針の下に、道徳教育の推進を主に担当する教師(以下「道徳教育推進教師」という。)を中心に、全教師が協力して道徳教育を展開するため、次に示すところにより、道徳教育の全体計画と道徳の時間の年間指導計画を作成するものとする。

(1) 道徳教育の全体計画の作成に当たっては、学校における全教育活動との関連の下に、児童、学校及び地域の実態を考慮して、学校の道徳教育の重点目標を設定するとともに、第2に示す道徳の内容との関連を踏まえた各教科、外国語活動、総合的な学習の時間及び特別活動における指導の内容及び時期並びに家庭や地域社会との連携の方法を示す必要があること。
(2) 道徳の時間の年間指導計画の作成に当たっては、道徳教育の全体計画に基づき、各教科、外国語活動、総合的な学習の時間及び特別活動との関連を考慮しながら、計画的、発展的に授業がなされるよう工夫すること。その際、第2に示す各学年段階ごとの内容項目について、児童や学校の実態に応じ、2学年間を見通した重点的な指導や内容項目間の関連を密にした指導を行うよう工夫すること。ただし、第2に示す各学年段階ごとの内容項目は相当する各学年においてすべて取り上げること。なお、特に必要な場合には、他の学年段階の内容項目を加えることができること。
(3) 各学校においては、各学年を通じて自立心や自律性、自他の生命を尊重する心を育てることに配慮するとともに、児童の発達の段階や特性等を踏まえ、指導内容の重点化を図ること。特に低学年ではあいさつなどの基本的な生活習慣、社会生活上のきまりを身に付け、善悪を判断し、人間としてしてはならないことをしないこと、中学年では集団や社会のきまりを守り、身近な人々と協力し助け合う態度を身に付けること、高学年では法やきまりの意義を理解すること、相手の立場を理解し、支え合う態度を身に付けること、集団における役割と責任を果たすこと、国家・社会の一員としての自覚をもつことなどに配慮し、児童や学校の実態に応じた指導を行うよう工夫すること。また、高学年においては、悩みや葛藤（かっとう）等の心の揺れ、人間関係の理解等の課題を積極的に取り上げ、自己の生き方についての考えを一層深められるよう指導を工夫すること。
2 第2に示す道徳の内容は、児童が自ら道徳性をはぐくむためのものであり、道徳の時間はもとより、各教科、外国語活動、総合的な学習の時間及び特別活動においてもそれぞれの特質に応じた適切な指導を行うものとする。その際、児童自らが成長を実感でき、これからの課題や目標が見付けられるよう工夫する必要がある。
3 道徳の時間における指導に当たっては、次の事項に配慮するものとする。
(1) 校長や教頭などの参加、他の教師との協力的な指導などについて工夫

し、道徳教育推進教師を中心とした指導体制を充実すること。

(2)　集団宿泊活動やボランティア活動、自然体験活動などの体験活動を生かすなど、児童の発達の段階や特性等を考慮した創意工夫ある指導を行うこと。

(3)　先人の伝記、自然、伝統と文化、スポーツなどを題材とし、児童が感動を覚えるような魅力的な教材の開発や活用を通して、児童の発達の段階や特性等を考慮した創意工夫ある指導を行うこと。

(4)　自分の考えを基に、書いたり話し合ったりするなどの表現する機会を充実し、自分とは異なる考えに接する中で、自分の考えを深め、自らの成長を実感できるよう工夫すること。

(5)　児童の発達の段階や特性等を考慮し、第2に示す道徳の内容との関連を踏まえ、情報モラルに関する指導に留意すること。

4　道徳教育を進めるに当たっては、学校や学級内の人間関係や環境を整えるとともに、学校の道徳教育の指導内容が児童の日常生活に生かされるようにする必要がある。また、道徳の時間の授業を公開したり、授業の実施や地域教材の開発や活用などに、保護者や地域の人々の積極的な参加や協力を得たりするなど、家庭や地域社会との共通理解を深め、相互の連携を図るよう配慮する必要がある。

5　児童の道徳性については、常にその実態を把握して指導に生かすよう努める必要がある。ただし、道徳の時間に関して数値などによる評価は行わないものとする。

中学校学習指導要領（抄）

第1章　総　則

第1　教育課程編成の一般方針

1　各学校においては、教育基本法及び学校教育法その他の法令並びにこの章以下に示すところに従い、生徒の人間として調和のとれた育成を目指し、地域や学校の実態及び生徒の心身の発達の段階や特性等を十分考慮して、適切な教育課程を編成するものとし、これらに掲げる目標を達成するよう教育を行うものとする。

　学校の教育活動を進めるに当たっては、各学校において、生徒に生きる力をはぐくむことを目指し、創意工夫を生かした特色ある教育活動を展開する中で、基礎的・基本的な知識及び技能を確実に習得させ、これらを活用して課題を解決するために必要な思考力、判断力、表現力その他の能力をはぐくむとともに、主体的に学習に取り組む態度を養い、個性を生かす教育の充実に努めなければならない。その際、生徒の発達の段階を考慮して、生徒の言語活動を充実するとともに、家庭との連携を図りながら、生徒の学習習慣が確立するよう配慮しなければならない。

2　学校における道徳教育は、道徳の時間を要として学校の教育活動全体を通じて行うものであり、道徳の時間はもとより、各教科、総合的な学習の時間及び特別活動のそれぞれの特質に応じて、生徒の発達の段階を考慮して、適切な指導を行わなければならない。

　道徳教育は、教育基本法及び学校教育法に定められた教育の根本精神に基づき、人間尊重の精神と生命に対する畏敬の念を家庭、学校、その他社会における具体的な生活の中に生かし、豊かな心をもち、伝統と文化を尊重し、それらをはぐくんできた我が国と郷土を愛し、個性豊かな文化の創造を図るとともに、公共の精神を尊び、民主的な社会及び国家の発展に努め、他国を尊重し、国際社会の平和と発展や環境の保全に貢献し未来を拓く主体性のある日本人を育成するため、その基盤としての道徳性を養うことを目標とする。

　道徳教育を進めるに当たっては、教師と生徒及び生徒相互の人間関係を深めるとともに、生徒が道徳的価値に基づいた人間としての生き方につい

ての自覚を深め、家庭や地域社会との連携を図りながら、職場体験活動やボランティア活動、自然体験活動などの豊かな体験を通して生徒の内面に根ざした道徳性の育成が図られるよう配慮しなければならない。その際、特に生徒が自他の生命を尊重し、規律ある生活ができ、自分の将来を考え、法やきまりの意義の理解を深め、主体的に社会の形成に参画し、国際社会に生きる日本人としての自覚を身に付けるようにすることなどに配慮しなければならない。

3 　学校における体育・健康に関する指導は、生徒の発達の段階を考慮して、学校の教育活動全体を通じて適切に行うものとする。特に、学校における食育の推進並びに体力の向上に関する指導、安全に関する指導及び心身の健康の保持増進に関する指導については、保健体育科の時間はもとより、技術・家庭科、特別活動などにおいてもそれぞれの特質に応じて適切に行うよう努めることとする。また、それらの指導を通して、家庭や地域社会との連携を図りながら、日常生活において適切な体育・健康に関する活動の実践を促し、生涯を通じて健康・安全で活力ある生活を送るための基礎が培われるよう配慮しなければならない。

第2　内容等の取扱いに関する共通的事項

1 　第2章以下に示す各教科、道徳及び特別活動の内容に関する事項は、特に示す場合を除き、いずれの学校においても取り扱わなければならない。
2 　学校において特に必要がある場合には、第2章以下に示していない内容を加えて指導することができる。また、第2章以下に示す内容の取扱いのうち内容の範囲や程度等を示す事項は、すべての生徒に対して指導するものとする内容の範囲や程度等を示したものであり、学校において特に必要がある場合には、この事項にかかわらず指導することができる。ただし、これらの場合には、第2章以下に示す各教科、道徳及び特別活動並びに各学年、各分野又は各言語の目標や内容の趣旨を逸脱したり、生徒の負担過重となったりすることのないようにしなければならない。
3 　第2章以下に示す各教科、道徳及び特別活動並びに各学年、各分野又は各言語の内容に掲げる事項の順序は、特に示す場合を除き、指導の順序を示すものではないので、学校においては、その取扱いについて適切な工夫を加えるものとする。
4 　学校において2以上の学年の生徒で編制する学級について特に必要がある

場合には、各教科の目標の達成に支障のない範囲内で、各教科の目標及び内容について学年別の順序によらないことができる。
5 　各学校においては、選択教科を開設し、生徒に履修させることができる。その場合にあっては、地域や学校、生徒の実態を考慮し、すべての生徒に指導すべき内容との関連を図りつつ、選択教科の授業時数及び内容を適切に定め選択教科の指導計画を作成するものとする。
6 　選択教科の内容については、課題学習、補充的な学習や発展的な学習など、生徒の特性等に応じた多様な学習活動が行えるよう各学校において適切に定めるものとする。その際、生徒の負担過重となることのないようにしなければならない。
7 　各学校においては、第2章に示す各教科を選択教科として設けることができるほか、地域や学校、生徒の実態を考慮して、特に必要がある場合には、その他特に必要な教科を選択教科として設けることができる。その他特に必要な教科の名称、目標、内容などについては、各学校が適切に定めるものとする。

第3　授業時数等の取扱い

1 　各教科、道徳、総合的な学習の時間及び特別活動(以下「各教科等」という。ただし、1及び3において、特別活動については学級活動(学校給食に係るものを除く。)に限る。)の授業は、年間35週以上にわたって行うよう計画し、週当たりの授業時数が生徒の負担過重にならないようにするものとする。ただし、各教科等(特別活動を除く。)や学習活動の特質に応じ効果的な場合には、夏季、冬季、学年末等の休業日の期間に授業日を設定する場合を含め、これらの授業を特定の期間に行うことができる。なお、給食、休憩などの時間については、学校において工夫を加え、適切に定めるものとする。
2 　特別活動の授業のうち、生徒会活動及び学校行事については、それらの内容に応じ、年間、学期ごと、月ごとなどに適切な授業時数を充てるものとする。
3 　各教科等のそれぞれの授業の1単位時間は、各学校において、各教科等の年間授業時数を確保しつつ、生徒の発達の段階及び各教科等や学習活動の特質を考慮して適切に定めるものとする。なお、10分間程度の短い時間を単位として特定の教科の指導を行う場合において、当該教科を担当する教師がその指導内容の決定や指導の成果の把握と活用等を責任をもって行う

体制が整備されているときは、その時間を当該教科の年間授業時数に含めることができる。
4 　各学校においては、地域や学校及び生徒の実態、各教科等や学習活動の特質等に応じて、創意工夫を生かし時間割を弾力的に編成することができる。
5 　総合的な学習の時間における学習活動により、特別活動の学校行事に掲げる各行事の実施と同様の成果が期待できる場合においては、総合的な学習の時間における学習活動をもって相当する特別活動の学校行事に掲げる各行事の実施に替えることができる。

第4　指導計画の作成等に当たって配慮すべき事項

1 　各学校においては、次の事項に配慮しながら、学校の創意工夫を生かし、全体として、調和のとれた具体的な指導計画を作成するものとする。
　(1)　各教科等及び各学年相互間の関連を図り、系統的、発展的な指導ができるようにすること。
　(2)　各教科の各学年、各分野又は各言語の指導内容については、そのまとめ方や重点の置き方に適切な工夫を加えるなど、効果的な指導ができるようにすること。
2 　以上のほか、次の事項に配慮するものとする。
　(1)　各教科等の指導に当たっては、生徒の思考力、判断力、表現力等をはぐくむ観点から、基礎的・基本的な知識及び技能の活用を図る学習活動を重視するとともに、言語に対する関心や理解を深め、言語に関する能力の育成を図る上で必要な言語環境を整え、生徒の言語活動を充実すること。
　(2)　各教科等の指導に当たっては、体験的な学習や基礎的・基本的な知識及び技能を活用した問題解決的な学習を重視するとともに、生徒の興味・関心を生かし、自主的、自発的な学習が促されるよう工夫すること。
　(3)　教師と生徒の信頼関係及び生徒相互の好ましい人間関係を育てるとともに生徒理解を深め、生徒が自主的に判断、行動し積極的に自己を生かしていくことができるよう、生徒指導の充実を図ること。
　(4)　生徒が自らの生き方を考え主体的に進路を選択することができるよう、学校の教育活動全体を通じ、計画的、組織的な進路指導を行うこと。
　(5)　生徒が学校や学級での生活によりよく適応するとともに、現在及び将来の生き方を考え行動する態度や能力を育成することができるよう、学

校の教育活動全体を通じ、ガイダンスの機能の充実を図ること。
(6) 各教科等の指導に当たっては、生徒が学習の見通しを立てたり学習したことを振り返ったりする活動を計画的に取り入れるようにすること。
(7) 各教科等の指導に当たっては、生徒が学習内容を確実に身に付けることができるよう、学校や生徒の実態に応じ、個別指導やグループ別指導、繰り返し指導、学習内容の習熟の程度に応じた指導、生徒の興味・関心等に応じた課題学習、補充的な学習や発展的な学習などの学習活動を取り入れた指導、教師間の協力的な指導など指導方法や指導体制を工夫改善し、個に応じた指導の充実を図ること。
(8) 障害のある生徒などについては、特別支援学校等の助言又は援助を活用しつつ、例えば指導についての計画又は家庭や医療、福祉等の業務を行う関係機関と連携した支援のための計画を個別に作成することなどにより、個々の生徒の障害の状態等に応じた指導内容や指導方法の工夫を計画的、組織的に行うこと。特に、特別支援学級又は通級による指導については、教師間の連携に努め、効果的な指導を行うこと。
(9) 海外から帰国した生徒などについては、学校生活への適応を図るとともに、外国における生活経験を生かすなどの適切な指導を行うこと。
(10) 各教科等の指導に当たっては、生徒が情報モラルを身に付け、コンピュータや情報通信ネットワークなどの情報手段を適切かつ主体的、積極的に活用できるようにするための学習活動を充実するとともに、これらの情報手段に加え視聴覚教材や教育機器などの教材・教具の適切な活用を図ること。
(11) 学校図書館を計画的に利用しその機能の活用を図り、生徒の主体的、意欲的な学習活動や読書活動を充実すること。
(12) 生徒のよい点や進歩の状況などを積極的に評価するとともに、指導の過程や成果を評価し、指導の改善を行い学習意欲の向上に生かすようにすること。
(13) 生徒の自主的、自発的な参加により行われる部活動については、スポーツや文化及び科学等に親しませ、学習意欲の向上や責任感、連帯感の涵養(かん)等に資するものであり、学校教育の一環として、教育課程との関連が図られるよう留意すること。その際、地域や学校の実態に応じ、地域の人々の協力、社会教育施設や社会教育関係団体等の各種団体との連携などの運営上の工夫を行うようにすること。

(14) 学校がその目的を達成するため、地域や学校の実態等に応じ、家庭や地域の人々の協力を得るなど家庭や地域社会との連携を深めること。また、中学校間や小学校、高等学校及び特別支援学校などとの間の連携や交流を図るとともに、障害のある幼児児童生徒との交流及び共同学習や高齢者などとの交流の機会を設けること。

第3章 道　徳

第1 目　標

　道徳教育の目標は、第1章総則の第1の2に示すところにより、学校の教育活動全体を通じて、道徳的な心情、判断力、実践意欲と態度などの道徳性を養うこととする。

　道徳の時間においては、以上の道徳教育の目標に基づき、各教科、総合的な学習の時間及び特別活動における道徳教育と密接な関連を図りながら、計画的、発展的な指導によってこれを補充、深化、統合し、道徳的価値及びそれに基づいた人間としての生き方についての自覚を深め、道徳的実践力を育成するものとする。

第2 内　容

　道徳の時間を要(かなめ)として学校の教育活動全体を通じて行う道徳教育の内容は、次のとおりとする。

1　主として自分自身に関すること。
　(1)　望ましい生活習慣を身に付け、心身の健康の増進を図り、節度を守り節制に心掛け調和のある生活をする。
　(2)　より高い目標を目指し、希望と勇気をもって着実にやり抜く強い意志をもつ。
　(3)　自律の精神を重んじ、自主的に考え、誠実に実行してその結果に責任をもつ。
　(4)　真理を愛し、真実を求め、理想の実現を目指して自己の人生を切り拓(ひら)いていく。
　(5)　自己を見つめ、自己の向上を図るとともに、個性を伸ばして充実した生き方を追求する。

2　主として他の人とのかかわりに関すること。
　(1)　礼儀の意義を理解し、時と場に応じた適切な言動をとる。

(2) 温かい人間愛の精神を深め、他の人々に対し思いやりの心をもつ。
(3) 友情の尊さを理解して心から信頼できる友達をもち、互いに励まし合い、高め合う。
(4) 男女は、互いに異性についての正しい理解を深め、相手の人格を尊重する。
(5) それぞれの個性や立場を尊重し、いろいろなものの見方や考え方があることを理解して、寛容の心をもち謙虚に他に学ぶ。
(6) 多くの人々の善意や支えにより、日々の生活や現在の自分があることに感謝し、それにこたえる。

3 主として自然や崇高なものとのかかわりに関すること。
(1) 生命の尊さを理解し、かけがえのない自他の生命を尊重する。
(2) 自然を愛護し、美しいものに感動する豊かな心をもち、人間の力を超えたものに対する畏敬の念を深める。
(3) 人間には弱さや醜さを克服する強さや気高さがあることを信じて、人間として生きることに喜びを見いだすように努める。

4 主として集団や社会とのかかわりに関すること。
(1) 法やきまりの意義を理解し、遵守するとともに、自他の権利を重んじ義務を確実に果たして、社会の秩序と規律を高めるように努める。
(2) 公徳心及び社会連帯の自覚を高め、よりよい社会の実現に努める。
(3) 正義を重んじ、だれに対しても公正、公平にし、差別や偏見のない社会の実現に努める。
(4) 自己が属する様々な集団の意義についての理解を深め、役割と責任を自覚し集団生活の向上に努める。
(5) 勤労の尊さや意義を理解し、奉仕の精神をもって、公共の福祉と社会の発展に努める。
(6) 父母、祖父母に敬愛の念を深め、家族の一員としての自覚をもって充実した家庭生活を築く。
(7) 学級や学校の一員としての自覚をもち、教師や学校の人々に敬愛の念を深め、協力してよりよい校風を樹立する。
(8) 地域社会の一員としての自覚をもって郷土を愛し、社会に尽くした先人や高齢者に尊敬と感謝の念を深め、郷土の発展に努める。
(9) 日本人としての自覚をもって国を愛し、国家の発展に努めるとともに、優れた伝統の継承と新しい文化の創造に貢献する。

(10) 世界の中の日本人としての自覚をもち、国際的視野に立って、世界の平和と人類の幸福に貢献する。

第3 指導計画の作成と内容の取扱い

1 各学校においては、校長の方針の下に、道徳教育の推進を主に担当する教師(以下「道徳教育推進教師」という。)を中心に、全教師が協力して道徳教育を展開するため、次に示すところにより、道徳教育の全体計画と道徳の時間の年間指導計画を作成するものとする。

(1) 道徳教育の全体計画の作成に当たっては、学校における全教育活動との関連の下に、生徒、学校及び地域の実態を考慮して、学校の道徳教育の重点目標を設定するとともに、第2に示す道徳の内容との関連を踏まえた各教科、総合的な学習の時間及び特別活動における指導の内容及び時期並びに家庭や地域社会との連携の方法を示す必要があること。

(2) 道徳の時間の年間指導計画の作成に当たっては、道徳教育の全体計画に基づき、各教科、総合的な学習の時間及び特別活動との関連を考慮しながら、計画的、発展的に授業がなされるよう工夫すること。その際、第2に示す各内容項目の指導の充実を図る中で、生徒や学校の実態に応じ、3学年間を見通した重点的な指導や内容項目間の関連を密にした指導を行うよう工夫すること。ただし、第2に示す内容項目はいずれの学年においてもすべて取り上げること。

(3) 各学校においては、生徒の発達の段階や特性等を踏まえ、指導内容の重点化を図ること。特に、自他の生命を尊重し、規律ある生活ができ、自分の将来を考え、法やきまりの意義の理解を深め、主体的に社会の形成に参画し、国際社会に生きる日本人としての自覚を身に付けるようにすることなどに配慮し、生徒や学校の実態に応じた指導を行うよう工夫すること。また、悩みや葛藤等の思春期の心の揺れ、人間関係の理解等の課題を積極的に取り上げ、道徳的価値に基づいた人間としての生き方について考えを深められるよう配慮すること。

2 第2に示す道徳の内容は、生徒が自ら道徳性をはぐくむためのものであり、道徳の時間はもとより、各教科、総合的な学習の時間及び特別活動においてもそれぞれの特質に応じた適切な指導を行うものとする。その際、生徒自らが成長を実感でき、これからの課題や目標が見付けられるよう工夫する必要がある。

3 道徳の時間における指導に当たっては、次の事項に配慮するものとする。
   (1) 学級担任の教師が行うことを原則とするが、校長や教頭などの参加、他の教師との協力的な指導などについて工夫し、道徳教育推進教師を中心とした指導体制を充実すること。
   (2) 職場体験活動やボランティア活動、自然体験活動などの体験活動を生かすなど、生徒の発達の段階や特性等を考慮した創意工夫ある指導を行うこと。
   (3) 先人の伝記、自然、伝統と文化、スポーツなどを題材とし、生徒が感動を覚えるような魅力的な教材の開発や活用を通して、生徒の発達の段階や特性等を考慮した創意工夫ある指導を行うこと。
   (4) 自分の考えを基に、書いたり討論したりするなどの表現する機会を充実し、自分とは異なる考えに接する中で、自分の考えを深め、自らの成長を実感できるよう工夫すること。
   (5) 生徒の発達の段階や特性等を考慮し、第2に示す道徳の内容との関連を踏まえて、情報モラルに関する指導に留意すること。
4 道徳教育を進めるに当たっては、学校や学級内の人間関係や環境を整えるとともに、学校の道徳教育の指導内容が生徒の日常生活に生かされるようにする必要がある。また、道徳の時間の授業を公開したり、授業の実施や地域教材の開発や活用などに、保護者や地域の人々の積極的な参加や協力を得たりするなど、家庭や地域社会との共通理解を深め、相互の連携を図るよう配慮する必要がある。
5 生徒の道徳性については、常にその実態を把握して指導に生かすよう努める必要がある。ただし、道徳の時間に関して数値などによる評価は行わないものとする。

【編著者】
　　　林　　忠幸(福岡教育大学名誉教授)
　　　堺　　正之(福岡教育大学教授)

【執筆者一覧】(執筆順)
　　序　章　　　堺　　正之(編著者)
　　第1章　　　上畑　良信(長崎県立大学教授)
　　第2章　　　松原　岳行(九州産業大学准教授)
　　第3章　　　小川　哲哉(茨城大学教授)
　　　　　　　　松原　岳行
　　第4章　　　上地　完治(琉球大学教授)
　　第5章　　　小林万里子(福岡教育大学准教授)
　　第6章　　　品川　利枝(西日本工業大学非常勤講師)
　　　　　　資料提供：福岡県遠賀郡岡垣町立海老津小学校
　　　　　　　　　　　福岡県田川郡大任町立大任中学校
　　第7章　　　林　　忠幸(編著者)
　　第8章　　　品川　利枝
　　第9章　　　横山　浩志(福岡県柳川市立柳川小学校長)
　　第10章　1　木下　美紀(福岡県福津市立津屋崎小学校主幹教諭)
　　　　　　2　平野　正明(福岡県大牟田市教育委員会指導主事)
　　　　　　3　石硯　昭雄(福岡県筑紫郡那珂川町立南畑小学校教頭)
　　　　　　4　有門　秀憲(福岡県飯塚市立庄内中学校教頭)
　　　　　　5　樋口　陽一郎(福岡県遠賀郡岡垣町立海老津小学校主幹教諭)
　　　　　　6　石井　雄二(福岡県田川市立鎮西小学校主幹教諭)
　　　　　　7　青木　晃司(福岡県糟屋郡篠栗町立篠栗小学校長)
　　第11章　　　堺　　正之

道徳教育の新しい展開──基礎理論をふまえて豊かな道徳授業の創造へ

2009年10月 1 日　初　版　第 1 刷発行
2015年10月15日　初　版　第 5 刷発行

＊定価はカバーに表示してあります

〔検印省略〕

編著者©林忠幸・堺正之　　発行者　下田勝司　　　印刷・製本／中央精版印刷
東京都文京区向丘1-20-6　　郵便振替00110-6-37828
〒113-0023　TEL(03)3818-5521　FAX(03)3818-5514　　株式会社　東信堂　発行所

Published by TOSHINDO PUBLISHING CO., LTD
1-20-6, Mukougaoka, Bunkyo-ku, Tokyo, 113-0023, Japan
E-mail：tk203444@fsinet.or.jp
ISBN978-4-88713-936-7　C3037

東信堂

子どもが生きられる空間―生・経験・意味生成	髙橋勝	二四〇〇円
流動する生の自己生成―教育人間学の視界	髙橋勝	二四〇〇円
子ども・若者の自己形成空間―教育人間学の視線から	髙橋勝編著	二七〇〇円
文化変容のなかの子ども―経験・他者・関係性	髙橋勝	二三〇〇円
関係性の教育倫理―教育哲学的考察	川久保学	二八〇〇円
マナーと作法の社会学	加野芳正編著	二四〇〇円
マナーと作法の人間学	矢野智司編著	二四〇〇円
学びを支える活動へ―存在論の深みから	田中智志編著	二〇〇〇円
グローバルな学びへ―協同と刷新の教育	田中智志編	二〇〇〇円
教育の共生体へ―ボディ・エデュケーショナルの思想圏	田中智志編	二五〇〇円
人格形成概念の誕生―近代アメリカの教育概念史	田中智志	三六〇〇円
社会性概念の構築―アメリカ進歩主義教育の概念史	田中智志	三八〇〇円
教員養成を哲学する―教育哲学に何ができるか	下司晶・山名淳・古屋恵太編著	四二〇〇円
大学教育の臨床的研究―臨床的人間形成論第I部	田中毎実	二八〇〇円
臨床的人間形成論の構築―臨床的人間形成論第2部	田中毎実	二八〇〇円
君は自分と通話できるケータイを持っているか―「現代の諸課題と学校教育」講義	小西正雄	二〇〇〇円
教育文化人間論―知の逍遥/論の越境	小西正雄	二四〇〇円
アメリカ 間違いがまかり通っている時代	D.ラヴィッチ著 末藤美津子訳	三八〇〇円
教育による社会的正義の実現―アメリカの挑戦（1945-1980）	D.ラヴィッチ著 末藤美津子訳	五六〇〇円
学校改革抗争の100年―20世紀アメリカ教育史	D.ラヴィッチ著 末藤美津子・宮本・佐藤訳	六四〇〇円
地上の迷宮と心の楽園〔コメニウス セレクション〕	J.コメニウス 藤田輝夫訳	三六〇〇円
パンパイデイア〔コメニウス セレクション〕―生涯にわたる教育の改善	J.コメニウス 太田光一訳	五八〇〇円

〒113-0023　東京都文京区向丘1-20-6　TEL 03-3818-5521　FAX03-3818-5514　振替 00110-6-37828
Email tk203444@fsinet.or.jp　URL:http://www.toshindo-pub.com/
※定価：表示価格（本体）+税